U0895343

我们为什么被霸凌？

陈岚 著

江苏凤凰文艺出版社
JIANGSU PHOENIX LITERATURE AND ART PUBLISHING, LTD

图书在版编目（CIP）数据

我们为什么被霸凌？/ 陈岚著. —南京：江苏凤凰文艺出版社，2017.7
ISBN 978-7-5594-0685-9

Ⅰ. ①我… Ⅱ. ①陈… Ⅲ. ①青少年教育－家庭教育②青少年教育－学校教育 Ⅳ. ①G775

中国版本图书馆CIP数据核字（2017）第134147号

书　　名	我们为什么被霸凌？
著　　者	陈　岚
责任编辑	聂　斌　孙金荣
特约编辑	张凤莲　贺　楠
文字校对	孔智敏
封面设计	王超男
版面设计	李　亚
出版发行	江苏凤凰文艺出版社
出版社地址	南京市中央路165号，邮编：210009
出版社网址	http://www.jswenyi.com
印　　刷	三河市金元印装有限公司
开　　本	700毫米×1000毫米　1/16
印　　张	19.5
字　　数	250千字
版　　次	2017年7月第1版　2017年7月第1次印刷
标准书号	ISBN 978-7-5594-0685-9
定　　价	39.80元

目录

CONTENTS

写在前面的话

霸凌——从我的原创伤出发

这本书的源头来自我内心自我的觉知。

我本人是霸凌的受害人。

什么是霸凌?

Bully，作为动词的意思是恃强凌弱，采用各种方法欺辱个别对象；作为名词，则指实施这些行为的人。Bullying是将动词名词化，而被动语态Bullied则指被欺凌。将其翻译成中文，便创造出了“霸凌”一词，作为外来语引入汉语中。Bully可以有“暴力”“怖力”“霸力”等音译法，但使用最广泛的还是“霸凌”，意指由少数人带领的群落，对个别人围攻、羞辱、孤立、毁谤，并对对方的身心进行持久的伤害。

童年被霸凌的伤痕跟随着我，影响着我的行为模式、人际关系。

霸凌事件越来越多地发生于社会中，在目睹一则则新闻此起彼伏，伤害却永远阴魂不散时，一个深夜，我在网络发表了《小孩子的残酷》一文，回忆我曾经历的不可思议的被霸凌过程。我的本意是倾倒内心的痛苦毒素，同时也在作总结，但这篇文章却意外引起巨大反响。数千人在文章下留言，更有几百条私信涌来，大家在手机上一字一字按出数千字的文本，发给我这样一个陌生人。两天时间，这篇文章的阅读量超过了187万次，转发过万。

压抑太久了吧?

刀划过脓疮，鲜血喷射、腐液流出、伤口张嘴。

非亲耳听闻，我们无法知晓，在这个沉默的世界上有这样多无助嘶叫的灵魂。非亲身经历，我们无法想象，在家庭和学校，在众目睽睽之下，会发生这么多花样百出的伤害。

儿童建立起善恶观是要有成年人的规训和引导的。但学校和家庭中有许多成人本身就是创伤下长大的孩子，当他们内心深处还是一个绝望的巨婴时，又怎能引导孩子建立正直的人格?

霸凌，在未成年人群落中一定会发生，因为它来自孩童的原始之恶。同时，霸凌也会源自成人的伤害与控制。霸凌的伤害会摧毁一个人的心灵，我是霸凌的幸存者。

当成千上万的人因为我的一篇随笔涌进我的微博急切地诉说时，我意识到，我有责任把这些在黑暗里徘徊的灵魂碎片拾取，把这些千疮百孔的隐秘故事呈现出来。

故事分两个层级：来自儿童的恶和来自成人的恶。

从我的自述开始，根系蔓延，从无数人心中攫取出最黑暗的秘隐，写就这样一本关于霸凌的故事集。这里有我们曾经遭遇过的相似的伤害与不公正，完全真实的、无法想象的经历和许多欢笑的面孔下掩藏的痛恨与怒吼。

它是了不起的原生态的社会记录，会让更多人直面霸凌的原因、恶行、后果。它也让那些曾经被霸凌过的孩子有一个彼此的慰藉，带着痛苦的颤抖隔空拥抱，彼此疗愈，学习成长。往事纵历历，来者尤可追。

更重要的是，它让更多的父母、教师、监护人了解到霸凌的隐文化，看到背后的一些真相。不要在伤害发生之后才说:“天哪，我完全不知道会这样啊? ”也许，正如《小孩子的残酷》一文中写道:“成年人又聋又瞎。”

从现在开始，我们应该看到霸凌的真相。

根据国外的专业研究，现代霸凌被分为四类。

第一类是“传统霸凌”(Traditional Bully)，即靠武力欺凌，通常是以大欺小，以多欺少，以强凌弱，采用打骂、恐吓等方法，可能造成身体和精神伤害。这类霸凌比较明显且容易辨别。

第二类叫作“流言霸凌”(Gossip Bully)，基本不用武力侵犯，而靠嘲笑和散布流言蜚语去败坏被欺辱者的名誉或者对其进行孤立。这种霸凌多半由小团体操纵，即使不造成身体损伤，但心理损害较大且影响也更久远，消除后果要花较长时间。

第三类叫“网络霸凌”或“电子霸凌”(Cyber Bully)，是高科技时代的新产物，即通过电话、电邮、网络、手机短信等电子手段，向欺凌对象实行攻击、诬蔑、恐吓等。专家特别指出，网络霸凌可能是现实社会中第一、二类霸凌在虚拟世界的继续。有的人把实施第一、二类霸凌的录音、录像散布到网络，对受害人施加进一步的伤害。与此同时，现实中也可能发生另一种情形，即被欺凌的对象或许依靠网络电子工具的隐蔽性向霸凌者发起反击，从而使霸凌双方处境发生逆转。

第四类姑且称作“大众电子霸凌”(Inadvertent Cyberbully)。之所以将其与一般的网络霸凌相区分，是因为这类霸凌不一定直接向被欺凌对象发起攻击，而是利用网络媒体工具对其造成间接的坏影响，比如冒充受害人开博客、发文造谣、曝光其不雅照片等，时常是受害人还蒙在鼓里，谣言就已经散布到满世界了。与前三类的霸凌和被霸凌双方互相认识、有直接利害冲突不同，参与这类大众霸凌的助恶者，多半并不认识当事人，他们只是在网上听信谣言而跟随起哄，却给当事人甚至亲友造成巨大的伤害，也在社会上造成恶劣影响。

校园里发生的霸凌，往往也会延续到社会和家庭，网上和网下。比如一些校园霸凌者在欺凌同学时会进行录像，并将其放到互联网上去传播，他们似乎并不怎么在意会不会因此留下证据，反而更喜欢因为互联网的传播，放大对被霸凌者的羞辱，加剧对受害者的伤害，而有更多的人围观他们的暴行则使他们更有成就感。

本书的15个故事，全部取材于真实案例。家庭、学校、社会、个人、心理、背景、经历，这里做了一个全景俯瞰，更深入到极其微小的细节和心理状态，最大程度地还原事件的幽微精深。看到真相，是解决问题之始。

预防霸凌，首先是家庭之责，其次是社会体系的建立。

美国——从2000年开始立法严惩校园欺凌行为。目前全美有45个州颁布了《反霸凌法》。这些法律要求学校职员在见到霸凌行为时必须立即报告和干预，调查并惩罚加害者，通知家长，并提供受害者所需的心理咨询援助。

澳大利亚——2003年制定了《国家安全学校框架》，这是澳大利亚及全世界第一份国家级别的安全学校建设指导政策。

韩国——分别于2012年、2013年、2014年连续出台预防和治理校园暴力对策方案，并开通举报校园暴力的24小时热线，将校园周围200米设立为警察负责区。

日本——国会于2013年通过了《校园霸凌预防对策推进法》。

中国——国务院教育督导委员会办公室于2016年下发了《关于开展校园欺凌专项治理的通知》。

但最终，解决这个日益猖獗于校园、社会、网络的恶魔，还是需要每个人的力量。对于霸凌，不再旁观，而是说No。

一个社会，只有好人都沉默时，邪恶才能横行。

以此开始

小孩子的残酷

相对来说，不受家庭重视、姥姥不疼舅舅不爱的小孩，比较容易遭遇霸凌；太拔尖、太优秀的孩子，因他人的嫉妒，也容易遭遇霸凌；当然，也可能没有任何原因，只因为运气不好，偶然遇到一两个心理不正常的同学或老师，一个本应健康快乐成长的普通孩子也会吃尽霸凌的苦头。

– 1 –

当我还是一个小孩子时，有一个人，令我每天处于地狱之中。

一个同样也是小孩子的人，她就是我的同桌。

她在桌子上画了一条线，她 2/3，我 1/3。为了维持这个界线，我尽量扭曲身体坐着，那时老师要求学生上课时端端正正，胳膊交叉放在桌上，我在桌面上将胳膊放平，腰却扭过去 30°，一直侧身，小心翼翼地保持自己不要越过 1/3 的界线。

在 2/3 线上，她会放一把圆规，有时是尖锐的三角尺。锐器并不总是在那，但一定是在我忘形时毒蛇一样地出现。我是那种特别容易投入忘神的小孩，老师讲了个笑话，我忍不住笑了，正在咧开嘴，胳膊上一阵锐利的疼。

圆规上的针尖儿扎进肉半截。啪，一个血珠冒出来。

只要足够用力，朋友们，我可以妥妥地告诉你，三角尺也能成为一个挺好使的凶器，一下子就足够在皮肤上揳出一个小洞，比圆规的针脚浅，但更疼。

– 2 –

我很小就知道，小孩子的残酷是真残酷。

大人的残酷，多少与利益和诉求相关，达到了目的就收手。好比你在路上，被人拽了一下，摔了一个跟头，头都摔破了，这事非常可恶，你包里也就 200 块，你因此入院花了 2000 块。回头一查，这是个飞车党，抢包的。你会气愤，你会侥幸，但你不会有如下感受：站在月台上，火车呜呜叫着进站了，一个人突然推了你一把，你差点掉下去——虽然最后没掉下去，却吓掉了半条魂。更可怕的还在后面，你揪住推你的人问："为什么要推我？"他朝你咧嘴一笑："不为啥，好玩。"

以后半生，你可能都会记住那咧嘴一笑里的稀疏黄牙。

我的这个同桌就是这样。

她扎我，不为任何原因，就是一个词：好玩。

在她眼里，我大约只是一只好玩的大虫子。智能的，会说话。扎出血了，眼泪憋在眼眶里，不敢叫。

我的愤怒、忍受、抹泪，或者尖叫、吵闹，任何反应，都让她开心。

如果有一段时间，我对她捉弄的伎俩开始麻木了，或者她自己厌倦了，游戏就会升级。

做课间操，下楼梯，她一旦发现我走在她前面，便会飞起一脚，踹我后背。有一次我真的一个狗啃屎栽在楼梯拐角，手在撑地时擦破了。

我不感觉疼，只感觉害怕。

是的，我害怕。

我怕哪一次被她从楼梯上踹下来，摔死。

做操，她排在我身后。

从踢腿运动开始，她就咯咯笑。

周围同学也在笑。

一二三四，随着节奏，她一下一下踢着我的屁股，还手叉在腰间，扭着腰杆。我往前移动，她跟上。

她踢的位置也很歹毒，是用鞋尖踢尾椎骨。

我记得她有一双很硬的塑料鞋，鞋尖猛地踢中我的尾椎，我简直能听到骨头裂开的声音。

长大后回忆，我才明白自己的恐惧从何而来。

小孩子和小孩子打架，多半也是怕弄伤对方的。

但她没有。

她没有任何的顾忌。

我是否流血，是否骨头碎裂，是否会从楼梯上摔死，她根本不关心，不害怕，也不在乎。

－3－

很多年后，微博上爆出了重庆女孩李依芮把陌生小男孩从 25 楼扔下去的事——全网都炸了。

我知道他们为什么炸，是为这种匪夷所思的恶毒，工于心计的伤害以及伤害之后的冷漠。

这是反社会型人格障碍的典型特征。也许不是每个人都了解反社会型人格障碍，但想必多少都领略过那种绝对犯坏的恐怖。

就算你从没见过眼镜蛇，当第一次看到它立定在那里，朝你吐出芯子，你也一样会全身一哆嗦。

就算你从没见过变态，一个连环杀人狂偶然投过来的眼神也足以让你本能地坠入一潭冰水。

我小时候是个天不怕地不怕的孩子。坟场拆迁建汽车站，我站在那里，盯着看一具具棺木被起出。比我个头高一截的男孩子，我冲上去就打。

不知道为什么，我却怕死了这个女孩。

一直到很多年后，她偶尔还会出现在我的噩梦里。

有一次，我穿了件新的粉色外套，上毛笔字课。

下课时我发现，我的袖子、后背，全部被戳上了一朵一朵的墨斑。

那一刻，我吓得僵死在凳子上。

没有来得及心疼衣服，而是吓得心脏完全收缩，全身死一样僵住——因为这样回家，暴躁的母亲一定会打死我。新衣服，刚刚上身，出门时她已经叮嘱我，绝对不可以把它弄脏。

那是洗也洗不掉的墨斑，不是一个，而是十几团。

同桌冲我笑，举着毛笔。

后来回家有没有挨打，不记得了。但当时那一瞬间，看到她的笑容，全身僵死的滋味，却如玻璃刀一样划破我的心，并一直留在那里。

比较愉快的写作，在此处应该写，我如何奋勇地讨回了公道。

并没有。

我的处境一天天地糟糕。

除了我，似乎别的小孩也很怕她。

大家前呼后拥地，女皇一样捧着她，服从她，伺候她。

有一天她发布了一条训令：任何人都不许和我玩，不许和我说话。

训令很有效。

在一学期里，全班所有的女生，没有任何人和我说话（那时候我们和男生是不说话的，男生也不和我们说话）。

“有趣”的是，这个训令是这样来的，她开始是针对另一个小女孩，让全体成员“流放”她，我不知道哪里来的勇气，在一个课间，偷偷地和那个女孩说话。不知怎么给她知道了，于是针对那个女孩的“流放”结束了，变成了“流放”我——包括那个先被“流放”的女孩在内，所有人都严格遵守了这个训令。

老师问起任何和我有关的事，她们会数落我的缺点、坏事，众口一词。

– 4 –

小孩子并不天真。

很多小孩子在大人面前和在小孩子面前是两张面孔。

小孩子的恶，没有理由可言，更没有底线，没有约束。他们真的会点燃别人家的草垛，去烤自己偷来的玉米。

后来我转学了，一直到读完初中，我都是独来独往的。

高中时，我碰到一个小学同学，她虽然当时不和我一个班，但恰好认识那个与我同桌的女孩。

我径直问起她。脱口说出那个名字时，我以为自己能控制住情绪，心脏却在剧烈地跳动。

小学同学诧异地问我："你不知道她的事吗？"

我真的不知道。

"小学快毕业时，她被发现怀孕了。因为年龄超小，大家都觉得很离奇。住院引产时，医院里连食堂烧火的都过来看稀奇。更稀奇的是，据说是和一个老头。邻居说，她不止一次，和那个老头或这个老头在厕所里、过道里、旧厂房里、操场上，或某个独居老头的家里……

"角把钱，几分钱，或者一根糖，就……

"听说很小就跟人家老头玩了。

"五六岁吧。"

我听着，心脏的血液缓缓流动，咝咝的。

这不是我想要知道的，但我已经知道了。我甚至不知道该哭还是该笑。

等了很久，我笑了笑，又说了些咋咋呼呼的闲话，才和同学分手了。

这么多年了，我在键盘上回忆往事，依然不知道自己该怎么对待她。在键盘上输入了她的名字，又删除了，并打了一个寒噤。

每一种不可理喻的恶，深处都流淌着绝望的脓臭，而成年人又聋又瞎。

这是我的亲身经历。是夜，因为一起霸凌事件引发回忆，我在微博上随手写下自己的心声，竟然在很短时间内引发了巨大反响，100多万次点击，数千条回复，如果不是后来我不再回复帖子，还会涌来成千上万的倾诉。

我这才意识到，霸凌是一个几乎人人都会经历的——与成长如影随形的过程，所以大家才会有这么强的共鸣。

太多人留言给我，想说出他们的故事，就像我自己，想说出我的故事一样。

我的故事在这次书写中，有了真正的结局。

有生以来第一次，我对这段记忆释然。

但我知道，屏幕那端，网络那头，有许多许多的人，期待我为他们发声，期待我切开他们心里的脓疮，把那些毒液排出来。

我逐条在那些流着血、流着泪的帖子里收集资料，确保每一个事件、每一个细节都是真实的。有的故事是发生在一个人身上的，有的故事是几个人经历的综合，但百分百都是真实的。出于对读者接受的考虑，有些更为惨烈的遭遇，我隐晦表达。

我也总结了原因。

孩子们被霸凌的原因千奇百怪，因为胖、因为丑、因为口吃、因为有体味，甚至因为发型不对、因为父母离异、因为口音奇怪、因为成绩太好或太差、因为和老师关系太好或太坏、因为体育不好、因为衣服老土……

总的来说，不受家庭重视、姥姥不疼舅舅不爱的小孩，比较容易遭遇霸凌；太拔尖的孩子，容易遭到嫉妒而被霸凌。当然，也可能没有任何原因，就因为运气不好，遇到了一两个心理不正常的同学或老师，便吃尽了苦头。

霸凌不仅在学校中存在，还可能延伸到社会上，延伸至网络。霸凌的最直白含义，就是利用群体的力量，对某一人或少数人，进行孤立、打击、羞辱、诽谤甚至直接殴打等来实施伤害，并通过加害他人得到满足感。

通常这样的加害行为给施暴者带来的满足感如同毒瘾，不会因为获得一时的满足就收手，而是会不断升级，直至造成无法预想的后果。

此谓霸凌。

是时候，有人对它做个彻底的解剖了。

从读读《小孩子的残酷》，开始吧。

我们
为什么
被霸凌？

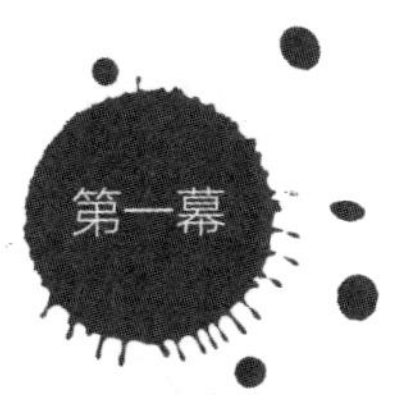

不是所有小孩都天真无邪

哈洛的猴子

年幼的孩子如果不被关爱珍视，不被允许表达情绪，也没有其他渠道疏解压力，就容易将自己的愤怒、失望、压力……尽情发泄在比自己更弱小的孩子身上，而对方的毫不反抗、逆来顺受，会激发起施虐者更强烈的恨意——你为什么不反抗——内心深处，施虐者其实是在憎恨自己无力反抗现实的事实。

- 1 -

屏幕上，一个女人在讲故事。演讲很精彩，我一遍遍地回放，放这个演讲的前一分钟，我反复听那个猴子的故事。眼泪不能自抑地沿着脸颊滑落到脖颈里。

“20 世纪 50 年代，美国学者哈洛做了一个残忍的实验。他将一群刚刚出生的小猴从母亲身边带走，关押在实验室里。实验室笼子里有食物，有一个铁丝绑成的猴子，上面有牛奶瓶，还有一只毛茸茸的玩具猴子。小猴们都飞快地在铁丝猴子上把奶喝完，然后迅速回到毛茸茸的‘猴子妈妈’身上，紧紧地抱着它。

“实验继续升级。

“这些从小被剥夺了母亲、脱离了族群的小猴，宛如得了灵长类的精神病，即使放回了猴群，也无法融入，无法表达。

“它们中有的被强迫受孕，生下小猴，但是却无力照顾好自己的幼子。当新生的小猴哭着爬向它们，它们会暴躁地攻击幼子，甚至咬掉它们的手掌和脑袋。

“这个实验充分地揭示了，爱是灵长类动物行为中极其重要的内核，但是它不是自发产生的，而是通过亲子关系、族群关系逐步习得的。

“一个幼婴出生初期的母婴关系，决定了他一生的行为模式。”

看完了。我这次竟然没哭。原来，眼泪和井水一样，也终有淘干的一刻。

我按下暂停键，抬头望向天花板。

我把手机扔到一边，深深地吐了口气。地上堆着一团团的纸巾。

没错，我有病，我是没人要的东西、灾星、废物、变态、臭狗屎、白眼狼、精神病……还有什么来着？太多了。我 25 年的人生中，得到过太多负面的评价。

只有在看到这个视频的刹那，我才知道，我真正的身份——哈洛的猴子。

没错，我就是哈洛的猴子。

说我是灾星也没错。我像一个黑洞一样吞噬一切美好，我的生命中充满了绝望的狂暴，所过之处，寸草不生。那是因为我从一出生就被剥夺了爱的能力。

我不敢把我的故事讲给你们听。

我又想把我的故事讲给每一个人听，尤其是那些可能会抛下自己幼子的父母们。猴子不会说话，猴子不会读心理学，但我会。我知道，我所经历的血淋淋的一切如果呈现给这个世界，意味着什么。

这个女人的演讲给了我勇气。

现在，我要给你们看一个扭曲的世界。

– 2 –

扭曲的光影通过层层镜子的反射，骤然跳进我眼里。那边，一个柜台里的玻璃镜子上投出一个身影。一个女孩矮小的背影，头发烫得土里土气，趿拉着一双松糕鞋。

但只消一眼，我就五雷轰顶。

我下意识抓起柜台上的手包就逃，见光了的蠼虫似的，恨不得撒开一百条腿狂奔。可一下子又无处可逃，一急，就扎进了边上的试衣间。

试衣间外面有人叫：“喂喂，你拿错包了吧？”

我一低头，才发现自己抓着别人的包。我自己的包里还有刚发的工资和手机呢，我赶紧撩开试衣间的帘子，不远处，却见那个我不想见到的人溜溜达达地朝我这边晃悠过来。

哗啦，我一甩手，帘子落下来，我缩了进去。

“哎哎哎，姑娘你是怎么回事啊？”老板和被我拿错包的顾客一起在外面吆喝。

我闷声闷气地说：“我的包不是在那嘛，我不得跑的！你们等等！”

我在门帘里紧张地窥视着，直到她的身影走到看不见，我才悄悄地钻了出来，把包递给那个急得跳脚的顾客。

那是个女顾客，瞪了我一眼，夺过包，打开后仔细翻检着，虽然里面只有半包卫生巾和一串钥匙，但并不妨碍她恼火：“你有病啊？”

老板好奇地把我的包还给我：“姑娘，你是不是躲高利贷啊？”

我朝那个人影离去的方向投去一眼。世界就是这样玄妙，他们完全不知道我经历了什么，却一语道破天机。

没错，我欠了高利贷，灵魂上的，一辈子也还不清的高利贷。

我对那个女孩做下的事，不可饶恕。

以至于，别人哪怕是提起她的名字，我的心脏都要爆炸。

我不知道该怎么面对她。哪怕她可能只是认出我来，对我都像是要上刑场一样可怕。我没有办法面对她。无数次我想象和她面对面说话，或者梦到她，都是我跪下来，在众人面前向她道歉，求她把当年她遭受的一切转化成暴力，尽情宣泄在我身上，哪怕杀了我，我也不后悔。只求一样，别把我做了什么告诉那些尊重我的人们。

她叫小芳。

和所有的小芳一样，身世孤苦。

我们村里如果还有孩子比我可怜，大概就是她了。她爸爸在外面打工，是个非常老实的男人，还长年不在家。妈妈在家里务农，非常懦弱，就是村里人谁都可以在她家院门口尿一泡的那种懦弱。我虽然是个小孩子，可我也知道，她家好欺负。

我上学路上常常会叫她和我一起走，她像女仆一样帮我提着书包。同学们嘻嘻哈哈地说：“小芳是你养的一条狗吗？”我傲慢地说：“她连我的狗都不如！”

小芳不作声，黄瘦的小脸上挂着笑。她的脸很干，皱襞丛生。我看到她怯生生的笑就更加人来疯，就想作践她。

“你们不信吗？她就是连我家狗都不如！”我把我家狗子唤出来，狗子欢快地蹦到我面前，我朝狗子一指，对她说：“你跪下，管狗子叫老公！”

她一向麻木的笑着的脸上露出了为难，却没什么愤怒。她好像不会愤怒。用她妈妈的话说，一锥子下去都扎不出血来。

我抬腿就朝她屁股上踢了一脚。

她就势扑通一声跪下了，正对着我们家的狗。

“快叫！”

她迟疑地看看我，背后又挨了我一脚，于是就低声叫：“老公。”

我疯了一样大笑起来，同学们也大笑。

有时候是让她管狗子叫老公，有时候是让她叫老爸，每天都要演上一出，我们才去上学。

放学回家了我会找她玩儿，我比她大三岁，她妈妈挺放心，也不说什么，就让我把她带走。

她好像也很奇怪，明明知道跟我走没啥好果子吃，也还是跟我走。

我领着她躲进村头的晒谷场里，许多高高的稻草堆当中。

一离开大人的视线，我的狰狞獠牙就露出来了。

随便找了一个理由。

“你昨天为什么没给我打猪草？”

“你家的鸡吃了我们家的菜！”

“昨天你看到我家的狗为什么没叫干爹！”

“我要处罚你！脱裤子！”

她捂住屁股看着我，却被我扭曲的表情吓得又放下了手。虽然没有镜子，但从她眼眸里的恐惧，可以想象我在她眼里就是恶魔。

她的屁股比脸要干净，白生生的，瘦尖尖的。之所以选择打屁股，是因为屁股总有衣服盖着，没人看见。不过我心里也是害怕的，万一晚上她脱了裤子睡觉，她妈妈看到她屁股上的瘀青，肯定会问起来，那我就糟了。

但很奇怪的是，好像她妈妈从来没发现过。

就算我怕被大人发现，我还是忍不住要打她，欺负她。

我开始打她，使劲打，打了还掐。很快，她的小屁股就青一块紫一块了。

掐得不过瘾了我还咬她，是真咬，下死嘴。她疼得嗷嗷叫，眼泪疼得流出来。我一松口，她就跑了，提着裤子还跑得飞快。我就追在后面，捡起小石头砸她。

我比她大，就可以随意捏造瞎话说：“我给你告你妈妈去。”

其实我也不知道告什么，就是那么一说，小孩子都怕这个，她和她妈妈一样懦弱，被人欺负了也不会说。我很清楚这一点。

她就吓得站住了，流着眼泪求我："别打我了，我给你扯猪草。"

"我才不稀罕什么猪草呢。你以为我们家是你们家啊！穷鬼！"我把猪草篮子踢翻在地上，破口大骂。

– 3 –

暑假的一天，我又跑去她家叫她："小芳，出来玩，我们一起去打猪草。"

她缩在家里："我要带妹妹哩。"

我笑嘻嘻地说："那带上你妹妹来呀，我帮你带。"

她妈妈正在家里喂猪，头也不抬地说："那你们去吧，挖点鱼腥草回来，晚上拌粥吃啊。"她妈妈肚子又鼓起来了，她爸爸一年才回来一次，但总是会在她妈妈肚子里下个种。可是她家里已经连续生了四个女孩子了，去年和前年生的孩子，都不见了。听说是送人了，也有人说没送，就在村头池塘里淹死了。

她拖着妹妹出来。

她妹妹才三岁，比她还瘦。

我跑得飞快，小芳只好跟着我跑，三岁的小妹仔跟不上，就在后面一直叫。以前都是我叫她往东，她不敢往西的，今天带上了她妹仔，她屡屡停下来，等着她妹妹。

我烦了。

指着边上一个小树林，叫她把妹妹藏到那里，然后我们俩出去玩。

小芳看了看树林，考虑了一小会儿，胆怯地摇了摇头。她妹妹似乎也知道我没出什么好主意，紧紧地揪住她姐姐的衣襟，两双可怜巴巴的眼睛看着我。

我忽然就火了，一把把她推倒在地上，抓起一个大土坷垃就砸在她头上脸上:“你个狗东西，叫你不听话，叫你不听话，你连我家的狗都不如！狗吃了我家的屎都知道摇尾巴，你连狗都不如！”

好久没下雨了，土坷拉挺硬的，我连砸了几下才碎散了。我又抓起一块砸，砸头、砸脸、砸嘴。她护着头我就砸脸，她护着脸我就砸头。

平时我打她她是不敢哭叫的，今天她带着妹妹，小妹仔吓得大哭起来，尖厉的哭叫声在荒田里荡漾。

泥土糊了她一头一脸，嘴巴里也灌进去不少。她剧烈地呛咳起来，翻着白眼，瘦弱的小手无力地推着我。

我怕招来大人，住了手，从她身上爬了起来。

她歪头呕吐着，抠着喉咙，脸色青紫，呸呸地往外吐着吐沫，连滚带爬地起来，冲到河沟里去找水。路边上有个小河沟，河沟里是腐水，都能看到底下堆积的野草树叶，还有牲口的粪便。

她用手捧着那水，漱口，一口口黑色的水吐出来，里面都是泥渣渣。我才想到，可能刚才真的灌了好多泥土到她嘴里。

刹那间，我心里涌起一阵恐惧，夹杂着愧疚。

她的小妹妹哭哭啼啼地站在河沟上头，含糊不清地一声声叫:“姐、姐、姐！”

愧疚在心里如潮水一样涌过，荡漾回来的却是莫名其妙的狂怒，我都不知道我脑子里在想什么，一股残忍的冲动攫取了我所有的人性，我抬脚朝她妹妹身后一踹，把那个小身躯直接踹到了河沟里。

河沟并不深，但是对一个三岁的小孩来说还是很深的。乌黑的水一下就没过了她的头顶。

小芳凄厉地叫了一声，像是年猪在屠夫刀下的那一声最后的号叫，扑通一声，俯身一跃，跳下河沟，朝她妹妹飞快地扑过去。

她奋力地在黑水里捞起她妹妹，水齐到她的胸口，她把妹妹举起来，污浊的水里一张青紫的小脸露出来。

我站在沟坎子上，背着手，心里也是无比紧张，面上却一点儿表情都没有，冷冷地看着。

她走出水面，像一个溺死的冤魂涉过乌黑的冥河，朝我走来。半抱半拖着她妹妹，涉水爬回到坎下干燥的地面上，抬头瞅了我一眼。

那是绝望恐惧到极点的眼神。这一刻，她怕极了我，她怕我，把她们再推下去。水从她湿漉漉的头发上流下来，灌进了她的脖子，她头上的泥土冲掉了不少，额头上一块被我砸破皮的地方渗着血，红红黑黑的水沿着她的脸往下淌。

我站在坎子上，像一个恶鬼。

她没有告发我。她妹妹也特别乖，没有告发我。

乡村无人监护的幼童，许多死于意外溺水。我长大后每次看到这种新闻就会想，这些孩子有多少是死于其他幼童没来由的恶意或恶作剧呢？如果那次，水再深一点（那时是枯水期，夏天下雨时那条河沟积水会深达一米以上），那天她和妹妹会不会就这样无声无息地淹死在其中？

我不知道，我为什么这样邪恶。

– 4 –

我十个月大的时候被亲生父母抛弃了。

因为我是女孩。

就算是送养，也差一点送不掉。

说好了送养的，日子到了，养母第一次来领我，一看到我，嫌弃极了：“哎哟，这么丑，瘦得咧……别是有病吧？”她把我抱起来又放下，摇摇头走了。

她不喜欢我。同时，她正在哀悼她悲苦的命运，深深地痛恨着老天爷对她不公平。

放下了我，她回到我二姑家，倒在炕上号啕大哭。她哭她的命，是多么地苦。结婚到现在，都没有生养。

仿佛知道自己活命很难，在生存危机下，十个月大的孩子也变得异常早慧。如果养母不领走我，我爸爸可能就会像小芳的爸爸一样，把我丢进村口的池塘了吧？我二姑又来看我，我才十个半月大，刚刚能站在炕上。我似乎知道这个人将决定我的生死，她进了屋子，我拍着自己身边的炕沿儿，口齿不清地对她说：“姑，坐。”

这么一个细节，成了我早慧的证据——确实，谁家有这么聪明的孩子，十个月就知道招呼客人啊？养母听了这个事，算是稍稍平复了一点儿不甘。

第二次，算是认命了吧。因为不抱我回家也没别的孩子抱了。“就是她吧。”她对我二姑说。

就这样我活了下来，我刚知事，就明白自己是被抱来的，不是我妈亲生的。一个村里的，什么也瞒不住。我很快就知道了我的身世。大人们并不避讳在孩子面前谈论家长里短。他们还以为我压根听不懂他们在讲啥呢。

在我三岁的时候，养母怀孕了。

我们那边常常说，不生育的女人，抱一个小孩回家后，往往就自然怀孕了。“抱一送一”这样的好事终于在她身上发生了。

这本是一个天大的喜事，但没隔三个月，她同时又查出了乳腺癌。

因为吃烈性药，打抗癌针，胎儿不健康，必须引产。引产了的是个养母急切期盼的男孩。村里的人都说是我克的，阎王爷总要收走一条命，没收到我的，就收了她儿子的。

紧接着，在供销社工作的养父下岗回家了。我们家最重要的经济支柱塌了。

“灾星。”我养父母的亲戚闲谈着，当着我的面，瞅着我直摇头。

“灾星啊！”我的养母一急起来，就跺着脚喊骂。

我听着，既不能笑，也不能哭。笑不行：“你这个没良心的，白眼狼，你妈得癌症了你还笑！”

哭就更不行了：“哭！敢哭！你这个灾星，绞灾啊你！你妈还没死呢，别号丧！”

听收音机里的儿歌也不被允许。收音机里的童声似乎会刺激到养母，她骤然间爆发，冲我歇斯底里地叫嚷哭骂。

养父总喝酒，喝了酒就撒酒疯，逮到什么拿什么打人。

每到这时候，养母和我就成了亲密战友。

她是不敢反抗养父的。我们俩从屋里逃出去，她紧紧地抱着我，缩在仓房里。一夜，一夜，又一夜。小时候我还觉得这样挺幸福的，因为她紧紧抱着我，后来长大了，回想起仓房，没有温馨，只有紧张、恐惧与黑暗。我只记得她铁箍一样紧紧箍着我的双臂和仓房破烂的木顶上倾泻下来的惨白月光，还有养母低低的抽泣。

对养母来说，我只是她在逃避恐惧和痛苦时，紧紧抱在怀里的一个伴儿吧，就像我自己抱着的那个洋娃娃。

一个深夜，养父醉醺醺地回来了。

我躺在床上，醒着，假装熟睡，祈求他不要发现任何可以揍我的借口。

他喝醉了就像个瞎子，在家里团团转。要发火，又找不出碴子。

忽然，他看到我的洋娃娃——他以前在供销社时给我买的。他抓起我的洋娃娃，抓着它的脚，把它的头用力地磕在写字桌上，下了死力地磕。一下，又一下，直到把洋娃娃摔得稀巴烂，肢体破碎，眼睛再也闭不上了。

我直挺挺躺在被子里，紧紧闭着眼睛，却能清楚地看到一切。

我知道他恨的不是洋娃娃，而是我。如果可以，他想把我抓起来，像那个洋娃娃一样，在地上磕个四分五裂。

还好，养父母并不总在家管我。他们后来自己开了个小杂货店，忙进忙出的。

我可以任意在田野里四处游荡撒野，找小伙伴玩儿，也找小芳“玩儿”。并没有人留意到我在小芳身上的过分举动，就像也不会有人觉得，我的养父母对我有虐待。

不过，大自然是天然的疗愈场所。每次我被养父母打骂，心里憋屈时，就跑出去疯玩一圈，田间地头乱爬乱跑，野外小河小池塘泡一泡，和小伙伴们做游戏，跳格子、捉迷藏、打狗吆鸡，疯完了，就开心了——没错，我自己活活掐死过一只小狗，还差点吊死一只大狗。

这样的日子，在我读初中那年，结束了。

我真正的苦难，才刚刚开始。

– 5 –

我要上初中，养母决定去市里陪读。

养父把乡下的房子卖了，我们进城了，租了房子。

这才是痛苦的开始。

农村的教学质量很差。小学毕业，我 26 个英文字母还认不全，我的新同学们“新概念”都学了两本书了。我的成绩越来越差，又因为被风传早恋，还争风吃醋打架，于是，在他人眼中，我就是一个集蠢气、土气、蛮气于一身的不可理喻的孩子。班主任对我也全然放弃，直接告诉全班同学拿我当臭狗屎一样对待就好。没错，就是臭狗屎，原话即是如此。

班级里任谁都可以欺辱我，都可以任意作践我，就像我当年任意作践小芳一样。我就是在那个时候开始悔恨的。我忽然想到，今天我所遭到的一切，比起当时我对小芳所作的恶，都是微不足道的。上天之所以这样对待我，就是为了惩罚我当年肆无忌惮的恶行。

与此同时，家里人，我养母家的亲人们，每一个人见到我，都不会忘记提醒我：父母把房子卖掉来城里陪读，我妈也为此提前办了病退，是多么伟大的行为，为我做出多么巨大的牺牲，而我却多么不学好，让人失望。

效果是明显的。

我不仅不肯读书，打架，闹事，考不及格，还留级了。

整个初中，别人读了三年，我读了四年。

我确实是个精神病啊。别人家孩子早就自己睡一间屋了，我的同学还巴不得有自己的房间呢，我却死命地黏住我的养母，我要和她睡在一起。我恐惧于她在谷仓里死死抱着我，把我当成活下去的依靠时散发出的那种绵延不尽的绝望，可是我又不肯单独一个人睡在自己床上。

我都是十多岁的大姑娘了，却还霸占着养母。

养父就没的办法了。

他也恨，怎么就收养了这样一个怪胎、灾星。

他想和他老婆亲近啊。也许老婆还能怀孕再生一个呢，是不是？可我像一个牛皮糖一样，死死地黏住他老婆。

一找到机会，他就打我。

机会很多啊。每次都是一场毒打。他揪住我的头发，手里能拿到什么就是什么，朝我身上招呼，头脸不分地打，生死之仇一样地打。打啊，打啊，所有的，他压抑的性欲、他失去的儿子、他丢了的工作和老家的房子、他无依无靠的现状、他在城里打工的辛劳，都暴风骤雨般地发泄在我这个不知好歹、忘恩负义的小畜生身上。

我并不服，他打我我就和他对打，我打是打不过的，但我嘴毒啊。我叫骂着，跳着脚，斜着眼，像一个地狱里爬出来的小恶魔，嘴里吐出最恶毒、最伤人的话。

打着打着，他自己也气馁了。

他们收养我，供我到城里读书，真的不是为了养出一个仇人来啊。

打着打着，他咚地扔下棍子，酒气熏天地跌坐在地上，抹着眼角的皱褶，呜哩呜哩地，哭了。

他哭着说："你是猜到了吧？我们确实不是你亲爸亲妈。你就是为这个，才作我们的吧？"

"你就是为了找你亲爸亲妈，才闹腾的，对吗？"

他嘶吼着："你要找，我们给你找好了。当初是他们不要你的，现在，你倒好，我们辛苦把你养大了，你有本事了，把我们往死里逼！"

– 6 –

我终于见到了我的亲妈。

那年我 16 岁。

我第一次见我亲妈是在我养父这头的二姑家。就是她，把我介绍到我养父家的。

两个四五十岁的女人走了进来。她们年龄相仿，长相也相仿。一个是我亲妈，一个是我姨妈。

我一眼就认出来了，左边那个，是我亲妈。从我十个月被抱走之后，我压根没有再见过她，可是她一进屋子我就认出来了，就是她，没错。

亲妈坐了下来，她没认我，坐下来第一句话，就是扯着哭腔哭开了。

“苦啊——”一声长长的叹息样的哭泣——难怪中国传统戏剧里出场的老旦，常常都是以这样一句唱腔开头。

她悲惨的半生在短短的十几分钟里展现在我面前。

嫁了个男人，就是我亲爸。男人酗酒，酒后打人，烧火钩子、鞋撑子、锄头把子，拿到什么招呼什么。爷爷奶奶对她如何不公平，因为她生的是女娃，口粮全部被爷爷奶奶搬回家，她生了孩子坐月子，连一口米浆都喝不上，脐带也是她自己剪的。我爷爷说要把我扔塘里，刚生下孩子的她如何从炕上爬到冰冷的地上，抱着我跪着哭着求饶，说喂断奶了就把我送人，才保住我一条小命。她说她送养我，并没有向我养父养母要一毛钱。把我送人后，她精神恍惚地在炕上坐了几天几夜，一闭眼就仿佛听到我在被窝里头咿咿呀呀地叫她。

她手舞足蹈地哭着，诉说着。

即使把我送了人，后来她也和丈夫离了婚。她现在的处境似乎也没好多少。脚上一双胶鞋，已经破了一个口，鞋头鱼嘴一样张着，随着她一说一动，就一张一合，她自己却似乎一点都没意识到。

我还有个姐姐，比我大四岁。她没被送掉，跟着我妈，已经工作了。姐姐是后来进来的，我看着她，不知道怎么的，我觉得她更像我想象中的妈妈，也许我当年被迫从妈妈身边离开时，妈妈就是这个样子的。

姐姐走进来坐在床上，靠着我坐下，一坐下就搂住了我。

之前我一直低着头，默不作声地听着我这个亲妈说唱，忽然间，姐姐一抱我，我就崩溃了，我号哭起来。

这时，我亲妈也过来，抱住我，说：“别哭，别哭……”一语未了，她又哇地大哭起来。

我抑制不住地喊了那声她以为从我嘴里永远也听不到的字：“妈……”

从知道身世开始，我恨了她许多年，我发过誓，各种情形下再见到她，绝对不会和她相认，也绝对不会叫她“妈妈”这个神圣的称呼，她不配！

佛教中有一个关于堕胎胎儿的可怕故事，说被堕胎的胎儿会落于刀山之下，却又不断听到山顶上母亲的呼唤，胎儿就情不自禁地朝山上爬去，被刀锋割得遍体鳞伤，可是，母亲的呼唤对于孩子是不可抗拒的，即使受尽伤痛，他们也要循声向上爬找。

我第一次看到这个故事时，只觉得毛骨悚然——直到我恨了 16 年的亲生母亲，把我抱在怀里，我哭着喊出“妈”这个字时，我才明白了这个故事的真正意思。

她抱住我的那一瞬间，我闻到了她身上的气味，我听到她沙哑的喉音和剧烈的心跳——“妈”就脱口而出——妈妈，对于孩子，是不可抗拒的。

– 7 –

与亲生母亲和亲姐姐相认，极大缓解了我的躁狂与焦虑。

高一那年我居然考了全校第一。

但我内心的黑洞并没有停止吞噬和寻找。

就像我会痴迷地观看我一开始说到的那位女作家的演讲视频一样，我迷恋上了我的数学老师陈老师。

陈玉梅老师——她太美好了！

她漂亮，年轻，活力四射，充满力量，有孩子一样单纯善良的心地，虽然是老师，却还时不时犯个傻。我喜欢她喜欢得发狂。她那么爱她的儿子，我看到她在学校里陪着他玩耍，散步，她抱他，亲他。我真希望如果她是我妈妈该有多好啊。

我痴迷的投入很快引起了陈老师的注意——起初，她对我很有礼貌，上课的时候，也会经常点名让我回答问题。后来渐渐地她似乎感觉到了压力，眼神不再看我，再后来，她甚至开始躲避我。

我急了。为了让她多看我一眼，我愿意做任何事。

有一天，我听说她生病了，就打听到她家的地址，偷了我养母的钱，买了一个昂贵的果篮，里面都是我们县城很少有的稀罕水果，晚上我摸到了她家。

她打开门，看到是我，本来只是有点儿发黄的脸顿时吓得有点儿发白："你是怎么找来的？"

我顿时不知道该说什么了，提着篮子僵立在原地。

过了几秒，我才结结巴巴地说："听说您生病——"平时伶牙俐齿的我，话都说不周全了，眼泪也冒了出来，我举起篮子。

她看了一眼果篮更惊吓了："你们学生哪有钱搞这个？不要不要，快拿回去——拿回去！"

"我就是——"

不等我再说什么，她后退一步说："你快回去吧，要好好学习，认真读书，不要整天胡思乱想——我一会儿给你爸爸妈妈打电话！"她退进门里，哐地关上了门，我听到门里稚嫩的声音，是她儿子在问："妈妈，谁啊？"

她厉声说："没有谁！"

我失魂落魄地提着果篮，走回家，甚至忘记了果篮拎在手里就是我偷钱的罪证。我当时已经不在乎了，陈老师不喜欢我，她甚至厌恶我——这一个基本事实，就足以让我觉得天塌地陷，生不如死。

陈老师真的打了电话给我养母。我一推开门，养母就迎了上来，一看果篮，她就数落开了。

我回过神来，其实养母并没有说什么，我却像个疯子一样爆发了，举起那个珍贵的果篮，里面有好几种水果——我自己也没有吃过的——狠狠地摔在地上。果篮裂开了，一个猕猴桃滚到我的脚下，我抬起脚，狠命地踩了下去，踩得绿色汁液四溅："要你管！要你管！要你管！"

我一边踩，一边号啕大哭。

忽然间，客厅里站起来一个人——我舅舅，也就是我养母的弟弟，他不知道什么时候来了我家。他对我的作早有耳闻，忽然亲见，就暴怒了。

舅舅跳起来用手指戳着我说："你是什么身份你自己不知道吗？你就是条抱养的狗！你以为你是人吗？你以为家里人都拿你当人吗？看看你妈要是死了，家里人谁还理你！"

"抱养的狗"这句话从他嘴里吐出来，我就疯魔了，嗓子劈开地大吵大骂，跳起来劈头盖脸地去挠他。

舅舅当然力气比我大多了，他一抬胳膊就把我推搡出去，我后退着撞到墙上，舅舅冲了过来，把我按在墙上，左左右右，开始抽我耳光。耳光雨点一样，不计其数地落在我头上、脸上。我的耳朵嗡嗡作响，只听见养母在叫喊哭骂："打！打她！"

不知道过了多久，我感觉我身后顶着的那堵墙，塌了。世界忽然安静了，我再也听不到任何声音，也感觉不到舅舅的击打了。

后来他们说，我昏了过去。

– 8 –

醒来以后，我一直在哭。

哭着哭着，停一会儿，发呆，再接着哭。

家里人骂我精神病骂了十几年，这次我真的是精神病了。

我摸出去，在药房买了一瓶刺五加片和一瓶谷维素。趁着家里没人，我全部吞了下去。

我以为，一切都结束了。

所有的痛苦，总要有个尽头吧。我走了，一切就结束了。

可是，我还是醒了。

养母养父及时把我送去医院洗了胃。

我没死。醒来了，人还是魔怔的。

养母实在没有办法了，就去找我们学校。

我正在发呆时，忽然看到养母把陈老师带到了家里。

我就像见到亲人一样，滔滔不绝地和她说，说啊，说啊。我怎么被领养的，我怎么被打的，我怎么活下来的，我多么渴望她是我的妈妈。她一直在听，眼泪在眼圈里打转。

她后来还是鼓励我好好学习。我说，好的好的，陈老师，我一定好好学习，我明天就去上学，我一定考上大学。她郑重地第一次牵了我的手，和我拉钩。我把校服袖子赶紧往上提了提，抓住了她手的那个瞬间——我幸福得——快要死掉了。

我就是哈洛的猴子啊。

很小就离开亲生父母，养父母像那个铁丝做的猴子形象，挂着可以给我温饱的奶瓶却几乎没有任何爱的交流。陈老师是那个我自己找的毛茸茸的类似于妈妈的毛绒玩具，我总是在她那里找安慰。

可没过多久，她也得了乳腺癌。

我简直疑心这和我有关，是不是我这样一个内心充满苦毒的人，会抽取身边一切的温暖和光明，向自己亲近的每一个人喷吐毒液？于是，所过之处，只有毁灭、破坏、荒芜和死亡？！可是，不是我要变成这样的啊！你们为什么要把我带到这个世界上，又让我受这样的苦，让我变成这样的怪物啊！

我考上了大学，也接受了相当长时间的心理治疗。我自己也开始研究心理学。可是，我自己的心智越接近正常，我的痛苦就越剧烈。

我现在的理解是，我把我自己内在无助、无能为力的弱小的自己，投射到有这样品质的孩子和狗狗身上去了，这出于我对自己那部分幼小、软弱、不被爱、被抛弃的自恨。自己遭遇的一切，也忍不住要复制在更小的孩子身上。或许我那时也是承受了太多养父母给予的痛苦了，孩子成了父母的容器（痛苦情绪的垃圾桶），总要宣泄的吧！小芳身上应该也是有类似的气质，就是在家里得到的关爱非常少，所以“吸引”我下手霸凌她，又一次次得手。

而我，之所以会反思，是因为，不苦的人，不忍心让别人受苦；苦透了的人，也不会忍心再让别人受苦。

我恰好是那个苦透了的人。

每次看到网上那些校园暴力的视频，我都会想起小芳，想起曾经在她身上作的恶。

我童年犯下的罪过，我很想赎罪，可我又没有任何勇气做任何事。我只祈求她能过得幸福快乐，让我时常受到灵魂的拷问。很多时候我在想，初中以后到了城里，同学们孤立我，老师误解我，都是我的报应，包括现在的情况，我活该。

作为施暴者，我一样痛苦终生。

你们，能原谅我吗？

自述者是我的粉丝。一个年轻而美丽的女孩。她有一张倔强方正的脸，眉目秀美。

她既是一个霸凌施虐者，也曾是被遗弃虐待的儿童。因为对我的信任，她将自己的生命隐秘和盘托出，并且完整地回忆了她作为受虐儿童和霸凌者的所有细节。

我在征集自述的过程中，取得了大量的第一手的被霸凌的资料，却很难找到当初的霸凌者出来自述，更罕见忏悔。在我收集的300多例样本里，只有3例是忏悔自己曾经的霸凌行为的，5例是后悔自己当年没有制止霸凌，而是无关痛痒地围观的。

非常了不起的地方在于，她对自己的生命历程，有痛苦而智慧的觉知，研习心理学，对自己的经历、行为模式都进行了溯源。这是罕见而珍贵的社会学样本，她的坦诚，使得我们可以最大程度地真实复原霸凌行为与儿童幼年心理创伤的关系。

被虐儿童身上的气质，似乎是一种烙印，会吸引“捕食者”，而“捕食者”往往自己也是受害人。“捕食者”和被虐者都是原生家庭的受害者。

年幼的“捕食者”不被允许表达情绪，也没有其他渠道疏解，就会尽情发泄在比自己更弱的孩子身上，而对方的逆来顺受，会激发起施虐者更强烈的恨意——你为什么不反抗——内心深处，施虐者是在憎恨自己无法反抗现实的事实。

这个可能是许多霸凌行为实施的原因。

如果老师、监护人不了解这一点，就无法从源头上制止霸凌的加害，更会源源不断地制造病人。

根据国家统计局数据，6100万的留守儿童因为父母外出务工，而被遗弃在家乡，由年迈的爷爷奶奶或外公外婆监护，甚至索性没有监护人，年纪很小就住校。这样身心俱创的孩子很容易成为问题儿童，要么霸凌别人，要么被别人霸凌。被霸凌时，他们无法获得家庭支持；霸凌别人时，他们无法获得有效的管教约束。

这或许是中学校园里霸凌事件愈演愈烈的大背景。

校园寂静岭

每个人都有存在心理问题的可能，老师，也不例外。如果老师处理不好自己存在的心理问题，就容易出现“烂苹果效应”。家长如果不能及时发现，学校如果没有投诉问题老师、及时反应处理的应对机制，烂掉的“苹果”将不可胜数，而这些身心受创的孩子，离开校园后，可能要用一生去弥合曾经受伤的创口。

– 1 –

她姓沈，名莹。她只教过我一年。那年我五岁。在一个水乡小镇，我在一所寺庙改建的小学读一年级，我的老师，姓沈，名莹。

我，已 40 岁，35 年来准确地记得她的名字，并且显然会记住这个名字一生。

每个人，内心都有自己的恐怖片场景，有人的恐怖片是狭窄的宾馆洗手间里，雾蒙蒙的镜子上突然出现的面孔，面孔上没有眼睛只有窟窿，一滴滴的血流下来；有人的恐怖片是无尽的旷野和森立的树木，没完没了的奔跑和在黑黢黢中窥视的眼睛；有人的恐怖片是地下室，金属的声音在墙壁上刺耳地划过，一点点靠近。

我的恐怖片是正午，空无一人的操场。阳光炽热，熔金般倒在头上，汗水刺进眼睛，我脚下打着绊，朝着教室狂奔、狂奔，肺剧烈扩张，滚烫的空气灌进喉咙，喉头剧烈疼痛，肺泡快炸了，我却不敢停下飞奔的双腿，因为——铃在响，而我奔跑的尽头是一张我已经无法回忆、一片空白的脸，我不记得她的模样，但她就在那里。

沈老师就在那里。讲台上。带着似有似无的微笑，朝着教室门转过脸来，眼睛睨视。

老式的挂铃，用粗大的青绳拴在校园的一棵老槐树上，校工一扯，又一扯，当当当……

上课了，我要迟到了，迟到了。

哪怕是踏着铃声冲进教室，只要沈老师已经站在讲台上了，就算迟到。

是的。

迟到，即地狱。

沈老师并没有怎么大吼大叫过，她好像很少歇斯底里。她看向班上的孩子们时常常是带着笑的——尤其是看到有“犯错误”的行为发生时，她就笑了。

她的笑，在很多年后，还会像恐怖片一样萦绕着我，就是那种，一个人缓缓朝你转过头来，她本来是绝对不会笑的，却朝你咧嘴一笑。

– 2 –

迟到了的孩子，有一个指定的地方。

教室门背后。

沈老师走过来，一把提溜起我的脖子，应该是拽着衣领提起来的，不过她手法之娴熟，就好像孩子们脖颈里天生长着一个把手，以供拎取。她一把提起我，扔进门边的墙角，紧紧地塞在墙和木门门框之间，再打开教室门，门和墙角形成一个天然的三角形囚笼，把我关在里面。

里面并不黑暗，因为光是可以透过门缝和墙缝照进来的，可我却觉得非常非常黑，而且非常非常窒息。我急促地呼吸着，每一秒都觉得下一秒滚烫的肺泡会被黑暗捏碎。我喘着、喘着，肺并不因为已经停止了奔跑而逐渐平息，而是越来越紧张，越来越疼。黑暗捏着它，一下又一下，一下又一下。

沈老师打开门，世界忽然亮了。

我恐惧地朝门里缩了一缩，可是又饱含感激地、乞求却又不敢抱有任何期望地抬头看她。我知道她绝不会大发慈悲，却又期盼能够从这黑暗和窒息中解脱。

而沈老师的可怖之处，就在于不确定。

没有一个孩子知道她接下来会做什么。

她把我拎了出去，戳在讲台边上。我的脚撞在砖地上，很疼。

是示众时间。

全班都在，现在是示众时间。

迟到、贪玩、某次上课睡觉、说小话、没写作业、错字……一条一条的罪状，她以一种如终极裁决般的口吻宣读出来，话语里充满了末日审判般的厌弃和鄙视。

四五十个小孩坐在座位上，没有人发出任何声音。

除了老师发出尖锐的一声冷笑时，个别老师的宠儿附和着发出锐笑。

她一边宣读罪状，一边扒拉推搡着我，问我是否知道自己不可饶恕、罪该万死。

呆呆地，我在一个强有力的手臂下东倒西歪，脑袋甩到这边又甩到那边，脑浆仿佛滚水一样在脑壳里滚来滚去。

我的迟滞和呆板似乎让她更加生气。

她提起我又戳在地上，问全体同学，这样的小孩还配当一个小学生吗？

不配……

这样的学生不应该打倒吗？

应该……

死不悔改，这样的学生要不要关到阴山背后？

要……

底下的声音越来越响亮。

她的表情也越来越亢奋。我是低着头的，但不知怎么，我总能看到她白净的脸上带着的笑。

沈老师是一个很奇怪的人。她就算揪住人的头发晃动时，薄薄的嘴唇里喷出最恶毒的语气时，眉眼都戾气十足地扭曲在一起时，都还是笑的。她有一缕始终不会离开嘴角的笑，镶嵌在那里。

宣判结束。

她弯下腰，捡起刚才被她打掉在地上的书包，挂在我的脖子上。书包是我妈妈做的，手工比较对付，就是一个双排带子的花挂兜。

她掂了掂书包，随手向前排一个同学一指："去，捡两块砖头！"

同学迅速地溜出教室，捡回来两块砖，青黑色的。

她把一块砖头塞进书包。我脖子顿时向下一弯。

又一块砖头。布带子顿时勒进了皮肉。

她提起我如提一只小鸡，在全班的寂静里，再次把我塞进墙角，打开门。我再次陷入三角形的"木监狱"里。

不是关一节课。一切视沈老师的心情而定，有时是一节，有时是整个下午直至放学。

最难熬的时间是下课了，她也许已经忘记了“犯人”的存在，而邻班的孩子们都下课了，经过我们教室，他们迅速发现门后关着一个人，我的双脚戳在门底下呢。

“嘻嘻，这里怎么有一个人？”

“像个呆小（方言，傻子）戳在这儿呢。”

“呆小，是个呆小。”

门口围观群众越来越多，“呆小！呆小！呆小！”他们一起起哄。

－3－

我勾着头，站在黑影里，门缝里影影绰绰的都是人。我甚至不敢伸手托一下快把脖子勒断的书包。心里唯一的盼望是，老师不要在人这么多的时候打开门放我出去，这样每一个人都能看到谁是那个“呆小”。

而通常这是奢望，沈老师会非常乐意在围观的孩子们面前打开门，把我揪出来再度示众。那时候我妈妈常常给我剪一个前额齐眉、后面齐耳的短发，她手艺比较对付，而且为了方便，她会给剪得非常短，于是我看起来就颇有几分呆相。

沈老师会说：“她看起来像不像个阿巴（方言，哑巴）？”

孩子们一阵哄笑：“阿巴、阿巴、阿巴……”

即使在35年后，我回忆起那个刹那，依然如沸水浇头。内心的屈辱比勒进脖子的布条更为疼痛，屈辱是一种终身不愈的创伤，如大麻风一样永远长在额头上。即使已经永久离开了那个小镇，走在人群中也没有人看得到这无形的伤口，我自己却知道，它永远在那里，流着浓稠的液体。

“她就是一班的那个阿巴。”在操场上，也会有人老远指着我说。

“是阿巴还是呆小？”

“都是吧？呆小不都是不会讲话的吗？”

他们会跟在我后面起哄：“阿巴！阿巴！阿巴！”

我扭头喊骂：“你才是阿巴！”

“咦，这个阿巴会讲话呀！”他们立即换口号，“呆小！呆小！呆小！”

– 4 –

沈老师似乎非常憎恨下课后在操场玩耍这个行为。

在她来看，学生就必须规规矩矩坐在桌子后面，下课了也要像木偶一样坐在原座位，不能乱说乱动。今天想来，她可能憎恨的是一切具有与生而来的活力的人和事，而我又是一个天然非常活泼的小孩，所以会成为她最喜欢打击扼杀的目标。

有一次放学了，我和邻班的几个小姑娘在跳皮筋。

皮筋是绿色的，是我攒了好久的硬币，刚刚买的一条透明的、绿色的皮筋，足有四五米长。

忽然听到她在挺远的地方叫我的名字，我吓得愣在当场。

她叫我过去。

我一下就知道，她可能要没收我的皮筋。于是我赶紧拽起地上的皮筋，拿出小刀开始割，边割边拽，是想在她走过来之前，哪怕割下一段先给邻班同学拿走，保存一点，以后可以接上用。

她迅速走近了我们，冷笑一声：“割？割什么割？”

她一把从我手里把皮筋拽走，像拉渔网一样，拽走，全部拽走，割开了掉在地上的那多半截也全部拽走了。

我清晰地记得，已经放学了。放学了，我们为什么不可以玩耍？我们并没有触犯任何一条“禁令”！

前所未有的狂暴的愤怒，让我呆呆站在原地，呆呆地盯着她。

但仅此而已。

不，没有电影里那种孩子疯狂的反击。尽管我是一个家长和邻居眼里公认的脾气暴烈的小孩，也一直被公认为胆大包天。但在一个夺去我最宝贵财产的老师面前，我能反应出来的反抗意识就是呆呆地张着嘴盯着她看。

没有。什么都没有。她拿走了我心爱的皮筋。我呆呆地站在那里，心里第一次意识到不公平，但却像一个被驯服的奴隶一样，毫无任何反抗的意识。看着她拿走了我崭新的、美丽的皮筋，我最大的反抗就是盯着她看了一会儿。

这个细节被我在成年后多次回味，它使得我对人性的软弱充满了理解和怜悯。

你不是那个孩子，你永远不明白她有多无助、无力、无能……

反抗对身处奴隶之境的人来说，是几乎没有任何可能的。

一个受害人如果没有外援，很难摆脱困境。必须有外界的力量帮助他完成自省和觉知，否则，他无力摆脱困境。——这叫作“习得性无助”。

她的打击行为很有意思，就像《第二十二条军规》里讲的一样，会制定一些你永远不可能完全企及的目标，等待你犯错，然后，她的一切惩罚都有了一个高度合理化的借口。

比如，下课玩耍是错——然而小孩的天性都是好动的，不可能控制得住。她就会从她在走廊和操场上看到的玩耍的学生中随机挑出惩罚对象。

比如，午睡没有及时醒来，在她走进教室时还在趴着睡，也是大大的忤逆，属于严打行为。

那时所有的孩子中午都要被迫午睡。

我们全体趴在桌上，头枕着自己的胳膊，中午睡上一个小时。

我起初是睡不着，颠来倒去睡熟了，一梦黑甜，铃声已响。而一个五岁的孩子，真睡熟了，往往是把她抬走卖了也不会醒，何况铃声。我的同学呢，也大约是不喜欢我，很少有人会在铃声响起时推醒我。

正在睡梦深处，忽然有人叫我名字。

声音并不大。

有人在睡梦中轻轻叫你的名字，你的名字……

我全身骤然一个激灵，大夏天如被冰水淋透，睁开眼睛，恐惧地发现周围一片死寂。而沈老师就站在我课桌边上，嘴角焊死了一样地，噙着一缕笑。

– 5 –

没有及时醒来，老师上课了还在打瞌睡的孩子，要接受“清醒”的惩罚。

站在自己座位上罚站，同时，举起一只手，竹子尾梢一样，笔直笔直地伸向天空。

沈老师开始讲课了，她手里捏着一根教鞭，在讲台上转悠，在过道里转悠，一旦看到谁的胳膊微微下垂，哪怕是弯下来一点点，啪！教鞭抽上去。

一分钟，三分钟，十分钟……

十分钟后，举手——这个平时非常轻松的举动，就成为一种极其可怕的酷刑。

你的胳膊和肩膀开始颤抖，每一块相关的肌肉开始酸疼，酸疼到麻木，麻木后又变成深深的酸疼，酸疼到骨髓里去。

然而，因为对沈老师的恐惧——不，不是怕教鞭抽——而是你就是怕她，怕到你举着手，酸疼得想死，想有人来一刀剁掉你的胳膊，你却仍然不敢放下手。

你最后只剩下唯一的念头：想死，想地球爆炸，想被人用枪突突掉，但是你却不敢放下手。

这一刻，沈老师就是我的上帝，我的神。我愿意拿出全部生命，取悦于她，让她饶恕我，允许我放下胳膊。

后来我长大后每每回忆起这些场景，我完全理解什么是斯德哥尔摩综合征，我也完全理解为什么美国会立法接纳每一个战俘为战斗英雄，并且允许他们在被俘后吐露情报，认定这是合理的。在一种绝对的控制下，在一个人对你的身体拥有绝对支配的权力时，肉体上的疼痛和心理上的无尽恐怖，让绝大多数人都会很快崩溃。

如果“罪行”超过“上课了还在睡觉”，上升到“上课说话”“不做作业”这样的“顶级罪行”——沈老师的刑罚也会升到顶级。

颇有创意的刑罚。

我还记得，学校虽然离我家近，但却是小镇上比较差的一所学校。校园由一所古庙改建而成，桌椅更是简陋拼凑的，小朋友所使用的桌子，都是空心的，只有一个桌面，桌面底下两根横档——之所以要描写这么仔细，是因为只有两根横档的桌子，会成为一个极其重要的“刑具”。

沈老师会把最“十恶不赦”的“罪犯”塞到桌子里去——不，不是全部塞进去，是把他的两条腿塞进桌子，然后从他屁股底下把凳子抽走。可怜的“罪犯”必须竭尽全力收缩腹肌，双手扒着桌面，才能保持重心平衡，不至于整个人朝后倒下去，而一旦倒下去，桌子必定会砸在那人的腿上和身上。

只消几分钟，“罪犯”就全身打着哆嗦，汗如雨下，脸憋得通红甚至发紫，双手挣扎着扒拉桌面，试图保持住身体平衡。不只是腹肌，全身的每一块肌肉都在挣扎以保持身体前倾，不会破坏微弱的平衡而倒下。

从来没有人支撑超过十分钟。

最后的结局都是，“罪犯”绝望地痉挛着，上身绷不住了朝后倒，一屁股摔倒在地，连带桌子一起翻倒，桌子砸在腿上或肚子上。

说实话，我没有被塞过桌肚。也许是因为我出于绝对的恐惧，从来没敢在课上说小话或不做作业。

可是作为战战兢兢站在一边，目睹了全过程的孩子，“受刑人”的痛苦和恐怖，我感同身受。35 年过去了，我依然记得被罚的同学双手在桌面上抓挠，指甲发出的刺啦声，通红的脸和眼睛里憋出的眼泪。很多年之后，我看了一部叫《火烧圆明园》的电影，里面有一个顾命大臣被用黄表纸活活闷死的镜头，那抓挠、蜷曲的绝望手指，顿时让我想起那些在课桌上绝望挣扎的小手。

– 6 –

沈老师还给我们留下的一个深刻印象是，她带着一根针来到课上。一根大号的、过去缝纫棉被用的针。有小孩的手指那么长。

针的尾部拴着一根长长的粗棉线。

阳光从她头顶的明瓦照射下来，针尖闪光。

她举着针，在教室里走动着，确保我们每一个人都看得到。

“我讲课时，如果有人在底下说话，我就用这——根——针，把他的嘴——缝上。”展示结束，她郑重地把那根针插在教室正中的一根木头柱子里，长长的棉线挂在上面。

四五十个，接近 60 个小孩，一片死寂，甚至连呼吸声都停止了。

今天想来，这只是一番可笑的威胁，但是，对一群刚刚六七岁和我这种刚刚五岁的小孩来说，它就是真的。

地狱是真的吗？对宗教信徒来说，地狱是真的。心碎是真的吗？对一个失去至亲的人来说，心碎就是真的。而“活活地把你的嘴缝上”——这在一个小孩心里，就是真的。

我在沈老师班上一年的时间里，一直生活在这根针的威胁之下。

许多成年人会用自己认为“无关紧要”的玩笑话去戏弄小孩，逼得孩子哭笑不得，甚至以把他们弄到哭为乐。最常见的就是“妈妈不要你了”“这个东西不给你了，我要抢走”“把你卖给人贩子，让你再也见不到妈妈”，最终无一不是以孩子哇哇大哭而告终，我要说，这是成年人一种极其卑劣、极具无知的行为。

在成人的世界里，这是玩笑。在孩子的世界里，这是真实的恐怖。

他们幼小，还不足以分辨玩笑和现实，他们的智力要到 12 岁后才能逐渐区分这些，他们面临的恐惧和痛苦是真实的，为什么成年人要以把一个孩子的小世界摧毁崩塌为乐？是因为成人自己弱智到没有能力和孩子有效互动吗，还是因为他们心理容器如此狭小，承担不了一个欢乐、活泼、怒放的生命，孩子身上流动的鲜活的能量映照出了他们心中的死一样的绝望？

我独自用了整个青春期消化沈老师给我的一年创伤。毫无疑问，这样的创伤可能会伴随终生。一个老师在孩子的世界里是一个神祇，他拥有激活和毁灭一个孩子心灵的力量，而社会和家庭都没有充分意识到这一点。

我整个一年级，惊惶不安，焦虑无比。

我的书包因为多次被塞砖头，很快就裂开了，带子也断了。妈妈抱怨我不爱惜东西，尤其是在书包里扒拉出砖头渣时，妈妈痛骂我毁东西。她却从来没有问过，我的书包里为什么会有砖头。

沈老师也没有给我们任何人留下严重的外伤。

到我上高中时，有一次在饭桌上，一家人边吃饭边闲聊，父母回忆起了那个我们家曾经短暂住过的小镇，说起了我的学校，我忽然间说出了整个往事。

他们目瞪口呆地听着。即使他们平时很不耐烦听我说学校里的事，整个故事中可怕的残酷，也让他们停住了筷子。

并没有哭，我甚至是带着笑的，偶尔声音会高几下，我把针、砖头、课桌挨个讲了一遍。我住嘴之后好一会儿，妈妈才不安地开口："你为什么不告诉我们呢？"

我火了："拜托，我那时才五岁！五岁的孩子当时懂什么呀？我才五岁你们就送我去上一年级！"

妈妈若有所思地说："其实你说的这个沈莹，我是认识的。"

那个小镇很小，基本上人人都互相认识。

"我还认识她妈妈呢，"我妈妈说，"她妈妈以前和我同事过，是个老职工了，人很凶的，'运动'起来是一把干将，为人比较毒。"

"十年动荡的时候，她因为树敌太多，后期被揪出来斗了，啊呀，她当时被人打得很惨很惨的。"

"怎么很惨？"

"哎呀，就是当时流行的那些折磨人的手段，她可能都挨了。什么上老虎凳，坐飞机，挂牌游街，被人揪住头发打得满脸是血呢。"妈妈平淡地说，站起来盛了一碗汤，"别哭了，喝汤喝汤，唉，你也真是的，回来也不告诉我们，不告诉我们。唉。"

在后来的很长时间里，我一直回味这个消息。

– 7 –

在我学习了越来越多的心理学知识后，我推算沈莹老师的年龄。她成为我的老师时，大约 20 岁，刚刚 80 年代初，她的青春期和童年，想来就是在一种被恶意虐待的环境中度过。无论是她的母亲本身的为人，还是大环境的氛围，都足以让她的心灵扭曲。当她对一群更弱者拥有了绝对权力时，她生命中经历的所有黑暗都通过恶行在恣意宣泄吧。被她凌虐过的学生，又有多少如被丧尸咬过一样，终身都带着黑暗和暴力的因子呢?

而这样的病人，又有多少依然在校园和课堂之上，重复着这样的轮回呢?

校园无声。宛若寂静岭。

老师会霸凌学生吗?

实际上，在一个人握有对一群人的巨大权力又没有足够的监督机制时，就有可能催化出极端行为。

中国传统文化是讲“天地君亲师”的，现代应试教育下，家庭和社会对老师的赋权仍然很大，老师在很大空间里能够握有塑造或摧毁一个孩子身心灵的力量，却往往缺乏监督和制约。

在欧美国家，老师的职业操守有极其详细的职业规范和培训，并在教学中落实到每个细微之处。

美国学校里没有班主任之说，中学生们也是学分制，学生并不会固定在一个班级，而是各自抱着书本去寻找自己要上的课。上一节和你一起上课的学生，不见得下一节课还和你一起，也不会有一个跟随你三年之久的班主任。这种形式的不利之处在于，老师可能无法真正了解孩子们之间发生了什么，有利之处则在于，老师未被授予国王般的权力，也就无法对孩子们进行国王般的统治。

前不久，美国刚刚发生了一起学生投诉教师案。一个数学老师多次在课堂上霸凌她的学生，用了“你这么笨”“你蠢得像猪一样”“你要是不在，我们班的平均分数就提高了”诸如此类的侮辱话语，学生决定反击，用录音笔偷偷录下了这位数学老师连续几周上课时对自己的羞辱。

在学校召开的听证会上，学生播放了录音。

原本认为只是学生和老师之间出现小纠纷的听证会顿时变得紧张起来，一脸轻松的数学老师在听到录音时也神色骤变，最后流着眼泪离开了。因为就算她自己，也意识到，光是录音中所证实的部分，就已经足以使她永久失去教师资格，也会失去退休金。原本只是课堂上的随口刻薄，却变成了葬送她的职业生涯的铁证。这个学生机智地捍卫了自己的权利——但不是每个孩子都能捍卫自己的权利。

更多时候，无论中外，绝大多数孩子在面对来自老师的霸凌时，都不知所措，更绝少和家长诉说，只能独自面对，无论消化得了还是消化不了。按照人群中心理异常人数的比例，只要有1%的老师心理异常，对整个教师队伍来说，也是很大的数字，因为这就意味着每年至少有百名以上的学生要面对这些老师。如果老师自己的心理问题处理不好，就会出现“烂苹果效应[1]”。学校中如果没有投诉问题老师、及时反应处理的机制，烂掉的“苹果”将不可胜数，而这些身心受创的孩子，离开校园后，可能要用一生去消化这些创伤的后果。

---

[1] 烂苹果效应：任何组织里，都存在几个难管理的人物，他们像苹果箱里的烂苹果，如果你不及时处理，它就会迅速传染，把其他苹果也弄烂。

忘川之水

无论是好学区还是差学区，无论是公立学校还是私立学校，都不可能完全杜绝青少年霸凌现象的发生。但如果家长能够及时发现，学生能够及时表达，老师能够及时制止，三方共同采取适当的应对措施，再对受害者和施暴者加以安抚、疏导，就能最大程度地减轻伤害，或许还会因祸得福，使孩子学会人生的重要一课。

– 1 –

那条河，一直没有语言可以描绘它，描绘不了它的颜色和形状。

一想起来，它漆黑的、完全不流动的水面，我的喉咙就一阵灼热。

无论离开那里多远了，多久了，那条河都在我的黑夜里，猝不及防地铺满整个梦境。

直到有一天，我在书里读到一个名词：忘川。

传说中，人死后会过鬼门关，经黄泉之路抵达冥府，而黄泉路的尽头，与冥府之间，隔着一条河流，此河即忘川。古希腊神话和中国神话甚至北欧神话，都提到了这样一条河流，据说它的颜色是凝固的血色，红、黑、黄相间。

渡过此河，就刷新了你这一世的记忆，一切重启。

不肯过河的灵魂，会浸泡在忘川里，受尽回忆的折磨，毒水的侵蚀……

我合上手机，闭上眼。

不，我不需要等到死亡降临。

忘川，在13岁那年夏天流入我的生命，汩汩作响，尼罗河泛滥一样四处横溢。

我13岁。对，13岁。家里有小孩子的父母们，我跟你们讲，一定要保护自己家的孩子，让他们远离那些十二三岁到十八九岁，正值青春期的熊孩子。这个阶段，他们破坏力超级强，荷尔蒙作祟，攻击性也极强，却少有道德感和规则意识约束。他们是一群狡猾凶残的小兽，做得出任何事，不怕伤害任何人。

没错，我就是其中一只。

– 2 –

我那时候有多残忍？

我父母那时候特别忙，父母都忙。我们住在一个大院里，父母们都没空管我们，所以我们这些半大不大的小子们就一起扎堆玩儿，最常见的玩具就是各种各样的虫子和小动物。放大镜烧蚂蚁，抓耗子用汽油点燃？小意思啦，家里的兔子不吃我给的食物，我抓它，它蹬我，只是把我手心蹭擦了一块皮，我竟然把它扔进了烧开的锅子里。

夏天，我们抓蟋蟀，斗蟋蟀，玩着玩着就变成了对蟋蟀的酷刑。我们慢慢地把一只蟋蟀的后脚拔掉，翅膀拆了，看它变成一只肉虫子，在地上颤动，明知它爬不了，却用蚊香烫它的屁股，看它微弱地挣扎着蠕动，做最后的求生。我捉青蛙，剥开青蛙的皮肤，看到那粉红的肌肉。捉青蛙有时候是为了吃，捉蝌蚪就是为了取乐——我把蝌蚪放在冰箱里，速冻起来，再研究它透明的腹部。

我和小伙伴们扎堆玩儿的时候，像是为了夺取更高的地位、更多的承认，我们会比赛着出馊主意，去折磨那些小生灵取乐。

大院里很多家都养狗或者养猫，我家猫很凶悍，经常四处翻墙越壁，偷吃扒拿，邻居家晾的香肠、风鸡都在它的横扫之列。

时间久了，它就成了一个公害。

有一天，一起玩儿的小伙伴里，有个叫大海的小子领着三四个孩子找上我们家门，指责说我家猫偷了他家的肉。

大海是我“哥们儿”，他还有两个弟弟，也和我“玩得挺好”，某种意义上来说，大海兄弟三人，是我们大院孩子中一支很重要的“势力”，所以大海气呼呼地领着兄弟闯进我家，要求搜查，我不能阻止。

真的偷了他家的肉。

大海在我家厨房的洗手池底下，找到了猫藏在那里的一条肉，上面还有猫牙啃过的痕迹，尖尖的，一个一个的洞。

大海家孩子多，烧顿好吃的不容易，一块肉，斤把重，一家子可以吃一个星期呢，所以他在看到猫拖走肉之后，才会四处查找。大海的妈妈闻讯赶来，气急败坏地把肉捡起来拿回去，说要洗洗再烧了吃，邻居们七嘴八舌地劝她这个肉吃不得了，大海妈妈吼说：“家里这么多张嘴，馋得屎都能吃，猫啃过的肉咋不能吃？”

她跺脚骂猫，骂完又骂自己儿子没看好肉，越骂越气，边骂边抡起肉条，劈头抽了儿子好几下，才拎着肉回去了。

大海揉着被抽红了的脸，叫我：“你说说，咋办？”

我咋办？

于是我“咪咪咪咪”地四处唤我家猫。猫知道惹祸了，藏在床底。被我唤了出来，我一把抓住它的脖子，四脚悬空地提起来，拿到大海跟前：“喏，给你。”

大海找了一根塑料绳子，绑住猫的脖子拖走，猫扒着地面，把我家地板抠出四道深深的痕，但还是被拖走了。

我其实是舍不得猫的。我9岁，猫8岁，它是我过周岁时爷爷奶奶送的。我还在摇篮里的时候，它就睡在我枕头边上，从来不朝我伸爪，我哭了它就伸出粗糙的猫舌头，一下一下舔我的脸，两个猫耳朵夹得平平的，黄眼睛温柔地看着我。

放不下，就去大海家去找。

我原希望他把猫打一顿就能放了，哪怕狠狠打一顿呢。我可以赔他的肉，把我最喜欢的一个变形金刚赔给他。可是我过去了以后，发现大海家院子里聚集了好多孩子，我挤进去，一个孩子嗷嗷地跟我叫着说：“你家猫在和大海家的狗打架！”

大海弄了个木桶，圆的，把我家猫和他家的黄狗都扔到了桶里，让它们打架。

在狭小的空间里，猫施展不开爪子，被黄狗压在身体底下，四脚一阵乱踩。每每猫挣扎着爬出来，想跳出木桶，大海就舞着手里的木棍子，把它砰地打下去，落到狗身上，狗又跳起来按住它。

猫的肋骨一定被踩断了，腹部突出一个奇怪的锐角，它凄惨地叫唤着。看到我，它眼里射出求救的光，挣扎着爬过狗头，朝我这个方向扒。

它扒上桶的边缘，快要爬出来时，大海毫不客气地一棍子又把它打了下去。

猫滚下去，又被狗跳起来按住。

它凄惨无比地叫着，叫得不像猫了。

我什么也没做。

我没有救它，也没带它回家。

事情怎么结束的我忘记了。我怎么回家的也忘记了。那天晚上，是猫自己回来的。回到家，它倒在自己一直睡觉的纸箱里，我凑过去看它，它没有看我。

第二天我去上学，回来时猫和它的箱子都不见了。

妈妈怕我难过，还安慰我说，改天再去谁谁家抱只小猫回来。我哦了一声，说："我不要猫了。"

我走开了，拿着变形金刚。其实我心想的是，猫死了就算了，这样至少我不用把我心爱的变形金刚赔给大海了。

– 3 –

小孩子真的不是什么洁白无瑕的小天使。

大海不只是对我家猫下手凶狠，对他自己家的大黄狗也一样。

有一次，不知道是谁听说了一个奇闻，说狗是土命，就算是吊死了没气儿了，放在泥土上，也能马上续命，回过魂儿来。

我们几个争了起来。一边说狗和人一样，吊死了就是吊死了；另一边说狗很神奇，吊死了放在土里真的能复生，吵着吵着，大家就说弄条狗来试验。

有人不知出于什么心理，挑衅地问大海："你家大黄狗很壮实，最适合的，你敢不敢弄来试试？"

大海没作声。

我就笑嘻嘻地说："怎么，舍不得？"

大海斜看了我一眼，知道我在这等着他呢，看他到底以义气为重，还是以自家的狗为重。别人说了或许说不动他，可是之前我那么大方地把自己家猫交出来“公审”，现在他也不能㞞的。

果然，大海没㞞。他朝地上吐了一口口水，骂了句：“有啥舍不得？妈的批！等到！”然后呼地站起身走了。

我们那个时候真的很残忍，而且生怕证明不了自己残忍。

过了一会儿，大海真的把他家大黄牵过来了。

大院的后墙那里正在建楼房，我们一起嗷嗷叫着，围绕着大海，他领头，牵着他家大黄，我们排成一列，窸窸窣窣，爬到那个空楼上。

楼梯的扶手都还没有，水泥墙里的钢筋狰狞地杵在外面。我们沿着粗糙的台阶小心翼翼地走了上去，大黄老老实实地跟在我们后面，并不知道等待它的是什么。

刚爬到三楼，楼下忽然有一个尖厉的声音叫我们。

“哥，你要把大黄做啥？”

是大海的妹妹，也是大海家最小的孩子，才五六岁。

她站在楼下的黄沙堆旁边，仰头惊恐地看着我们。

“不要吊大黄！”

看到我们把一根粗绳子往大黄脖子上绑，小姑娘哇地哭了起来。

大海很没面子地看了我们一眼，粗声粗气地喝骂他妹妹：“你个呆批，死回家去哭！”

大黄在三楼看到它的小女主人，嗷呜嗷呜地叫了起来，从鼻子里哼哼地叫，蹭着大海的腿，拿头拱他的手。

小女孩声嘶力竭地跺着脚哭喊：“不要吊大黄，不要吊大黄！”

我在大海脸上看到了犹豫。

尤其是听到他妹妹喊：“我告诉爸爸，我告诉爸爸去！”

他脸色变得很难看。

大海的爸爸是我们工厂的木匠，打孩子是出了名的凶残。

当着一圈人的面，他把儿子吊在院子里的树上，用铜头武装带抽。听我妈妈说，有一次都把大海抽晕厥过去，快没气儿了，也劝不住，有人喊来了工会主席，才拦下来。

见他要后悔了，我刺了他一句："大海，还是算了吧，给你爸爸知道了，你又要挨打。"

大海一下就火了，捡起一块石子，朝他妹妹砸过去，口沫横飞地骂回去："小呆批，滚！死回去！你敢告状，我夜头拿被子捂死你！"

为了展示自己的果断，大海咬牙切齿地亲手把绳子套在大黄的脖子上，一边套一边咒骂着，他嘴唇翻动得极快，两堆小小的白色泡沫涌出来堆积在他的嘴角。绳子另外一头拴在墙上的一根钢筋上，大黄感觉到大事不妙，背上的毛都竖了起来，呜呜地凄厉喊叫着，拼命后退。我们把大黄往前推，大黄四只爪子扒拉着水泥地，使出全身力气往后赖。

最后，还是大海把大黄拖到了楼层边上，飞起一脚。

楼下的妹妹发出一声瘆人的尖叫，狂奔而去。小花裙子飞起，底下两条脏兮兮的小腿打着后脑勺。

大黄四只爪子在空中扒拉，喉咙里发出呜呜的低鸣——真是鬼知道咋回事，脖子都被吊起来了，还能发出声音。

我们站在楼上目不转睛地看着它四脚乱蹬，我腿直哆嗦，腹部发热、双腿夹紧的感觉又上来了。

忽然，大海爸爸像一尊凶神一样出现在楼下，一只手拉着哭得稀里哗啦的小女儿，后面还跟着几个大人。

一看到他爸爸那张脸，大海就吓尿了。

是真的吓尿。我看到他双腿一屈，捂住肚子，裤子就湿了，一摊水在他脚下迅速扩大。他手忙脚乱地想把大黄拉回来，我们也帮他拉。但这才发现，大黄很重很重，我们根本拉不动。

大海爸爸冲上楼，后面还跟着那几个大人，他们一下子就把狗拎了上来。

一个大人说："还好是个死扣，活扣就吊死了。"

大黄瘫在地面上，舌头拖出老长，口水顿时把水泥预制面弄湿了一摊。

另外一个大人说："莫急，莫急，真吊死了，今天就炖狗肉锅子。"我猜他的意思是想安抚大海爸爸，但谁也没想到的事发生了。

大海爸爸看了狗一眼，朝大海走过来。

大海面色煞白，朝后直退，一直退到墙边上，那只是一堵建了框架的墙，门窗的位置都是空的。大海就站在那个空当里。

大海爸爸抬起脚，当胸踢了大海一脚！

大海被悬空踢飞了——而且——飞出了楼外！

那是三楼！

大人们齐齐发出一声惊呼，我吓到一声惨叫噎在喉咙里，楼下也有人在惊叫。

所有人都涌上去朝楼下看。

噫！楼下有好几个黄沙堆，也有砖块堆，还好——大海掉在了黄沙堆上。并且是屁股先掉下去的，从三楼掉下，他竟然没受伤，翻滚了一下，滚到了沙堆底下，就自己站起来了。他抬头看看楼上他爸和他妹，又看看我们，狠狠地呸了一口嘴里的沙子，转身，走了。

－4－

这事过后，大海家的狗，都是绕着他走的，一见他的影子就躲。

我们升入了六年级，虫子早就不玩了，玩猫玩狗的兴趣也逐渐减弱。

这时，我们有了更好玩的“玩伴”。

大院里新来了一个锅炉工家庭，他们一家都住在锅炉房隔壁的宿舍里，夫妻俩带着一个小孩，叫小忘。

小忘跟着父母来这里，转学也转到我们班上。

和他父亲一样，他全身都灰突突的，那个头发，脏得像凝固的雕塑。整个一个冬天，他都穿一件改小了的绿军衣当罩衫的棉袄，一次都没换洗过。他们家连饭桌都没有，那个宿舍以前是锅炉房堆工具的地方，小到只能放下一张床和一个柜子。他们家就是在食堂打饭，饭几乎不要钱，于是只打饭——然后蹲在锅炉房门口吃，两个大人一个小孩，围着一个咸菜碗，吧唧吧唧吃得欢。

我们常常会端着碗在院子里吃，互相窥视小伙伴家里吃啥。

我家吃得比较好，爸爸妈妈都把荤菜夹给我，所以每每我端着饭碗都能在大院里昂首阔步地走。当碗里堆着糖醋排骨或红烧鸡块这样的吃食时，我更是扬扬得意。给哪个小伙伴分一块肉，全凭我的心情和交情了。大海家吃得不好，家里孩子又多，有点儿肉也架不住狼多，所以他常会馋兮兮地跟我要吃的。他心里其实挺不爽的，每每此时被我挤对几句，也只好忍着。

现在有个垫底的了，有了小忘，我们完全忘记了大海家的拮据，小忘家的寒碜劲儿，让大海扬眉吐气地欢乐。

“你们看那个呆批，衣服上的油刮刮，好炒一碗菜了。”

“喂！”他朝小忘吼，小忘不知道是叫他，还是呆呆地蹲在那里扒拉碗。大海捡起一块煤渣投过去，准确地砸在小忘头上，他迷茫地转过头，看着我们。

“你过来！”

大海命令地叫他。

小忘的父母都吃完饭去忙活了。他见我们叫他，并没有感觉到危险和恶意，反而受宠若惊地端着碗走了过来。

他虽然跟我们同一年级，可是身量却比我和大海都矮一头。

大海打量着他说：“你吃屎长大的呀？”

小忘茫然地摇摇头。他完全不明白大海在说什么。

大海瞥了我们一眼，才接下去：“你不是吃的屎，怎么身上这么臭，像茅厕里捞出来的？”

我们快活地哄笑起来。

小忘傻傻地挠了挠后脑勺，也笑了。

小忘和他父亲一样，无论谁呵斥他，损他，让他难堪，都只会挠挠后脑勺，傻呵呵笑一笑。那笑可能是他保护自己的示弱方式，也可能是给自己化解尴尬、减少伤害的生存本能。他不会反抗，也不会告状。告状，我们也不怕，他爸爸绝对不敢到我们的家里来告状。学校老师也不喜欢他，因为他又脏又臭学习又不好。我们英语老师都怪模怪样地拿小忘造句说：“你臭得像一只耗子。”

就这样，小忘成了我们的最好玩伴（具）。

“那个臭呆批，一副呆样，皮都呆蜕（tuō）掉了，不耍耍他我们就是呆批了。”大海说。

我们班上最脏的活儿，渐渐地都推给小忘去弄了。他跟他爸爸一样，肯卖力，几乎不需要报酬。别人夸奖的一瞥或一个奖励的笑容，就会让他忸怩不安，露出满足而羞涩的微笑。所以就像大海说的，这样的呆瓜，不欺负他都对不起自己。大海经常示范给我们看——无论怎么贬损欺负小忘，只要大家乐完以后，大海像揉大黄的头一样，揉揉他的头，恩赐似的说：“小忘，我们是朋友，对吧？”他就会感激涕零地呵呵傻笑——时间久了，我们都觉得，不欺负他真是没天理。

“来，小忘，给我们说说你爸爸妈妈夜里怎么日批的？”大海拍拍小忘的头，把他拎出来转向我们。

小忘脸涨红了，吭哧吭哧地描述。

“怎么动弹的？”

“怎么叫的？”

“学学，学学。”

“你妈批的学不学？还是不是兄弟？”大海在他后脑勺上拍了一记。

小忘艰难地咽着吐沫，细长的脖子青筋一跳一跳。

还是学了。

我们屏住呼吸听，互相看一眼，脸都红了，然后又为了掩饰脸红，一齐哄堂大笑。

人多的时候，把小忘叫出来。

“小忘，再给我们学学怎么动的。”

“学嘛，你昨天还学了，学得可好了！”

“妈批的，还不好意思啊？别装，快学！”大海在小忘后脑勺上拍了一巴掌。

于是，他再学一次，模仿着，胯部耸动着，前后晃动。

“声音呢？声音声音，要带声儿！”

他艰难地模仿着，细豆芽一样的身体前后晃动，嘴里发出像大黄一样的嗷嗷声。

我们笑得倒在地上，双手拍打地面，也跟着嗷嗷地叫起来。

“小流氓！”女人们吐一口吐沫迅速走开了，男人们都露出暧昧不明的笑容，津津有味地看小忘表演，看完一遍还鼓励他再来一遍。

看完了，他们好笑地叹一句："真是个夯娃。"

– 5 –

夯娃小忘渐渐成了大海最忠实的跟班，忠犬一样寸步不离。

他得到的回报是，大多数时候大海会庇护他。只有大海自己可以欺负小忘，不过当大海心情好或特别不好时，他就会把小忘拿出来，像一只吃饱了的头狼把猎物慷慨地扔给手下，允许我们一起寻寻开心。

六年级很快过去，学期的结束让我们更加亢奋而无所事事。去学校领完成绩单，等于学期结束了，我们无处可去，大海、我、小忘，还有十几个男孩子，在操场上漫无目的地游荡着。

日头越来越高，我们都有点儿渴了，有人提议去水龙头那里喝水。

有人说："还是去凉茶摊吧，老师说喝生水不卫生。"

大海轻蔑地说："有啥不卫生的？不干不净，吃了没病！"

一言不合，又呛上了。就喝生水到底会不会拉肚子争论了一会儿，大海像伟大领袖一样，挥手在空中果断划过，决然下结论来终止争论："别说喝生水了，那条河里的水，都能喝！"他手指落定，指向远处，转头问小忘："你说是不是？"

他的手，指向那条我们平时都不去的小河。

我们学校有个建在校园角落里的小工厂，工厂边上流淌着一条小河，原来是条小河，但已经废弃，其实就是工厂排污水的废水沟。河边连草都不长了，除了工厂排污，周围居民的垃圾也都丢在这条河沟里。

我们都很少去那里玩，因为就在那年的夏天，沟里——漂浮起了一具尸体！不是常见的猫狗猪的尸体，而是人的尸体！

不知道是失足淹死的、自杀的，还是别人杀死的！尸体在沟里漂浮了几天，才不见！

河沟因此蒙上了一层诡异，我们本来就很少去，现在更不敢去了。在我们的想象里，那是一条剧毒的河流，别说喝了，就是皮肤偶然沾上，也可能像武侠小说里写的那样，全身溃烂而死呢。

河面上散发着恶臭，水混浊到呈现出一种无法描述的颜色，铁锈红混着黑，黑里泛着黄。

大海指着河，斩钉截铁地说："小忘，那个河水你敢喝的，对不对？"

小忘张大嘴巴，傻傻地挠着后脑勺。

大海扫了我们一眼，我们会意地起哄起来。

"小忘，你身体素质好，百毒不侵的！"

"就是，我们都知道你抵抗力超级好的。别人喝了没准就毒死了，你这个棒棒的身体，不会有事儿！"

"如果小忘都不敢喝，就没人敢喝了！"

我们像簇拥一个英雄一样，推着小忘朝河边走去。

走到河边，那种无法描述的臭，顿时让我一阵作呕。

小忘第一次被这么多人包围着，成了中心，他有点儿腼腆，也有点儿小激动，而且每个人都真诚地说，他如果真的敢当第一个喝这水的勇士，大家就真心诚意地佩服他，以后敬爱他，去哪都叫上他玩。他在我们的簇拥下勇敢地走向这团由无厘头的恶意而触发的邪恶之火，我们哇哇作呕，他强作镇定地摆出一个满不在乎的表情。

可是，他真的弯下腰，也忍不住呕了一声。

实在是太难闻了，比粪便更臭，比化工染料更刺鼻。

他犹豫了，直起腰，就像大黄一样，求援地看了大海一眼。大海亲热地搭住他的肩，头凑近了他脏兮兮的头发，贴着他的耳朵咝咝地说：“兄弟——”大海拖长了声音。

小忘顿时挺直了腰杆。大海狠狠地搂住他肩膀，重复了一遍：“兄弟，你，是不是我兄弟？”

小忘脸红了，狠狠地点了点头。

“是我兄弟，就别叫我丢脸！”大海凶悍地、响亮地说，朝河水的方向推了他一把。

小忘就跟打了鸡血似的，真的弯腰下去，伸手探入了那漆黑的液体中。

我们一齐发出夸张的惊呼。

当然，小忘的手没有像电视剧里那样冒出白色的毒烟，也没有皮破肉烂。那黑水掬上来一捧，在阳光下看并不是像河流那般漆黑黏稠，而是灰色的、无数的细小颗粒在阳光下晃动着。

大海庄严地、神圣地瞪着小忘：“喝！是爷们儿，你就喝！”

小忘踟蹰着，大海吼了一嗓：“咱们哥儿俩的面子今天就看你了！”

小忘满脸通红，不知道是热的还是激动的，额头上、脖子上都是汗珠，他一扬起头，真的把捧上来的一捧污水，全数灌进了自己嘴里。我们惊呆了，真诚地爆发出热烈的喝彩。在这样巨大的鼓舞里，他梗梗脖子，生生咽了下去。

大海朝我们眨了眨眼，嘴巴一张一合，做出了一个我们熟悉的口型：“呆批——”

一回头，他连脸都不带抹的，就变成了夸张的激动佩服，又大声地给小忘加油起来。

“小忘，你太牛了，你太牛了！不愧是我兄弟，我没白认识你！”他不顾小忘湿漉漉臭烘烘的手，狠狠地拥抱了他一下。

小忘眨了眨眼睛，眼睛里红红的，似乎想哭又想笑。

“再来一次！”不知道谁这么喊。

有几个小孩子是后来赶过来的，因为没有看到这样的“壮举”，也加入到激动的阵营中来：“小忘太牛了，太牛了，再来一杯！再来一杯！”

不知道是谁，递给大海一个杯子。

在十几个少年的围观里，大海冲小忘鼓励地微笑着，把自己亲手舀上来的水递给小忘：“给这些呆批看一个，看看什么叫牛！”

小忘眨巴着湿漉漉的眼睛，抹了抹汗，看了看杯子，看了看大海，接过了杯子，一闭眼，就像水浒里的绿林好汉饮下大碗烈酒一样，再次把杯子里的污水一饮而尽。

接着，他剧烈呕吐起来。

可是，看着我们期待的眼神，他使劲卡住自己的脖子，不让自己吐出来。他的脸已经变成惨白色，伸长了脖子如同公鸡。分明在颤抖抽搐，却不知他从哪里来的力量，把作呕的污水，生生地噎了回去。

……

那个下午其他的记忆都已经模糊。

我们玩够了，都回家了。

小忘第二天没有在院子里出现。他肚子疼，发起了高烧。听说肚子疼得很厉害，在床上打滚。

他的父母并不知道病因，当是普通的小孩子拉肚子，也因为穷，舍不得去医院，他就在家里拖着。

我在那个下午之后，就没有再看到过小忘出现在大院里。

唯一与此有关的记忆，是某个下午我路过锅炉房，听到小屋里传来低低的呻吟，声音虽然轻微，却是压抑而颤抖的，像一只小兽在垂死呻吟。那是小忘的声音，也是我有生以来听过的最恐怖的声音。

我好奇地趴在门缝朝里看。一张惨白发灰的脸，恰恰抵着门缝，戳进了我的眼睛。

他家很小，床就紧贴着门，他躺的床头，就离门缝一寸之隔。

他的眼睛贴着我的眼睛，只有一寸。

他看到了我，可是他已经说不出话。他眼神里爆发出一缕奇怪的亮光，嘴里呢喃着，似乎在说，救我，又似乎在说，好疼。

我倒退一步，脚下一趔趄，几乎滚下锅炉房的台阶。

我赶紧掉头走开了。

过了几天，我们一家在院子里乘凉，看到小忘的父母推着一辆板车，板车上放着几个包裹和纸箱，像是搬家的样子。

后来，我再也没有见过小忘。

大院的孩子们出奇地统一——没有人提起过那个下午。

大院里，没有一个大人知道那个下午发生了什么，而所有的孩子都知道那个下午河边发生了什么。

– 6 –

大海后来自己开了个家具厂。结婚了，搞了外遇又离婚了，前妻给他生了一个儿子，现在的老婆给他生了一个儿子一个女儿。我回县城时遇到过他两次，他的嗓门还是很洪亮，脸膛红而发亮，额角也是发亮的，过得很好很旺的样子。

听他说起以前大院的小伙伴们，除了他以外，那个下午几个为首的少年，有的做官了，有的做生意，都过得不错。

“你小子也是混得风生水起哇！”他高高兴兴地搂了搂我肩膀，“什么时候来我家喝酒！”

我犹豫了很久，期期艾艾地问他，是否还记得小忘。

“啥？谁？忘？”他茫然地看着我。

我顿了顿，确定他不是伪装：“就是以前我们大院那个锅炉工的孩子，我们一个班的同学，总跟着你混的那个。”

“哦，那个啊？”他洪亮地大笑起来，声音震得县城混浊空气里的粉尘都簌簌掉落，“你说那个呆批啊，哈哈哈哈哈，我想起来了，那个呆批，真是笑死我了……对对对，我记得……哈哈哈哈。”

“他们这样伤天害理，会有报应吗？”这是我收到的，问得最多的一个问题。

这个案例，是微博网友给我的数千条留言里，最刺痛我心的。

留言的人有深深的悔恨，他最难过的部分是，他可能是当时所有的霸凌者中，唯一有反思，唯一忏悔的。

我告诉他，不是这样的。你所看到的那些霸凌者的强硬表达，不过是在试图隐藏他的恐惧。没有人能够做出伤害其他生命的恶行而终身平安的。霸凌者到底内心平安不平安，在午夜梦里到底有没有忏悔，无从得知。而有没有报应，这个，要放在一生甚至更长的时间里来看。

但是，他们要承担自己作下的恶，是一定的。

“他们会有报应吗？”这个问题，是很多被霸凌的、曾经受到伤害的孩子来问的，我可以非常靠谱地回答：“不仅一定会有，而且，已经在有。”

一个人所能有的最大的惩罚，莫过于，长出一颗邪恶扭曲的心。就如这个故事里的大海，他的父亲凶残暴虐，母亲冷漠暴躁，他的心灵很小就被灌满了毒素，所以他无法拥有正常的爱的能力。他可能极力追求事业的成功——因为在他的逻辑里，成功 = 权力，权力 = 为所欲为。但因为他在内心深处无法感受爱和温柔的美好，也无法与他人建立深切的依恋与信任的关系，所以他的生命实际上是非常悲惨的。

而内心充满苦毒和芒刺的人，人生很难成功，更难感受到幸福。

诅咒一早就已经种下。没有绝好的机缘和觉知的能力，无法拔去内心的芒刺，消融内心的苦毒，这样的人无论成功与否，都活在地狱里，很难感知平安喜乐。

另外，这个故事中，有两个缺位的人。

小忘的父母。

某种意义上，小忘父母的失职，加重了大海等人的加害烈度。

在过往经验中，无论是好学区还是差学校，无论是公立还是私立学校，都不可能完全杜绝青少年霸凌现象的发生。但如果家长和孩子能够及时发现并采取适当的应对措施，再对被霸凌者加以安抚、疏导，就能避免伤害，或许还能因祸得福使孩子学会人生的一课。

家长除了要了解霸凌的种类和表现外，更应该与孩子多沟通。

家长一定要与孩子建立亲密平等的关系，让孩子肯对家长讲心里话。每天问问孩子学校的情况，了解他们对同学、朋友、老师的看法，从中大致可以看出孩子与周围人群的关系。家长也应对孩子的社交技能做合适的指导，比如言行适度、打扮得体，如何识别人品好坏，怎样结交朋友和处理同学关系等。一些家长为了孩子不惜“孟母三迁”，或舍得花钱送孩子上私立学校，但其实每次动迁转学，孩子一方面不得不离开老朋友；另一方面又难以马上进入新学校同学的圈子，会遭受友谊和感情的打击。因此要特别关注转迁期间孩子的社交和情绪状况，帮助他们平安过渡，尽快融入新环境。

可是，太多的家长，做不到这些，甚至，他们连孩子情绪失控、生病、有重大异常表现时，也像小忘的父母一样麻木不仁。

小忘的父母是不幸的。但是，他们作为父母，没有保护好自己的孩子，谁能说他们无错？

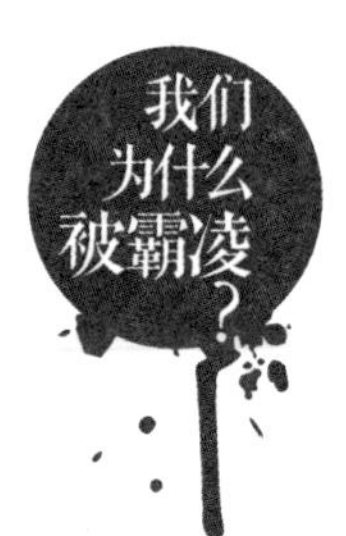
我们
为什么
被霸凌？

躁动的青春 不止荷尔蒙

小纰漏

青春期的男孩子，往往会在霸凌行为中掺入许多模仿成年人的性行为。有一种说法是，少年们透过这样的举动，来“练习”成为一个男人，也结成初步的联盟——这是原始的冲动——但在现代社会，这是不被容许甚至触犯法律的行为。如果不能以规则严加约束，荷尔蒙有多澎湃，恶行就会有多凶猛——男孩子的家长们，你们要给孩子正确的青春期性教育啊！

– 1 –

“你，小纰漏，站起来，到教室后面去。”

我敲了敲黑板，手指戳着前排的一个男孩。刘朗，诨号小纰漏。

小纰漏，在我们地方的方言里，专指十多岁的爱惹是生非的少年。

十二三岁，开始了青春期的男孩子们，也会被泛指为小纰漏。这个年龄的男孩子，高涨的荷尔蒙主宰着他们幼稚的思想，如果家教欠缺，又没有规则意识，也不懂得尊重女性的话，简直就是所有女性的灾难。

刘朗嘟哝了一声，非常不情愿地站了起来，梗着脖子喊：“我咋啦？我咋啦？”

我踱到他面前，站在那里。我比他高一个头，比他壮至少 40 斤，这个事实带来的威慑，让他不得不低下头，推开桌子，踢开椅子，朝着教室后面走去，嘴里还在叽里咕噜，但声音已经压得很低。

我养着两条大狗。一只是德牧，另一只是罗威纳。它们俩到今天为止，谁都不服谁。但是只要我回家，它们欢跳一阵之后，就规规矩矩地坐在我面前。我在它们面前用纸杯排一条线，它们不敢跳过去。我们家大门开着，我坐在那里，它们只会伸长脖子够着往外看，绝对不敢站起来往外跑。

走路的时候，它们永远退后我半个头的身位。

因为，它们心里很清楚谁是头领。

这一套同样适用在那群小纰漏身上。今天站在这里的是我，他们最多敢互相交换着眼色，嘴里咕哝着屁话，顶多延迟个一两秒，最后还是晃动着豆芽菜一样的身躯，昂着头滚到我指定的地方去了。

他们一字排开，一二三四,四个人，靠墙站着，四双眼睛盯着我。

四双眼睛，有沮丧萎靡的，有不服的，有四处乱晃的，也有佯装淡定的。

我定睛看着这四个小纰漏。没有一个眼里有神的。都是㞞货。

我背着手，慢慢地走过去。手里捏着教鞭，钢制的，九节鞭，天线一样，可以拉开，可以缩短，一边走，一边用教鞭轻轻地敲着自己的手心。

他们朝墙体缩了缩。

全班还有 40 个孩子，只有我慢慢踱步的脚步声。真静，一根针掉在地上都听得到。

“一个人 20 个俯卧撑。”我说。

他们互相看了一眼，嗤之以鼻。只有一个犹豫了一下，就是他们四人团伙的“头领”刘朗，其他三个人都立即趴下去开始做。

刘朗斜了我一眼，挑衅的火焰还在微弱地跳动，看看同伴都趴下去了，他气势更弱，抿了抿嘴，扑通一声，也趴倒了，口里狠狠地报数：“一、二、

三、四——”一起一伏地做起俯卧撑来。

我站着，等他们做完。

我压根没数。

除了刘朗，其他三个身体素质都很差，没做上十个，就大喘气儿了。

我冷冷地说：“少一个，一鞭子。”

他们咬牙继续。20个做完，累得呼哧带喘，从地上爬了起来，涨红了脸看着我。

“20个深蹲。”我淡淡地说。

刘朗喉咙里呜噜了一声，眼里露出反抗的凶狠，但只有一秒，又蔫了。

深蹲。

全班都齐刷刷地反身坐着，凝视着他们。

在他们深蹲时，我问：“我们班有多少同学？”

没人回答。

我抽出教鞭，在满脸紫涨的其中一个小纰漏头上点了一下，只是点一下，他就一惊，头下意识一缩，发现我没有打他的意思，赶紧堆起讨好的一点笑：“45个，夏老师。”

“现在呢？”我冷冷地问。

他一愣：“……44个。”

“为什么会少了一个？”我阴恻恻地问。

他缩了缩脖子，蹲了下去，又站了起来，再蹲了下去。

“少了谁？”我问。

“……李乐天。”

他低声嘟囔。20个深蹲结束了，他们几乎站不直了，扶着墙慢慢支撑着身体，乞怜地看着我。

刘朗身体素质比较好，但也只是看起来而已，他现在也筋疲力尽了。

我让他们休息一分钟："李乐天呢？"

刘朗滚动着眼珠看着我，又看看李乐天空了的座位："她休学了。"

我冷冷地说："她为什么休学？"

刘朗嘴角露出一丝阴笑："也没什么呀，我们就是摸了摸她，跟她闹着玩儿的——"他嘴角荡漾开了笑容，回味似的。没等他的笑化开，我一巴掌就抽在他头上，把他的头抽得歪了过去。

这一巴掌之重，声音之脆响，顿时令死寂的教室里惊起一阵嗡嗡声。

"继续，20 个俯卧撑，一边做，一边喊'李乐天，对不起'。"刚才那一巴掌很有效，除了刘朗，其他三个立即都趴倒在地，喘着粗气，开始做俯卧撑。

三个憋尖了的小公鸭嗓子在喊："李乐天，对不起！"

我瞪着刘朗。

"你敢打学生？夏老师——"他还没来得及把下一句话说完，我的教鞭就抽在他胳膊上，疼痛超过了他的预期。他穿着校服，也没用，我可以想象他胳膊上隆起的红痕。

他捂着胳膊尖叫起来："我要投诉你！我爸爸会揍死你！我我——"

他来不及再鬼叫，我一把就捏住了他的脖子。细细的脖子，我掌心能感受到他正在发育的喉结，因为恐惧正剧烈地在我掌心里滚动着。

我把他提了起来，按在墙上。

"你放心，你爸爸也会感谢我的，小纰漏，我是在救你的狗命。"

他试图踢我，但我实在比他强壮太多，他悬在空中，脸孔很快发紫，舌头也不由自主地伸了出来。

我逼视着他的眼，那眼睛里所有的虚火都消退了，只有无尽的恐慌。

"现在，我放你下来，老老实实，20 个俯卧撑，20 个深蹲，一边做，一边喊'李乐天，对不起'，听到了吗？"

他无力地点点头。

我松开手。他沿着墙滑倒，拼命地呛咳着，举手擦去嘴角的白沫。

他趴倒在我脚下，勉强支撑起身体，开始做俯卧撑，声音里已经有了哭腔："李乐天——对不起——李乐天——对不起——"

死寂的教室里，爆发出掌声。

鬼哭狼嚎的掌声。乒乒乓乓敲桌子。文具盒、水杯，混敲一气。

四个小纰漏，像泥一样瘫在地上，我宣布放学。

我在刘朗身边蹲下，瞪着他的脸，一字一句地叮嘱他："回去告诉你爸，我揍了你，让他到学校来投诉我，我等他。"

他像一条死鱼，斜着眼，想说什么，却只是从流着哈喇子的嘴角发出了一声轻微的"啵"。我也不管他答没答应，就算作他已经答应了，从他身上跨过去，走了。

– 2 –

第二天，刘朗来上学了。他爸没来，他妈也没来。看样子，他没敢和他爸爸说挨揍了。我知道他不敢说。要是敢说，他爸爸必然会问，老师为什么会揍你？为什么？为什么？

事情过去了差不多一个礼拜，我正在办公室里打电话，哐——门被人一脚踹开。

一个胖子像一坨肉山涌进来，身后还跟着一坨人。

胖子身后一个打扮妖艳的女人扯着刘朗，一看到我，她嗖地就飙到我面前，一根手指和一口唾沫星子一齐飞到我脸上："你你你，竟敢打我儿子！"

“敢下这种毒手！心忒毒了！”胖子冲我吼，“你不想混了！”

我稳稳地坐在办公桌后面，慢条斯理地对电话那头说：“我等下给你打过来。什么事？没什么事，办公室里来了只疯狗。”

“你还骂人！”

“你还是不是人民教师！”

胖子冲到我跟前，伸出两只胡萝卜一样的手，朝我脸上挠来。我啪地站起来，一把把他的手拨开。

他身后那个嘴唇抹得像吃了死孩子似的“妖艳贱货”尖叫起来：“打人啦！打人啦！老师打人啦！”

跟着他们两人后面进来的那一坨人也跟着叫起来：“打人啦！打人啦！”

刘朗那个小纰漏夹在人堆里，一脸傲气，瞄着我，嘴角噙着一缕笑。这小子其实长得不难看，眉眼模样像他妈，就是这个笑，蔫坏蔫坏的，把挺标准的五官给破坏了。

可他们干叫，没有一个敢上来的。

办公室里其他老师赶紧过来拉劝：“夏老师，夏老师，慢着，慢着……”也有把胖子和“妖艳贱货”拦住的：“不着急，有话好好说，好好说！”

红嘴唇一咧，她张大嘴巴哭起来了：“他打我儿子！”

并没有任何音乐，她倒是自带煽情效果，扯着嗓门哭：“我儿子在家里都是含嘴里怕化了，捧手里怕摔了的，我的心肝肉乖乖啊，被他按在墙上打啊，呜呜呜呜……”

我冷静地看着她：“喂，大嫂，你牙齿上有口红。”

啊？她一愣，马上闭上嘴，舌头在唇齿之间咂咂，又嘴一咧：“你唬我！呜呜呜……你打我儿子，我儿子……”

胖子喘着气，人多，他拿定主意知道我不能像揍他儿子一样揍他，胆气又壮了：“你是人民教师！你敢打学生！把你们校长叫来！我们要投诉你，我们要去教育局！”

终于，人群中分开一条路，校长进来了，后面跟着教导主任。

刘朗妈像见了亲人一样扑上去，一把捉住校长的手，捧在心窝上：“校长，你要替我家孩子做主啊！”她转身用手指一戳我，“严惩凶手！这个殴打未成年人的凶手！”

校长顺着手指看过来，看到是我，脸就一苦。

这个学校里，让谁走，他也舍不得让我走。

他立即瞪了我一眼。那一眼表达的是：“小子，你又作什么死啊？现在又要我来给你擦屁股？”

我没表情，只是很酷、很硬派地抬了抬一只眉毛。

校长清了清嗓子：“这么多人挤在这里做啥？做啥？该上课的都去上课！围这么多人干吗？干吗？”

刘朗的胖子爹威风凛凛地画了一个圈，把他带来的人都圈进去：“我们是来讨说法的。这是刘朗他妈，这是他姑，这是他姑爹，这是……”

教导主任紧跟着校长踏前一步：“你们是来解决问题的吗？要解决问题来这么多人？来这么多人是解决问题还是搞大问题的？”

“是啊是啊，你是来解决问题的吗？”老师们附和。

刘朗爹虽然看起来满脑子都是脂肪，但智商并没有因此被挤扁，他迅速发现校长在和稀泥，而且在瓦解他这一方的阵营，马上抗议地叫了起来：“校长，您可不能护犊子！他问题大了！”

校长不满地看了看我。我摆出茫然的眼神。

刘朗的爹从口袋里摸出手机，恶狠狠地戳着屏幕：“你们看！你们看！”

他打开了一段视频。

竟然是那天我揍他儿子的视频。那天我操练那四个小纰漏操练了有半堂课，真正揍他们也就是朝刘朗头上打那一巴掌，还有胳膊上抽的那一下。

前面的没给拍下来，但后面我拿教鞭抽他胳膊，还有把他叉在墙上，都给拍下来了。猛一看，我一只手把他按在墙上，另一只手背在背后，反执着一根钢鞭，那样子，还真是挺凶神恶煞的。

校长张着嘴巴看完，怨恨地抬起头，眼神变得像老鹰，恨恨地捉住我。我只好努努嘴。

证据在手，抵赖是无用的，刘朗爹妈也看到校长一方的气馁，一个人拿着手机，另一个人把刘朗从身后拽到了前面，撸起袖子，指着他胳膊上的青紫条痕，激动地喊叫：“你们看，把孩子打成这样！”

校长看着我。他看我的眼神里有绝望和动摇。

他作势严厉地盯着我，眼神里是那种：“小子，你这次可怎么办？要不要快求我救你一条狗命？”嘴里却说：“夏老师啊，你平时也是一个很负责的好老师，你怎么能打学生呢？你进学校也有两年了，我第一次见你跟人动粗，你倒是说说，这是为什么啊？”

我慢慢坐了下来。

跟前的一大摞作业刚才被碰翻了。我伸出手把作业本扶起来，散在一边的一本一本捡回来，放在本子堆上，压平。

大家都不说话了，一群呆鹅围着饲料槽一样，围着我。

我慢条斯理地说：“想听个故事吗？”

刘朗爹又要跳，我一抬手：“莫忙，刘朗，我让你转告你爸啥来着？”

刘朗被他妈妈推到了前面：“朗朗，你不怕他！你说！”

刘朗撩起眼皮又耷拉下去：“他说让我叫家长。”顿了顿，“说让我告诉你们，他打我了。”

“啊呀！你个呆娃，呆蜕皮了哇！被打了你都不敢回来跟我说？”他妈气急，搡了他一把，仇恨的眼神又投向我，“你平时手毒得很，把娃娃们都吓得不敢告诉家长了！”

我把作业本摞齐，笑了笑:“不是哦，他不敢说，恐怕是另外有原因哦。”

我一眼扫去，刘朗顿时低了头。

“听故事之前，先看段视频吧。”我也拿出手机，戳到校长和刘朗爹妈眼皮底下。

刘朗头更低了，脚在地上蹭，直往他妈妈身后缩。

视频打开，一阵刺耳的讪笑——更准确点说，是淫笑，响彻了办公室。手机音量开得大，没办法。

刘朗的爹妈脸色顿时难看了，这笑声，他们再熟悉不过。

– 3 –

刘朗和他那三个小纰漏同伙，把一个小姑娘围在中间，你推一把，他搡一把，一边发出那种与他年龄极不相符的笑声，一边借着推推搡搡，在小姑娘身上东摸一下，西抠一把。小姑娘捂着脸，夹着胳膊，紧紧地保护着自己的胸部。

“来咯，来咯！”刘朗说，“别不好意思，叫哥哥摸摸有啥？”

“噢噢噢噢，刘朗，李乐天，在一起！在一起！”他的小哥们儿起哄着，不停地把女孩朝他身上推。女孩拼命逃开，他们又把她搡回去。

刘朗的爸挥起胖手在他儿子头上敲了一记:“你个小纰漏，你才多大个人——”

刘朗的妈马上搂住儿子护定:“你搞啥？他还小！闹着玩啦！那是你同学吧？不就是同学在一起玩玩吗？”

刘朗妈还没说完，视频里他儿子的行为就不负她期望地升级了。他一把搂住已经脸涨得通红的女孩，嘴努起来朝她脸上拱去:“亲个，亲个，亲个啦，亲个就放你走！”

女孩拼命地挣扎着，抬手用袖子捂住脸，而不得法的刘朗则像猪拱食一样，在她脸上拱得啧啧有声。他嘴拱，手也没闲着，朝女孩的校服里伸进去，探向胸口一顿乱揉。

女孩挣脱出来，他的同伙又把女孩拖回来。

刘朗用一只手掰开了女孩捂在嘴上的手，另一只手搂住她的腰，恶狼一样亲在她的小嘴上。

女孩死死地闭着嘴，脸上流露出深深的耻辱，用手掌使劲推他——事情越来越向另一个方向发展，他们的行为越来越接近强奸。

镜头外嬉笑的人说：“扒她衣服，扒她衣服看看！”

刘朗朝另外几个男孩喊：“还不过来帮忙？”

男孩们在女生的尖叫里围了上去。

校长已经看不下去了，脸色苍白地看着我：“怎么回事？就是这小子？”

我手指一拨，把视频快进。

他们已经把女孩压在了地上，扯开了女孩的上衣，正在撕扯着她的裤腰带，议论着谁先“上”，刘朗大刺刺地说：“肯定是大哥我先尝尝鲜啦……”他恶狠狠地对李乐天说：“叫你傲娇，傲娇！”一手又插进了李乐天的裤腰……

镜头外忽然响起一声怒吼：“你们在做什么？！”

就看到我冲进画面，画面剧烈晃动起来。男孩们尖叫着：“快跑！”

然后只听到我怒吼：“拿来！”

“那么，”我若有所思地坐着，双手合掌，十个指头轻轻叩着，“你们准备好了听我讲故事了吗？”

校长横了我一眼。

刘朗的爸妈四顾无措，他妈妈还是撑着嘴硬，说：“又没做成什么，他才多大的娃子——”

我瞅了她一眼。她闭上嘴。

– 4 –

十年前，就在这个城市里，发生过一件事。

一所中学，在新学年，迎来了又一批初一新生。平均年龄也就是 13 岁。

13 岁，“娉娉袅袅十三余，豆蔻梢头二月初”。有的女孩已经出落得非常标致了，有一个叫小真的女孩就是这样。

小真是那种走在阳光里就焕发出百合一样光辉的少女。就像日本漫画里的美少女模型，还是自带光环的。小真笑起来喜欢捂住嘴，她有一口细细的糯米小牙，下牙里的一颗犬齿有一点点蛀，微微地发黑，一笑起来，她就捂住嘴巴，生怕别人看见。她的眼睛不算大，睫毛却浓密清晰，眼线一笑就是弯的，像两个会开口微笑的毛栗子。

不只是长得美，她太可爱了，有那种没有被尘世污染过的纯真。

这样的可爱，通常是家境优越、被照顾得很好的女孩子身上才会有，那种清澈的、对人不设防的、天然充满热情的眼神，会让别人一眼就喜欢上她。

全年级的男生都喜欢小真。

老师也都喜欢小真。长得好看，成绩还好，说话声音甜甜的，又有礼貌，每个科目的老师都想叫小真当自己的课代表。

小真最后当了美术课代表。她喜欢画画。

美术老师就像捞到了一个宝贝疙瘩，喜爱得不得了，马上把她拉到自己的美术兴趣小组。

小真画的素描，出手惊人，只是在初一，就被放在学校画廊里作为精品展览。

一个老师说："小真的爸爸妈妈真有福气啊，每天看着这样的孩子，光看她那个笑眯缝眼儿，听听笑声，都延年益寿。"

"我要是能生出这样的小孩——哪怕只有小真一半可爱，减寿十年我都舍得。"正在怀孕的一个女老师说，隔着办公室玻璃，望着小真轻快地抱着一堆美术作业从操场上走过。

初一升初二时，小真的画，已经可以代表学校去市里比赛了。之后，她拿了一等奖。

学校门口的画廊里陈列过她去参赛的作品，画很简洁——简洁到我们看不懂，却也能模模糊糊看得懂。两只黑色大狗，一只蹲着，另一只卧着，懒洋洋地靠在一起，标题叫"朋友"。油画，笔触强劲简练，并不复杂的构图和笔触，生动地勾勒出了两只狗的默契。

大家虽然看不懂，可是，我们都很佩服。因为大家都才十三四岁，能画出油画本身就很了不起了，还能画这么神似，最后还得了奖——据说还要送到省里去参加比赛——如果继续得奖，还能去北京，去外国。

大家看着小真的目光就更崇拜了。

升入初二以后，班上来了一位留级生小葛。小葛比我们个子都高，也比我们老练。

一进班，他就收服了班上所有的男生。下课的时候，他拿出了一本杂志。

哇！一个光着大奶子大屁股的外国女人！

小葛得意扬扬地说，这是他表哥在广东打工带回来的，香港那边的杂志，叫《龙虎豹》。男生们谁也没见过这个，眼睛都直了。也有男生不好意思看，被小葛骂道："男人谁不喜欢这个啊？你不喜欢？二尾子（方言，不男不女的人，"尾"读 yǐ ）才不喜欢呢，你是二尾子吧？"

小葛的爸爸妈妈都在外面做生意，给钱是大方的。每天课间操吃辅食，学校发的那个蛋糕或面包，他都不屑吃，领上他要好的几个小弟在学校门口买吃食。

他每每回来，都给小真带吃的。

小真每每会高兴地弯着眼睛说谢谢。

课间，小真会给同学画速写，她也画过小葛的速写——小葛调皮地从窗户外伸进脑袋，手上举着一支三色冰激凌——即使到今天，我也没有见过这么精准有神韵的速写。

小真和小葛的友谊只持续了很短的一段时间。没人知道发生了什么事，小真忽然就不再和小葛要好了。

小葛还会从学校外带零食来，但是，无论是放在小真桌上，还是塞在她抽屉里，小真都会默默地拿出来，还回去。

小葛固执地要塞给她，她固执地不收。两人推来搡去，小葛忽然就爆发了，他抬手就在小真脸上抽了一嘴巴，嘴里骂了句谁都没听过的脏话。

大家都傻眼了。

但是，谁都没想过去告诉老师。因为大家都挺喜欢小葛的。虽然小真也可爱，可是小葛更有权威，更有趣，更招同学们喜爱。小真的可爱，总透着点不食人间烟火的遥远，哪有小葛那么好玩亲热呢！

在小葛的带动下，小真渐渐地失去了所有同学的欢迎。

“傻子、二货、蠢蛋、呆子、丑婆娘。”小葛一看到小真就会这样骂。

小真并不还嘴。小葛追着她骂，一下课，小真就走到小葛看不到的地方。一放学，她就去画室。渐渐地，她和大家更加疏离。

小葛的骂逐渐升级，他堵住过道，不让她通过，她经过时就掀她裙子，隔着衣服揪她胸罩的背带——我们很多人还不知道那是什么呢。

小真无助地闪躲着，闪躲时，脸上还僵着笑。

无论谁和她说话，她还会礼貌地笑笑，只是笑容变得苍白迷离。

不知道她是长高了，还是瘦了。原本圆嘟嘟的脸变长了，一个精巧的下颌突了出来。

外面班级的同学还是一直追星一样地迷恋小真，去过美术教室的同学说，那里面挂了好多小真的肖像，从素描到油画，美术生都喜欢画她，美术老师甚至以她为模特，铸了一个青铜的头像。

一学期过去，暑假快来了。

小真一直苍白的脸上稍稍浮现了红晕。她原本仓皇的步履也变得轻快。她跟一个要好的女同学说，她爸爸答应下学期就给她转学。

期末考试来了，一天考两门，我们共有六门功课。

第三天考完，就在考完的那天下午，出事了。

小真很早就交了卷，这些试题对她一直都不是问题，早交卷很可能是为了避开小葛，她背着书包轻快地走了，没有回头。如果没有接下来发生的事，这个教室、这个学校还有我们，都是她最后一次见到了。

如果交完卷子她早点走了就好了。

小真却去了美术教室。美术老师去监考了，其他学生都不会在这个时候来美术室，她仔细地把教室打扫干净，把自己的画一张张叠起来放进画夹。

下午的斜阳射进教室，落在她脸上，肌肤透明得能看到蓝色血管。

小真一边收拾，一边愉快地唱着歌，直到她一回头，看到小葛领着几个男生堵在门口。

“丑婆娘，听说你要转学了？”小葛说。

小真皱起眉，马上背起画夹和书包，要走出去。

可是几个男孩堵住了门。

也许男孩们堵住门时，也没想好要做什么。也许只是想吓唬吓唬她。

但小葛的想法比他们大胆多了。

小葛打量着墙上小真的肖像——应该说，那幅最大的肖像，画得真美，灵动的眼睛，眼底浅浅的阴影，微笑的眼线，还有露珠一样滚动在唇尖上的唇珠。他说："小真啊，听说你还让他们画过裸体，是不是啊？"

小真气愤地闭紧了嘴巴。

小葛恶狠狠地说："你给这么多男生看裸体，不能给我摸下奶子吗？"

跟随而来的男孩们这才明白他为什么和小真交恶。看着小真涨红的脸，男孩们尴尬又快活地笑了起来。

小真当然从来没有让人画过裸体。但是这不重要。

后来的撕扯里，小葛信誓旦旦地死咬着这一点，并且怂恿着他的小哥们儿："她不过是一个好多人玩过了的婊子，别人看得，我们看不得？"

小真像落入了陷阱的小狗，被他们来回地推搡着，她的画夹被打到地上，书包从她肩膀上扯落。

她的画散落了一地，男孩们在上面踩来踩去。

小真忍着夺眶而出的眼泪，她并没有察觉到更大的危险已经袭来，她哭着去抢那些被踩上黑印的画。

小葛忽然从背后扑上去，把她压倒在地上。

小葛笨拙又麻利地掀开了她的裙子——笨拙是指显然他是第一次干这样的事，麻利是指他显然已经在心里预习了很多次。

已经是夏季，小真的裙子底下只有一条内裤。她惊恐地压着裤头，死死地拽着松紧带。她力气大得竟然扛住了小葛的撕拉，于是小葛一边吭哧吭哧地撕剥，一边吆喝他的小弟们："你们过来，给我拽住她的手！他妈的！"

小葛嘴里吐着一连串的脏话，另外几个男孩真的走过来，把小真的手挖了出来，死死地按住。

– 5 –

我狞笑着，看着捂起了耳朵的刘朗，和他那哆嗦着嘴唇的妈，一字一句地说："你可不会有他的好运气，那年，他还差一个星期，才满 14 周岁，所以，他干了什么，都不会被追究刑事责任。"

那四个男生，除了一个，其他都没有满 14 周岁。满了 14 周岁的那个，其实就是从犯，他是跟着去看热闹的，可小葛问他："你敢不敢？"

他咽了口口水："敢！"

这个案件因为被侵害少女的年龄、身份，还有早已是传奇的美貌，而轰动了全城。既然其他三个男孩都没满 14 周岁，只能拿他杀一儆百了。

一分多钟，他被判了七年。

无论在监狱里，还是被放出来后，他都说："我冤啊，我都不知道进没进去。"

小葛没有受到任何的惩处。没错，他不满 14 周岁，警方想把他送到少管所或者工读学校。但小葛有着与他年龄不符的狡猾，他把所有的责任都推在那个年龄比较大的孩子身上。他的爸爸妈妈迅速从外地赶回来，四处打点，并且说小真和小葛是在谈恋爱。

并不是每一个人都认识小真。但是，绝大多数没有见过她的人，都觉得，这么漂亮的女孩，背后肯定有些风流故事。

再说，她怎么会一个人在美术教室？

我儿子又怎么知道她在那里？是她约他的啊，是不是？

她也不是好女孩，她在画室里就和很多男生约会。

她先勾引我儿子，又把我儿子甩了，我儿子才这样报复。

小葛的妈妈领着小葛的姨妈、舅妈们，堵着学校的门，还打着横幅，呼天喊地。这桩轮奸案在我们当地的网络媒体上成了热点，小葛家里人买了“水军”，在热点下刷屏。

“小葛是先被骗了感情又被骗了钱！”

“小葛在这个婊子身上花完了所有的零花钱，最后还被甩了。”

“她仗着自己长得美，一直在玩弄男生，见谁都是一副桃花眼。”

“和她发生关系的男生以前就和她有一腿！”

被顶到最上面的一句话是：“他们还是一群孩子啊！”

而这句话，也反复被小葛家的律师在法庭上提起来：“他还只是个孩子啊！平时热情开朗、乐于助人的孩子！”

一起很简单的强奸案，变成了网民津津乐道、茶余饭后的八卦。

而校方、教育局都希望这件事尽快平息。

“故事结束了吗？”我微笑地看着他们，“我也希望结束了啊，但是没有。”

最后，小葛真的没有得到任何惩处。他不足14周岁，本来法律是没有办法的，学校竟然也没有劝退他，因为有《九年制义务教育法》的保护。

相反，学校劝小真转学。校方真心诚意地建议小真的爸爸妈妈带着女儿离开这个是非之地。

小真得了自闭症。

据曾经见过她的同学说，她变得非常消瘦，没有上学。一天天地坐在卧室里，不能下床，抱着画夹。谁也不能从她手里拿走那个画夹子，甚至碰都不能碰一下。

随着时间的推移，她的病情没有减轻反而加重了。

我们即将中考时，听说她已经不能认人了。

中考结束了。那天，学生们从考场走出来，几家欢喜几家愁，但都是如释重负的样子，考得好，考得砸，都这样了。

我在考场里见到了小葛。他头发留长了，个子长高了很多，青春痘冒了一脸，但我还是一眼把他认出来了——我僵在那里，如遭雷击——他转头也看到了我，也僵住了。

忽然，我看到一个男人出现在他背后，一个很瘦的男人，很瘦。

之所以强调这一点，是因为他瘦到衬衫像一挂布悬在身上，在那之后，我再也没有见过这么瘦的人了。他悄无声息地出现在小葛的背后，一只手麻利地箍住他的脖子，另一只手抽出压在袖子里的刀。对，刀，一把细长的刀，很细很细，但非常锋利，隔着老远，我都能看到刃口闪烁着白光。

那是一把我从来没见过的刀。我后来才知道，那是日本刀里配套的小刀，又叫肋差。

那把刀在小葛的脖子上轻轻一划，掠过这个位置。

对，没错，这个位置，喉结这里。

人的身体在那把刀下，就跟豆腐一样嫩。一刀，真的，就一刀，小葛半个脖子都豁开了。血——飙了出来。像一匹血红的绸子，哗啦一声，凌空抖开，迎风飘洒。

对，没错，那是小真的父亲。

他就这样，划了一刀。

划完，他就丢开了小葛，像丢开一只鸡。

然后呢？

然后？没有什么然后了。

小真爸爸用两年时间，跟踪了整个事件里的每一个人。

最后他选择在大庭广众之下，用极具仪式感的方式，为他女儿复仇。

“对了，刘朗，我和你说过什么来着？”我转脸问那个一直缩在他妈胳膊里抽泣的男孩。

他茫然地看着我，鼻涕和眼泪黏在嘴唇上。

“那天我跟你说的最后一句话，”我冲他晃了晃手机，“我很可能是在救你的命。”

我把玩着手机，在所有人面前晃了晃。然后拿起自己的搪瓷茶杯，走到饮水机那里，倒了一杯子水，把手机轻轻放了进去。

没有人说话。

刘朗打着哆嗦，晃荡着身体，朝他妈妈怀里更深地缩进。

我朝校长点点头，向门口走去。一屋子的人自动分开一条路。

下午的阳光从人群缝隙里射了进来，刺痛了我的眼睛。

我迎着光走出去。

白色的光，白铁一样倾倒在我头上。

我头晕目眩地在白光里行走。走着，走着，一大颗，一大颗的眼泪，从眼角渗出来，划过脸颊，流进我的嘴缝。

那个下午，他们扯开她的内裤，我就在那里，我就在那里啊！大颗大颗的眼泪涌出我的眼眶。

我就在那该死的门外。我使劲推门，却推不开。

我狂叫起来，叫她的名字：“小真——小真——小真——”

我的头发，我的身体，我的一切都着火了！白色的火焰包围了我！我尖叫着狂奔，像被人捅穿了肚腹的小狗，号叫着冲过操场。

操场空无一人。

走廊空无一人。

办公室空无一人。

所有的地方，都像恐怖片一样，空无一人。

只有我，尖叫着。

我看着十年前的我，一个眼里流着火一样眼泪的小男孩，在一片融化的白光中狂奔，尖叫，那尖叫碰上了死寂的音障，消弭不见。

校园霸凌中，最常见的一种霸凌就是性别霸凌。性别霸凌中，有一种最为常见的霸凌就是性骚扰。受害人往往是同学中最优秀、最美丽的少女。

青春期的男孩子，往往会在霸凌行为中掺入许多模仿的性行为。在同性之间，会有诸如互相抓鸡鸡、捏蛋蛋、脱裤子之类的调笑；在针对异性时，则有袭胸、亲嘴、扒衣等高度模拟性行为的调戏行为。有一种说法是，少年们透过这样的举动，来“练习”成为一个男人，也结成初步的联盟，在原始社会通常这样的联盟会成为今后协作狩猎、抢亲的团队基础。但在现代社会，这已经不被容许。如果不能以规则严加约束，荷尔蒙有多澎湃，恶行就会有多凶猛。

中国很多家庭对男孩的养育是非常失败的，要么是出于重男轻女的传统，对男孩的霸道、野蛮行为不仅不约束，相反还认为是有男子气，变相鼓励他们的任性妄为；要么就是把孩子养得畏畏缩缩，不敢担当，文弱阴柔，也没有自己的主见和判断，非常容易从众。男孩子从小就不尊重女孩，毫无绅士风度，更不懂得欣赏异性之美。青春期来临时，他们也不懂得如何恰当地表达他们的爱慕之情，往往用恶作剧甚至是伤害的手段去吸引女孩注意。

他们和女孩的关系要么是紧张敌对的——校园中常见的，不和女生说话，谁对女生友好就会被嘲笑——要么就是过早地充满了性意味的攻击。

至于为什么会特别针对同学中最优秀的女生，一种原因是他们无法正确表达自己内心的爱慕；另一种可能则是，这些女孩的优秀，让远远不如她们的某些男生产生失落感，而性别上的优越感，会助长他们采用性羞辱的方式，以为这样可以抹杀或消除和她们之间的差距。

如果是在受害人有罪的社会环境氛围里，这样的羞辱或伤害更是足以让本来前途无量的女孩的人生过早陨落，即使不是失去生命，也往往会失去更好的发展机会，污名化也可能会跟随她们终身；但是加害者的恶行被接受度却很高，他们趾高气扬，被视为有本事、有男人气概，犯的“错”顶多就是顽皮、莽撞。

就在本书成文之时，网络上相继爆出两段视频，都是十二三岁至十六七岁的少年，几个人甚至十几个人围攻一个少女，行为从亲嘴袭胸到扒衣剥裤不一而足，而视频引起公共关注后，当地校方都解释为：“他们只是闹着玩。”所有作恶的少年没有一个受到应有的惩罚。

这样的结果非常令人遗憾。一方面，受害女生没有获得应有的公正，没有校园纪律的支持，心理阴影无法消除。另一方面，那些不良少年没有得到应有的教训，校园文化等于隐形鼓励他们成为可以轻易逃脱的潜在的强奸犯，他们对待女性的态度，没有被矫正，很可能会带入他们今后的工作、婚姻及生活中。

凶器是一本书

大多数女孩因为是弱势群体中最弱势的群体，所以极容易成为霸凌事件的受害者。除了嘲弄、孤立、羞辱、诽谤、嘲笑……她们还可能面临来自霸凌者的更为严重的伤害甚至犯罪。这个世界应该有一堵墙，是保护这些无辜的孩子的。女孩子的家长们，你们要用自己的爱去浇筑这堵墙。

－1－

他不是在哭，是泣。

那年，我 14 岁，第一次听到这样的哭号，并不凄厉也不响亮，像一只被打残了腿的狗，躲在角落咽哭，边哭边数落自己遭受的不公。走近了，才听出来是一个人，一个男人，呜里呜里，好多口水在喉咙里打绊，那种哭让我走近他之前就开始汗毛直竖——虽然我不想走近他，周围的每一个人都不想走近他。那个男人跪在学校门口，身体垮伏在地，他朝向苍天的脊背随着哭泣微微颤抖，散发着冰冷的寒意。我也是第一次知道，真正的悲惨，是这样的。

泣，喉咙里打着滚的无尽的悲苦，哀哀地向着路人诉说。

路人匆匆潮水般来去，不时有人投去鄙视憎嫌的一瞥。早晨是上学的高峰期，这条马路很堵，却来了这样一个人，送孩子上学的家长小心地护着孩子，绕开地上的他，招呼孩子走进校门。

校门的电动栅栏像平时一样敞开，只是门里多了十几个人，有保安，有体育老师。他们肩并肩，防御着暴动似的，警惕地看着每一个走进校园的人——没有一个人看地上那个哭泣的男人。

我小心翼翼地随着人群绕行，却还是没绕过他。

离他一米多远，他抬起头，褐黄的面孔上张开一个黑色的洞，低低的恸哭倾泻而出："娟咧，我的娟咧……我的娟咧……

"依哽（方言，怎么）死的……

"依死咧苦……

"依都遭麻哈（方言，什么）罪啊……

"依妹啊，你睁睁眼啊……"

他跪在那里，使劲摇晃着怀抱里的人，一仰头，鼻涕和眼泪涌在他的脸上，流过他干皱的脸颊，滑进他洞开的黑黑的口中。

他涣散的目光碰上了我，直如虚无，穿透我，投向我身后的苍天。

他的怀里，躺着一个瘦弱的身体。白布蒙了身体和头，只剩一把头发露出。头发是褐黄色的，一个流氓兔发饰的皮筋把那些头发规规矩矩地拢在里面。随着男人的摇晃，和头发一起，扁扁的流氓兔晃悠在他的胳膊底下。

仿佛那还是一个有生命的身体，仿佛下一秒，那个人就能活过来。就算是白布蒙着，我也能看到她的脸，白布下凸显的轮廓就是她的脸——翘翘的鼻子——翘翘的唇尖——甚至唇尖尖上宛若嘟起的一颗唇珠。

一本硬皮日记摊在他前面。这本子我见过。

我撒腿狂奔。不，我心里撒腿狂奔。人群阻拦着我的去路，我只能一步步跟着人群往里挤，一寸一寸地远离地上的男人和他怀里的死人。

天很热。

我却和地上的死人一样凉。

无数张面孔中我忽然抓获一张熟悉的脸，那是我们班的一个同学。我叫不出她的名字。我知道她是我同学，我们每天在一起上课。可在那个瞬间，我几乎所有的记忆都破碎扭曲了，看着一张熟悉的脸，昨天还在一起上课的脸，我叫不出她的名字。

至今，我也叫不出。

“依哽死的……

“依死咧苦……

“依都遭麻哈罪啊……

“依妹啊，你睁睁眼啊……”

他的每一个哭向苍天路人的泣血之问，我都知道。我知道开始，我知道结局，所有的秘密近在咫尺，焊死在我口中。

– 2 –

鲁依娟好看。衣服邋遢破旧也掩盖不住她好看。她皮肤白里发黄，也还是好看。她总低着头，也还是好看。低头也能看到她圆圆的额头下舒展的眉，清晰齐整得像毛笔画的，微微地也有点儿黄，迎着光时简直透明。她眼珠子也有点儿黄，褐黄色，阳光里像玉。她虽然瘦，但个头不矮，属于班里发育得比较早的女孩子。班上的女生说她长得像一个明星，蒋雯丽。她走路轻轻的，说话声音也不大，怕吓到蚂蚁一样。偶尔笑一笑，也是轻轻的一露齿，细细白白的牙齿闪着透亮的光，好看极了。我妈妈问我，你们班哪个女生好看，我随口说：“鲁依娟好看。”

妈妈追问：“咋好看？”

“好看死了。”我不假思索地说。

妈妈虎起脸：“可不许早恋，离她远点！”

家长都这样，没劲。先套你的心里话，套出来了，满足了好奇心，又立即给你上政治课。真没劲。

鲁依娟真的死了。我爸爸妈妈也听说了：“你们学校好像有个孩子死了？”

我反问：“啊？”

他们就没再问：“你作业做了没？”

我一步一步挨进校门，人流骤然疏散，我却跑不起来了。

地上的鲁依娟仿佛抽取了我全部的力气，更像是有什么东西抓住我的脚踝，我每走一步，都越来越累。

到教室时我迟到了。我筋疲力尽地站在门口，低低喊了一声：“报告。”

班主任正在讲话，被我打断了，他厌烦地看了我一眼，但没有说什么，摆摆手让我进去。我走进教室，他在我背后有气无力地补了一句：“你脸色怎么这么灰？要是身体不舒服就去医务室或者提前回家待着吧！”

我勾着头坐到座位上。

班主任继续他的讲话：“……发生这样的悲剧学校也很难过，但是我们不支持鲁依娟家长这种不理智的做法……该谁的问题就是谁的问题，可以找警察、找法院……堵学校门口算什么……”

我的座位是最后一排。隔着一条走道，右边的座位空了。

不是一个空了。最后一排都空了。

我们班一排六个学生，最靠边的是一张桌子，一个学生，中间是两张桌子，四个学生。

现在除了我，最后一排，没人了。

鲁依娟就是其中之一。她和尹超同座位，她左边是尹超，右边是王小丹。王小丹右边是宋子青，最右边靠墙和我对应位置的是陆书逸。没错，鲁依娟是我们这一排唯一的一个女生。现在他们的座位全部都空了。

课桌里还留有他们的课本，陆书逸的水杯还在桌面上，宋子青的书包还放在凳子上。鲁依娟的全部东西都在，她的书包、文具盒、书本……甚至一张纸……都在。呕吐物在地上留下的斑痕，虽然已经擦了几次，但还有黑印。

尹超和王小丹的东西已经全部不见了。

– 3 –

“如果鲁依娟的家长拦住你们，你们不要接话，赶紧走开。”班主任木着脸说。他的目光也很涣散，带着前所未有的慌乱。他扫过整个教室，唯独没有朝我、朝最后一排看一眼：“问王小丹和尹超的事，都回不知道，晓得吗？唵？”

停了停，班主任又补充：“你们是未成年人，法律上说任何话都不用负责的……也没有法律效力……晓得吗？唵？”

他提高了声音：“如果有人出去乱说，以后，书不要读了！”他拍了一下桌子。

全班 39 颗低垂的脑壳一下全部惊得抬起，直戳戳地望向他。

我也望向他。他是虚张声势，他终于朝我这里看了一眼，又捎带瞥了一下空着的最后一排。他眼睛停在我脸上，我张着嘴，呆呆地望着他，他也呆滞了一秒。

一秒。他转过了脸。他好像要哭。迅速咳嗽了一声，握住拳头堵了堵嘴，提高声音：“就说到这里了！马上中考了，大家都好好准备考试！自己的前程要紧！谁乱说乱造谣，取消他的中考资格！懂得吗？唵？！”

如果鲁依娟不出事，中考下来，她不是年级第一就是年级第二。

我要是他爸爸，我也会哭得那么伤心。这么聪明这么乖的一个女儿。

上学期期中考试结束后，鲁依娟换了座位，和尹超坐在了一起。最后一排一般都是给我们这种学习不好的学生留着的，像鲁依娟这样学习在年级里都名列前茅的学霸，被安排在最后一排，前所未有。

她看起来很不安，不过没有说话，老师在课间一吩咐，她就乖乖地抱起所有的东西，坐到了指定座位上。

尹超说：“我爸爸妈妈和老师打了招呼，要给我找个学习好的同桌，把我的学习带起来。”

他狠狠地戳了鲁依娟的头一下，把手指聚拢起来，聚成一个鸟嘴一样的尖，笃在她的后脑上：“以后你就负责带我学习，你就是我的书童，懂吗？”

鲁依娟的头当地一下磕到桌上，还好那里摊放着一本书。她又惊恐又恼火，扭头看了看尹超。尹超得意扬扬地重复：“以后我就是太子，你就是书童，陪太子读书的丫鬟，我要是考试考不好，老师会拿你问罪！”

“懂吗？戆婆！看什么看？”他又戳了她的头一记，这次戳在她额头上，险些戳到眼睛。鲁依娟哎哟了一声，捂住脸，伏在桌子上，肩膀一耸一耸的，哭了。

尹超和王小丹互相看了看，王小丹也伸出手，一根手指，在鲁依娟的肩膀上戳了一戳，第一下还很轻，鲁依娟没动，第二下就很重了，她被搡得晃了晃。

“戆婆！戆婆！戆婆！”王小丹忽然激动起来，一边使劲戳着鲁依娟的后背和肩膀，一边叫喊着，喊得声音都变成扁扁尖尖的，“鲁依娟，戆婆！戆婆！”

鲁依娟终于受不了了，猛地站了起来。我从来没见她这么气愤过，黄黄的、瘦尖尖的小脸涨得红红的：“我、我、我告诉老师！你戳我！”

她要走，尹超大大叉叉地坐着，把她堵在座位里。她左边是尹超，右边是王小丹，他们俩不让开，她想出去除非从他们身上爬过去，或者从桌子底下钻到前面去。

尹超站起来比我高一个头，比鲁依娟高出大半个头，更重要的是，他也不知道是吃什么长大的，明显比我们都壮实。他一掌就把鲁依娟推倒在座位上：“告老师？你还敢告老师？你个戆婆！戳你怎么啦？戳你怎么啦？一个戆依妹儿，不就是挨戳的？”

他娴熟地喷出一长串的脏污话，又快速又尖厉，噼里啪啦鞭子一样。虽然我们都骂脏话，搞不好我们的父母也都骂脏话，可像尹超骂这么脏的，我还是头一次听到。鲁依娟捂住了耳朵，哭得更凶了。

尹超虎起身，从桌子上抄起一本书，朝鲁伊娟头上砸了过去。那一下，砸得我心里一哆嗦。

书重重地砸在她捂着耳朵的手上，弹起，飞出，落在我的桌上。

隔着过道，我看到她瘦长的手指被书脊砸破了皮，鲜血顿时渗出一条小痕。

鲁伊娟却没叫，手还是捂着耳朵，眼睛睁得像两个O，惊恐地看着自己的新同桌。

刚刚同桌，仅仅是一个课间十分钟，一本书，尹超就把鲁伊娟给砸服了。

“戆婆，你要是敢告诉老师，我抽肿你的嘴。”

“戆婆，老师都说你聪明是吧？看把你能的！”

“戆婆，你看你个丑样，衣服又没换，你这衣服老鼠尿过的吧，一股老鼠骚气味！”

鲁依娟极力地坐开些，可是她右手边是王小丹。上着课呢，王小丹在桌子底下踹她，踹她的腿，踹小腿骨，专挑肉最少、只有骨头的前面踹。一下、一下、一下。光听那个闷声，和王小丹拧着的脸，我都能想象到她髌骨上一块又一块的青紫。

转手，一本书又砸在她头上：“依妹太聪明了，我帮你弄傻点，不然以后怎么嫁得出去！”

我的成绩直线下降。

我妈妈问我怎么了，我说不出来。

尹超和王小丹并没有打我，实际上，他们和我关系还不错，因为我们放学后有时候会一起在操场上打篮球。有时候他们打鲁伊娟，边打边朝周围同学笑，周围同学都笑，我，也笑。

甚至有时候，鲁依娟也笑，含着眼泪也笑，捂着头。

哐，又一本书砸在她头上：“笑屁啊，你也笑？！”

有几次老师是看见了的。自习课的一次，小测验的试卷发下来，鲁依娟 100 分，尹超 85 分——他们俩同桌后，尹超的成绩倒是真的提升了，每次考试，他都有的抄了。可是，大概抄得不用心，抄也只抄了 85 分。

他瞪了一眼自己的卷子，又瞪了一眼鲁依娟，随后就探手抓起书。

鲁依娟下意识抬手护着头：“我给你看了——”

正好一个老师伸头进来查自习，准准地看到了尹超的书掴在鲁依娟头脸上。老师惊呼一声，冲进了教室，一下蹿到最后一排，把尹超一把从凳子上揪了起来：“多大一个人？手那么毒？”

－4－

尹超手毒。

即使到今天，我也没在生活中见到过一个像他那样，小小年纪下手就这么敢的人。

仿佛他下手打的不是一个活生生的人，不是一个有血有肉的人。

而是一个畜生——不对，打畜生也没有这样打的，畜生的哀号也会让正常人心尖儿发颤。但鲁依娟的低声哭叫、疼痛的抽泣，甚至皮肤破了渗出血，他的眼皮儿都不会跳动一下。

王小丹嘴毒。尹超打鲁依娟时他会在一边嗷嗷地跳，叫好，嘎嘎大笑。他的笑和叫喊冲淡了这件事的可怕程度，在他满篇的脏话和叫好声里，尹超的毒手变成了某种荒诞的、不真实的玩笑，仿佛这一切只是几个要好的孩子在闹着玩。尹超打剩下了，他会找零，趁机再撩上几脚。鲁依娟夹在他们两个中间，就像落入陷阱的老鼠，被两只凶恶的猫恣意抓弄。

尹超嬉笑着，若无其事地说："老师，我跟鲁依娟闹着玩儿呢。"

"闹着玩有这样玩的吗？"老师看着鲁依娟的脸和额头，"看，都一个大红印子！"

"对不起，对不起！"尹超低下头，一脸夸张的心虚后悔，"我真的是一下子没收住，我和她闹着玩的。"

老师将信将疑，他不能忘却刚才那一幕，这个孩子下手的凶残歹毒，把作为成年人的他都吓到了。他训斥了尹超，并且放言会告诉我们的班主任。

我以为班主任会找尹超，或者鲁依娟会被调走。

但，时间一天一天过去，并没有。

尹超消停了两天吧，在他确认老师不会再过问这件事之后，猫鼠游戏开始升级。

如果他不批准，鲁依娟就不能去上厕所。下课后同学们都去上厕所了，他坐在座位上，壮实的身躯堵住整个空当："刚才上课你问题回答得挺麻溜啊，你，给我坐着！"

一开始，鲁依娟还能趁他自己去上厕所的机会，飞快地跑出去。后来他发现了这点，就和王小丹分配了任务，他们轮流去上厕所，留下的人负责看着鲁依娟，不准她离开座位。

"给我抄课文！"

"给我削笔！"

……所有的孩子都在玩，鲁依娟坐在座位里，埋着头。

她脸色苍白萎黄，双腿紧紧地夹着，佝偻着腰。到放学时，她的腿都在细微地发抖。王小丹在她后面嗷嗷地叫着，模仿她走路。

后来她就不喝水了。我很久都没看她带过水杯。再渴，她就抿抿起了干皮的、毫无血色的嘴唇。有一次，我在厕所外的水龙头那，看到她在接水。她用小手接一点水，捂在嘴唇上。捂一下，再捂一下，舔一舔濡湿的嘴唇，却不敢喝。

我不知道她为什么怕尹超和王小丹到这个地步。其实我们也怕尹超和王小丹，谁和他们说话都带着讨好。尹超也会打其他同学，也打过一下我的后脑勺，但我瞪起眼睛喝了回去，他也就退缩了，反而示弱地朝我笑了笑，我脸一松弛，他就亲亲热热地上来搭住我的肩膀："哥们儿，我是开个玩笑啊！"

我也不知道为什么他对折磨、殴打鲁依娟有一种谜样的执着。这件事似乎给他和王小丹带来无穷无尽的乐趣。

后来我渐渐也适应了他们之间打和被打的关系。

人是会麻木的。鲁依娟有没有麻木我不知道，她每天生活在惊恐之中，尹超不定什么时候就会照她脑袋抽一记——但她的成绩却依然好得出奇。

上课时是她比较安全、不被殴打的时刻，她会专注地听讲，只是非常不愿意被老师点名回答问题——如果回答对了，老师必然会表扬她，而老师一表扬，一下课，尹超必然会痛打她："叫你能，叫你能！"而如果答错了，尹超下了课也一样打她："戆婆！戆婆！"

这样过去了一个学期。

我们一起升入了初三。

– 5 –

这期间，我也陆陆续续听到一些鲁依娟的家事。她妈妈患病，长期卧床，可能是某种很不好的病，类似于智力障碍，所以尹超叫她戆婆是有原因的。她爸爸在外地打工，大概是在建筑工地工作或者送快递之类的，很少回来，她跟着爷爷奶奶过。

夏天来了，女生们都穿上裙子，鲁依娟也穿了。她裙子比较小，明显已经不合体，紧绷绷地挂在身上。

我的余光从她的胳膊扫过，裙子短袖口里露出一点点胸罩的边儿，女生们都是穿商店里卖的文胸了，很多还是有海绵垫子的，她好像穿的是白布的、自己缝的那种土胸罩，现在只有农村的老太太还这么穿。

尹超当然也发现了这一点。

鲁依娟趴在桌上时，他招呼王小丹，一起对着她裙子背部透出来的胸罩痕迹挤眉弄眼。

"戆婆，你是把你奶奶的奶兜子穿上了吗？"王小丹说。

鲁依娟趴在桌上，除了肩膀微微随着呼吸耸动，像死人一样。

"装死，装死就有用吗？戆婆！"尹超说。他伸出手隔着衣服捏住她胸罩背后的扣子，“戆婆，给你扒下来，大家看看？”他大模大样地对所有人说。

课间还留在教室里的学生们都看了过来。

王小丹嗷嗷地叫了起来：“扒、扒、扒！”

尹超再一次向所有围过来的学生，没错，包括我，发起动议：“要不要看古董啊，看古董啊？”

没错，我们都哄笑起来。一些女生呸了几句，娇羞地转过脸去，男生们都在笑，和我一样，笑得很亢奋。不知谁期期艾艾地说了一句：“还是别吧，她都要哭了……”

我，也在笑。

我附和着王小丹，一起发出嗷嗷的哄叫。

起哄无疑鼓励了尹超，他放肆地开始解那些扣子，隔着衣服当然解不开，鲁依娟尖叫一声，猛地站了起来，甩开了他的手，想推开他冲出座位。

我记得她的脸，一张纸一样，全是空白，只剩一双黑洞一样的眼睛。

尹超当然没让她冲出去，王小丹把她压倒在了桌子上。尹超大模大样地，嬉笑着，把手从她的后颈那里伸进去，摸索过她的脊背，朝那些扣子探去。

鲁依娟发疯地挣扎着。

我在笑。

我笑是因为，我要掩饰，我坐在座位上，拍手放声大笑。

尹超的脸像涂了鸡血。鲁依娟做的最大的反抗就是拼命地扭来扭去，他忽然间不耐烦了，连续两次，那些扣子都从他的手指中逃脱了，一下，两下，三下，他没能对付得了那几个扣子。

他不耐烦了——他娴熟地，一把操起手边的一本书。

一本硬皮面的书。

一本非常厚的书。

重重地砸下去。

因为鲁伊娟被王小丹压在桌上，不避不让，书脊正中她后脑。

我一阵晕眩，心头闷闷地像涌上来一口暗暗的血。

砰！

那一声至今还在我的耳膜里嗡嗡回响，那是一个人的……颅骨破碎的声音。

我永远也不能再看《英语词典》了。

我好像看到同学们四散而去，有人在尖叫，有女生在哭。可是等我定下神，好像又一切正常。

铃声已经响了。

老师走进了教室。

鲁依娟还是趴在桌子上。所有的同学都坐在座位上。尹超一脸坦然地坐着，坐得很直。鲁依娟的一只手放在桌上，另一只手在桌子下垂着，我看到她手指在微微地抽搐，像生物课上被切断了脊索神经的青蛙腿，电流一触，就抽抽。

班长喊起立，她似乎听见了，还能动。她撑着想站起来，可是一抬头，就吐了，稀里哗啦，吐出来很多。

她昏迷了四天，第五天走了。

放学的时候，男人还在。

他哀哀地看向围观的人群，口齿不清地诉说着，喉咙干哑。鲁依娟的一只手滑落在地上，手指已经变色，指甲灰褐。

“娟咧、我的娟咧……我的娟咧……

“依哽死的……

“依死咧苦……

“依都遭麻哈罪啊……

“侬妹啊，你睁睁眼啊……”

他虚无的眼神掠过我。他从没来过我们学校，从没来过我们班级，不知道我知道些什么。

“侬哽死的……”

他应该也就三四十岁，却看起来有近50那么老。依稀在他扭曲折皱的脸上能辨认出一点点鲁依娟的轮廓，比如那个翘翘的鼻子。

鲁依娟留下了一本血泪斑斑的日记，先后有15篇。“看到他就害怕。”“他打我的头，打得好疼。”“打得我想吐。”“今天又挨打了。”“什么时候才能毕业啊，他们又打我。”……他挥舞着日记，搂着女儿的尸体在校门口哭到深夜。

“侬都遭麻哈罪啊（你都遭了什么罪啊）……”

– 6 –

第二天，我想和爸爸妈妈说不去上学了。努力了几次，说不出口。为什么不去？因为我们班一个同学死了。同学死了和你有什么关系？马上要中考了你还敢不上课？想到出口必然是遇到这样一番责问，我就还是老老实实地背上书包，走出了家门。

还好，校门口已经空了。潮水洗过的沙滩，了无痕迹。

他大概不会再有孩子了。

警察也没有找我们任何人谈话。

尹超和王小丹，他们并没有坐牢，只是转学了。他们是未成年人。尹超家里赔了很多钱。尹超的妈妈十分遗憾地告诉老师：“其实我家尹超蛮喜欢那个小姑娘的，他回到家就说她，从初一就说她。因为这个原因，我才找老师把两人调在一起。”

“早知这样，我不多这个事了。现在，孩子一辈子都会有阴影了。”尹超妈妈说。

班上同学重新混排了座位，像沙瓶被重新安放了一轮，所有留在上面的痕迹都消失了，沙子也平复无痕。

我现在读大二。

暑假回家时，我在路上看到了尹超，他开辆帕萨特，肥胖了。以前是壮，现在是肥，油浸浸地从车子里钻出来，扯着一个前凸后翘的年轻女孩。

那个女孩不会知道，拽着她的那只手，曾经对一个他喜欢的女孩，做过什么。

女孩因为是弱势群体中最弱势的群体，所以极容易成为霸凌的受害者。

本书中，有好几篇故事，都是真实记录了她们可能遭遇的一切，除了嘲弄、孤立、羞辱、诽谤、嘲笑，她们还可能面临更为严重的犯罪。

之前，我在某个公众号里看到了一个美国护士妈妈应对女儿被霸凌的事件，过程真叫霸气解恨。

护士妈妈在上班时，被学校叫去，处理她女儿殴打某男生的事。她的女儿确实在某个男生脸上揍了一拳，因此被老师叫到了校长办公室。护士妈妈赶到学校时，男生的父母也到了，等待着让她女儿道歉。可是她女儿拒绝道歉。护士妈妈没有生气，而是冷静地问自己女儿——发生了什么。女儿如实讲述了事实，那个男生骚扰她，弹她的胸罩带子。护士妈妈愤怒地站了起来，对方的父母狡辩说，弹胸罩带子并不算什么。护士妈妈说："那么，小子，你站起来，让我弹一下你的鸡鸡？”当支持男孩的男老师也说这不算什么时，护士妈妈指着老师说：“不算什么？那么你敢走过去弹一下你的女同事的胸罩肩带吗？弹的话是不是性骚扰？”男老师被堵了回去。

护士妈妈立即警告男孩和对方家长：“我现在就会报警，向警察报告这里有一个性骚扰案，女孩正当防卫了性骚扰，还被扣留在校长办公室里，要求向实施骚扰的那一方道歉……”

事情最终的结果，是男孩和男孩的家庭，以及那位态度、三观都不正确的男老师都向女孩道歉了。

我们可以想象，有这样一个正直而犀利的妈妈，女孩的内心会多么强大。

而与此对比，我在媒体上，看到了一个中国女孩的夭折。

这个故事来自一个真实的新闻。

在关注校园霸凌事件时，我看到了这条新闻。一个家庭贫困、品学兼优的女孩，长期被班级里两个男生霸凌，孩子痛苦至极，但始终没敢向家长和老师报告过。在一个期末，她忽然脑昏迷，之后抢救无效死亡。

她留给世界的唯一证据就是她的日记，15 篇血泪斑斑的日记，详细记载了那两个男生如何恶毒地用书击打她的头。考试考好了挨打，作业做错做对都挨打。往死里打她的头，打到她呕吐。

她生活在无助、恐惧和疼痛中，却依然成绩优异。

看着这个小花朵在世界上留下的一点点的轨迹，我想，如果她能在这样的霸凌里幸存，她将是多么出色的一个生命啊。

可是，她绝望的黑暗的最后一段历程里，没有一丝光，没有任何手，托住她。

我试着从自己的书架上拿下一本书，敲打自己的手心。

手心是软的，悬空的，书脊砸在上面，很疼。

她日复一日遭遇的沉重的头部击打，真的是可以致命的。

那两个男孩又出于什么样的变态恶意，锁定了这样一个柔弱无助、与世无争的女孩作为自己的猎物，消遣她、伤害她，直到她死？

我打了个寒噤。

因为证据不足，他们未被追究任何法律责任。

那本日记，成了一个贫寒的家庭永远不能释怀的伤口，也是女孩无法安息的、没有答案的生命拷问。

无论凶手是不是他们，她所遭受的苦难，日记中表现出来的悲惨境遇，都应该得到追究。但是伤害她的人没有得到任何追究。他们高高兴兴去升学了，他们会有未来，会长大，会结婚生子，而美好聪慧的她，已经消失在这个世界。

这不公平。

我没有能力以法律之名为她复仇，只能在我的书里，为女孩立一块碑，也为霸凌中无辜的死难者。

这个世界应该有一堵墙，是保护这些无辜的孩子的。

而我也坚信，命运会以某个恰当的轮回，报应在凶手身上。

是为记。

黑武士

一个霸凌事件的受害者，也可能成为另一起霸凌事件的加害者。角色的可调换性，也是霸凌的一个特点。霸凌的心理侧写，更像是一股黑色的乌合之众的情绪汇合，这种情绪一旦被煽动起来，没有理智可言，也没有公平可言，指向谁，谁就被撕个粉碎，难以幸免。

－1－

事情是从那次罚抄开始的。

同桌牛洋洋塞给我个小方块儿，一个好奇怪的东西。我正烦着呢，看都没看就往回一推："别闹！"

"你是想抄到半夜去了是吧？！"我恼火地指着桌上的一沓练习册。

100遍。没错，《小英雄雨来》，费巴子，他要我们抄写100遍。

我数了一下，《小英雄雨来》是620个字，100遍，也就是说，他要我们抄写62000个字。一个本子大概能写25遍，也就是说，今天，我们要写满4本练习册，才能放学。

牛洋洋讨好地扒开那个小方块的盖子："你瞧！"

他不知道从哪里弄来了罚抄神器——四支联排笔。以前罚抄，我们会同时把两支、最多三支圆珠笔用橡皮筋绑在一起，在纸上写，一写就是三行，抄一次顶三遍，可以大大地节约劳作时间。没想到，现在淘宝都有这样的神器了，一根粗粗的笔杆子，粗到像一个方块儿，头部有四支笔芯，握着笔在纸上一写，非常流利，而且，间距好像也是算好的，和我们的练习册行距吻合。

我横了牛洋洋一眼："算你狠！"

他挠挠后脑勺，嘻嘻笑。

我和牛洋洋是我们初二年级里著名的"四大恶人"之二，我是"孙二娘"，他是"牛魔王"。被罚站、罚抄、请家长是常事，我们都认，谁让我们无恶不作呢。

只是万万没想到的是，升到初二，我们遇到了费巴子。

鬼才知道费巴子为什么叫费巴子，我推测可能是老家的叫法，我们那边乡下，会管那种烦人的讨厌鬼娃娃叫巴子。他大名叫费正清，听他自己介绍，和一位著名的历史学者同名，所以费巴子特别喜欢别人尊敬地喊他费老师，或费正清老师，最恨的是别人叫他费巴子。

下午上自习课，牛洋洋见老师走了，兴高采烈地讲起小话来，他口若悬河地给我们讲《海贼王》的最新一集。牛洋洋的爸爸妈妈特别好，会让他在电脑上看动画片，还会主动给他下载，每周更新。牛洋洋很兴奋，站在凳子上开讲："路飞的船开到了乔巴所在的岛屿上——乔巴是谁？啊呀，你们没看预告啊，一只鹿啊，鹿啊，会说话的鹿！而且力大无穷！戴着礼帽——"

他后面有人轻声说："费巴子！"

人家是给他放哨的，知会他老师来了，牛洋洋因为讲得太投入，下意识地反问："啥？费巴子？费巴子来了？"全班顿时鸦雀无声，他四顾左右，"哪儿呢？哪儿呢？你们又诈我，费巴子真来了我也不怕！"他神气十足地说。我豁出命来扯他的袖子：“喂！喂！”他头扭到后面，呆到了。

“费、费、费巴子。”他喃喃地说，那纯粹是被吓得魇住了。

费巴子是从教室后门进来的，一脸杀气，就站在他背后。

费巴子上上下下打量着我和牛洋洋，狞笑一声：“又是你们俩，啊？十遍！”

“十遍”是指什么，我们都很清楚。他每次都让我们抄写最长的那篇课文——《小英雄雨来》。

我埋头不作声，牛洋洋夯头夯脑地顶嘴：“不关孙淼淼的事啊，她又没有叫你费巴子。”

“好啊——”费巴子拖长了声音，“你还挺知道护着女朋友啊——行啊，不用罚她抄了，你，抄 20 遍！”

抄20遍是一回事，可是，污蔑我和牛洋洋的纯洁友谊，又是一回事了！什么女朋友？我们是哥们儿好不好！我光火地抬起头：“费老师，您说话要有根据！”

费巴子没想到我也会顶嘴，我虽然也是“四大恶人”之一，可平时还是挺乖觉的，见到他都顺着墙根儿溜走。他愣了一下，脸上的笑更加意味丰富了：“你们还真的挺……相亲相爱，啊？”

寂静的班里发出一阵窸窸窣窣的细笑。前后座的同学互相交换着眼色。

牛洋洋涨红了脸，他浑起来可是天不怕地不怕：“你说什么哪你？你嘴里少不干不净的！费巴子！”

费巴子冷冷哼了一声，一把揪住他的衣领，把他提起来。

牛洋洋拼命挣扎，腿又蹬又踢，可是费巴子比他高 20 厘米，壮一倍，他根本不是对手，一下子就给拎了出去。

我赶紧在后面叫：“牛洋洋，好汉不吃眼前亏！啊！”

费巴子提着牛洋洋，怪怪地冲我又笑了笑。他这意味深长的一笑，让同学们也都笑了。

费巴子说："看来要我公开成全你们在一起了，是吧？"

我也脸红了。

虽然我和牛洋洋真的只是朋友，可是，谁也架不住全班一起起哄"在一起"啊，我知道牛洋洋这小子是一直很喜欢我的。

自习课结束后牛洋洋才被放回来，垂头丧气地跟我说，费巴子给了我们两个选择，要么是他自己抄课文，抄300遍，要么是我们两人一起抄，一个人抄100遍。

我敲了一下他的牛脑袋："你笨死了，当然是选一个人100遍啊！"

牛洋洋期期艾艾地说："我惹的祸，不、不好意思拉你下水……"

我大包大揽地说："好啦，我们不是患难兄弟嘛！"

－2－

放学了，所有人都走了。

星星月亮都出来了，我和牛洋洋一人一张桌子，面对面坐着，闷头苦抄。

抄前三遍时，手还是坚定的，握笔还是松弛的，越到后来，手就越紧张，肌肉已经不听使唤了，必须大脑非常用力地命令手指发力，才能牢牢地夹住笔杆，驱动笔尖在纸张上前进。

牛洋洋中间出去了一趟，不知从哪里弄来了"神器"，一下子，我们的抄写进度就提高了四倍！

我跟牛洋洋说："只有一支'神器'，不如你别抄了，反正你写字写得慢，不如去弄吃的，做好后勤保障。我写得快，我用'神器'，以一当四，把两人的一起写了，我吃东西时，你换班来抄，这样效率可以最高。”

牛洋洋服气地点点头。我们俩把兜掏空了，凑了3块多钱。我叮嘱他：“可以买4个包子了。”

拿着“神器”，我士气大振，埋头挥舞，写着写着，我觉得我写到了一个前所未有的麻痹状态，大概就是武侠小说里所说的涅槃入定？我的胳膊已经没有感觉了，我的手指也已经不存在了，但笔却依然在飞速地爬动、爬动、爬动。

1×4……

2×4……

3×4……

谢天谢地，牛洋洋终于回来了，我头也不抬地继续抄写，责怪地问他：“怎么去了这么久？”

他哼哧哼哧地一溜小跑跑到了桌子边上，“duang”一个泡面碗放了下来，一股麻辣味泡面的香气冲进鼻子，我吸了吸口水，真的又累又饿呀！

他殷勤地说：“你歇歇，我来抄？”

我说：“这一遍已经快抄完了，等一下——咦，你哪里来的热水？”

牛洋洋得意地说：“我到学校外面的小店，自己买了两个包子，给你要了一碗开水，把面给泡了，老板还让我加了辣子和咸菜！”

他变戏法似的又掏出来两根小黄瓜和两个番茄，黄瓜还是嫩的，只比手指长半截，顶上打着嫩黄的花儿，番茄还有小半是绿的。“我从学校后面的塑料大棚里偷来的，能吃，不酸！”

我放下笔，搓了搓手指：“等我抄完最后这一段！”

牛洋洋说：“快吃吧，泡面会凉的！”

我没理他，我这个人有点儿偏执，没完成既定动作就停不下来：“等我抄完最后一段啊！”

牛洋洋忽然打开泡面上的纸盖子，叉起一坨面条，颤巍巍地朝我嘴边递了过来。

“哎哎哎哎，汤水滴滴的！”

他突然来这一下让我吓了一跳，我往后一退，面条和汤一起洒在了桌子上，作业本也溅到了。

我赶紧埋头，拿袖子使劲擦本子，却听见牛洋洋怪怪地说：“孙淼淼，我喜欢你。”

他声音都怪腔怪调了。我耳朵热了，从眉毛底下看他，赶紧又收回目光：“放那放那，我自己吃，你来抄吧，啊！”

他不吱声，还是叉起一叉子面条，定定地又朝我递过来，硬是杵到我嘴边，直着眼睛瞅着我，非要我吃。

不知道为什么，我忽然就不高兴了，拿着本子站起来，一把抄起面碗，换了个座位。

他僵在那里，没有跟过来。愣了一会儿，就把那一叉面条自己塞嘴里去了。

我坐在那默默把课文抄完，他接着抄。

后来我们没说话了。一不说话，罚抄就变得更累。

我们换着用那根四支联排的笔抄写，直到月亮已经升到半空，我们才抄完了 200 遍。整整齐齐、密密麻麻、字迹排满的一堆本子放在那里。我们两个的眼睛都花了，揉着眼睛去费巴子的宿舍交作业。

费巴子的宿舍就在校门边上那一排矮房子里，没结婚的单身老师都住在那里。不过，大多数老师要么结婚了，要么在县城有家，那排小矮房子里只有他一个教师，其余的都是门卫和勤杂工。

牛洋洋在前，我在后，牛洋洋敲了敲费巴子的宿舍门。一下，两下，没人回应。

我悄声朝窗户那里指了指，窗户里是有灯的，窗帘也拉了，但是没有拉拢，底下靠边角的地方还留着一个小角。我和牛洋洋蹑手蹑脚地走过去，朝窗户里张望。这一张望——我看到了让自己恨不得去洗眼睛的情景。

费巴子一个人坐在电脑跟前，背朝向门窗，我一开始没看出来他在干吗，先看到了他电脑上正在放的画面——虽然只看到半个角，虽然我啥都不懂，但一看那四条腿在画面上朝天舞动，也就啥都懂了。我脸顿时轰地烧了一个透，而牛洋洋更是目瞪口呆地杵在窗台下。我撇开头，他一把抓住我，悄声说："你看，巴子在做啥？"

我再仔细一看，费巴子的手放在自己的腿裆里，胳膊一上一下——

就是再不懂，一下子也懂了。

我猛推了牛洋洋一把，恼火急了："叫我看，看啥看？"

牛洋洋委屈地说："是你先叫我看的！"

屋子里的费巴子猛然回过头："谁在那儿？"

我们互相看了一眼，跑，已经跑不赢了，他未必也看到我们，不如装作什么也没看到的样子，站到等他发落好了。

我们俩齐刷刷地站在门口，费巴子拉开了门。他穿着一件老头衫，衫子把大裤衩盖得严严的，什么也看不出来。

"我们来交作业！"牛洋洋大胆地说。

费巴子扫了我们一眼，从牛洋洋手里夺过那一叠作业本。

他狠狠地翻着作业本，屋里的电脑上已经只有屏保了。翻一页作业本，他就从压得低低的黑眉毛底下扫我们一眼，再翻一页，再扫一眼，翻了五六页，他恶狠狠地说："你们俩刚才在我屋外做啥？"

"啥？没有啊！"牛洋洋说，"我们没有偷看！"

我埋着头，暗暗翻了个白眼，真的是猪队友啊，牛洋洋！比猪还猪！

费巴子的脸藏在灯光阴影里，他的声音里有一丝因为不安而凶狠的意味：“你们的作业，是怎么抄的？”他嘿嘿冷笑，“以为我看不出来？你们是用笔重叠着抄的！”

他把作业本全部撇在了地上。

“回去重写！明天继续抄，不抄完，别想上课！”

我傻眼了。牛洋洋也傻眼了。

费巴子这样做，破坏了老师和学生之间罚抄的默契。

罚，老师尽管可以罚，但在完成这些非正常的惩罚时，也要允许学生做点小弊。四支笔绑在一起抄，两支笔绑在一起抄，都是常见的，鬼才看不出来是叠在一起的笔抄写的，字迹方向、行距完全一样好不好。但是老师通常不会揭穿，看你也被整治得挺惨了，数数数量差不多够了就放你过去了，也别把学生逼急了。

他这是恼羞成怒！我心说。

“你这是恼羞成怒！”牛洋洋大声喊。

噗——我吐了口气，牛洋洋最近一定是脑壳子坏掉了。

费巴子狠狠地抬起脚，地上那些作业本被踢飞了，像夜色里的蛾子，扑腾腾飞开：“滚！”

– 3 –

我到家，父母都已经睡了。因为之前老师打过电话说是留下来罚抄——反正我也老是挨罚抄，他们都已经疲了。所以妈妈听到声音，只是把头伸出来看了我一眼：“你又挨罚了？”然后打了个哈欠，“早点睡啊，饿的话锅里还有剩饭，自己炒一炒。”

我说不饿，拖着脚回到自己的小房间，衣服也没脱，就睡着了。

这个晚上对我来说，经历得有点儿多。我这样大条的人，睡着了也是噩梦连连，一会儿梦见我们在一个操场上，牛洋洋追着我，拿着一把叉子，要喂我吃东西，全班同学都在起哄，笑得要死。我拼命地逃来逃去，在人堆里打转，想提醒牛洋洋，大家都看我们笑话呢，可是他就像听不见，只管追我。追着追着，我摔了一跤，仆倒了，肚子磕在一块石头上，小腹剧烈疼痛，一回头，牛洋洋追上了我，他不知什么时候脱掉了裤子，一下子压在了我身上……

我全身冷汗地醒来。

天已经蒙蒙亮了，我看了看闹钟，六点半了。爸爸妈妈在外间的厨房里走来走去，他们马上就要上班去了。

妈妈敲了敲门，我答应着，刚掀开被子，就看到了床褥上的一摊褐红色。

哎呀，我"来事儿"了。

我们班的女生差不多都"来事儿"了，我算是晚的。

肚子疼得厉害，又要处理床单、裤子、被子，我索性没有去上学。旷课就旷课吧，我没力气多想了，胳膊手指都像抽筋了一样疼，食指和中指并拢的地方已经磨出了一个大泡，今天再让我抄 100 遍，我宁可旷课。至于旷课以后会怎么样，我不知道，总不能开除我不让我上学吧，不是说九年义务教育嘛。也许会叫家长，我爸爸妈妈可没这个时间旷工去见我的老师。"你读得下去我们就供你，读不下去早点回来学个理发、美容啥的早点挣钱也挺好——"他们才不在乎呢。

我没去上学。

连续两天。

接着就是周末，我又歇了两天，生理周期也过去了，直到周一，我才硬起头皮去上学。

奇怪的是，早读课上没有看到牛洋洋。

也没看到费巴子，问了下同学，都说上个星期牛洋洋都是来上学的，费巴子开始不让他进教室，又吵起来了，费巴子打了牛洋洋一个嘴巴，后来教导主任来了，打了个圆场，罚抄结束，牛洋洋继续上课。

到了课间操，牛洋洋还是没来。

喇叭里哇啦哇啦大喊："今天要宣布一个紧急事项。"——我心头一揪，一下子就联想到了牛洋洋。

他不会傻到去和费巴子打架吧?

问题是，他真的有那么傻。

校长走上操场中间的主席台，一脸严肃地宣布："周六的晚上，有一歹徒试图袭击费正清老师，被当场抓获，并扭送至警方。因为手段恶劣，校方连夜召开会议，决定对牛洋洋同学予以开除处理。对于一身正气、敢于坚持原则的费正清老师，学校予以嘉奖，奖励季度奖500元，并报销医疗费。"

我下意识地去看以前队伍里牛洋洋的位置。

他真的不在那里了。

同学了两年，我和牛洋洋是最要好的，可是，我甚至不知道他家住在哪里。连着好几天，放学时我都东张西望，想在学校门口看到牛洋洋，可是没有。

过了一个星期，我收到一个男生转来的牛洋洋的信。

孙二娘：

很对不起我又害你被罚抄，也很对不起那天把面汤洒在你作业本上。我去打工了，以后当老板发大财，开宝马回来找你玩。你读书好，好好读。

牛魔王

我捏着纸条发了一会儿呆。他把那根四支联排的笔留给了我。

他没有留下任何联系方式。那天他给我偷摘的小番茄，还有一个没吃，塞在课桌里，我翻了出来，番茄有点儿焐烂了，底部流出汁液，我拿起来看了看，丢进了垃圾桶。拿走番茄时，我看到课桌里扑腾着飞出一只小蛾子，搞不好就是番茄上的虫卵孵化的。我以前很怕蛾子的，这次却没什么感觉，静静地看着它蠕动着爬到桌肚边上，停了一会儿，振翅飞了。其实它也没飞多远，落在了另一个同学的桌子上，同学惊叫一声，啪地一本书拍下去。

我扭过头。

上课了，费巴子意气风发地走进教室。

他头发剃得光溜溜的，头上绑着一块纱布，纱布被一个白色的兜网罩在里面。

牛洋洋真的是太傻了，一个人躲在他宿舍外面，敲门。他一出来，牛洋洋就把一个黑口袋蒙在他头上，拳打脚踢。

蒙住了头的费巴子虽然一下子失去了战斗力，可是他有嘴巴啊，他会喊啊，一下子门卫和勤杂工都跑来了，解救了费巴子，牛洋洋还被暴打了一顿。

听男生们说，费巴子下手非常狠，一巴掌把牛洋洋的牙齿都抽掉了两颗。医生说种是可以种活的，但是要好几千，牛洋洋家没有钱，估计以后他就是个豁子了。

我用那根四支联排笔在作业本上画了一个牛魔王，支着两个尖角，咧着厚嘴唇笑，但是缺了两颗门牙。

四个牛魔王，重叠在一起，四张嘴来八个角，都缺了门牙。

－4－

很快初二就结束了。

过了一个暑假，女孩子们都长高了，而且都爱打扮了。没有了牛洋洋跟前跟后，我和女生们玩到了一起，成绩也好了。

学生是很健忘的，大家很快几乎都想不起牛洋洋这个人了。

费巴子倒很少再找我麻烦了，甚至，有时候他躲着我的眼睛。

直到有一天，晚自习的一天，他又现场抓到了我们一群女生嗑瓜子聊天，他指着地上的瓜子皮问：“都谁吃了？”

大家都埋着头。

“不说？不说是吧？不说每人10遍——”

我站起来挺身而出：“是我买的瓜子，费老师。”

他狠狠地瞪了我一眼，我温驯地垂下眼皮。

他扫了一眼全班，宣布：“凡是吃了瓜子的人，一律10遍！你，孙淼淼，20遍！”

这下可好，几乎全班女生都要罚抄。

我鼓足勇气反问：“老师，您不是说了只要有人承认，就不罚大家？”

费巴子反手把课本摔在桌上：“再顶嘴，就一人20遍！”

我不作声了。

他威风凛凛地扫了大家一圈，走了。

女生们一边抄写，一边怨声载道，我们的班花也在被罚之列，她平时可是全体老师的宠儿，骄纵得很，气呼呼地边写边骂：“费巴子怎么这么变态啊？”

我轻轻地说：“可被你说中了……他以前在宿舍里……”

女生们停下了笔，凑了过来：“啥情况？他真的变态啊？”

“以前哦，有一次我和牛洋洋亲眼看到他在宿舍里……”我为难地停住了。

她们紧催着我。我打住了：“就是那种不可描述的事啦！”我又瞟了班花一眼，“美女，你可要小心了！一会儿你可别单独去交罚抄的作业！”

班花脸上飞起红晕：“呸！敢非礼老娘，我一脚就踢死他！”

“不过，如果你去代表我们求情，”我补了一句，“没准费巴子心情好，高抬贵手就放我们过关了呢！”

“是啊，是啊。20遍呢！”女孩子们都七嘴八舌地开始央求，“我妈要知道我留堂罚抄，还不骂死我！”

“就是，我手都要写断了！”

“我留这么长指甲的，怎么写啊！”

班花瞪了我们一眼，面色绯红：“我才不去找那个变态呢！万一——万一——”

“万一什么？万一他把你给——”

女孩子们嘻嘻哈哈笑作一团。

说来说去，越说大家越不想写，叽叽喳喳吵到晚自习快结束了，没有一个人抄完的。大家都很绝望地坐在那里，大眼瞪小眼。

时间一点一滴过去，不抄完就不能回家，不能回家被家长知道了就要挨罚——威胁的云团越来越沉重，我们彼此交换的目光越来越焦灼。

最后，我慢吞吞地说：“我有一个办法。”

女孩子们围着我坐成一圈：“啥办法？”

我把目光投向班花：“就看我们能不能一起配合了。”

商议完，我们一起站了起来，一起向费巴子的宿舍走去。

就班花一个人去敲门，我们其他人都远远地躲在远处花坛的灌木后面。

门敲响了，费巴子开了门，并且，把班花让了进去。

大概过了几分钟，也许就只过了一分钟，门又开了，一个作业本飞了出来，班花修长窈窕的身影随后闪出。她朝我们的方向瞥了一眼，旋即双手捂住脸，哇的一声哭了起来，朝我们这个方向狂奔而来，边跑边哭："我不想活了……"

我忍不住朝天翻了个白眼，她这个哭也哭得太像电视剧了吧？

我身边另外几个女生已经跳了出去："怎么啦？怎么啦？"

我也站了起来，义正词严地说："他是不是非礼你啊？"

班花什么也不说，抽泣着，捂着脸，坐在花坛边上。

学校门口一些接送孩子的家长迅速地围了过来，女生们搀扶着哭泣的班花，我大声地说："这个已经不是第一次了！"

"就是！"扶着班花的一个女生激动得满脸通红，"就是！费巴子是个变态！"

家长们越围越多，人越多，仿佛越有戏剧效应，班花哭得梨花带雨，一个字都不说，反而让人觉得事态严重，其他女生数说着事情的始末：费巴子如何要全体女生（划重点）罚抄作业 20 遍，到深夜交到他宿舍，不交不准放学……

光事实的本身就足以让家长们有足够的想象空间了，加上一群少女叽叽喳喳、漫无头绪却情绪高亢的控诉，当场就站出来好几个家长，领头朝费巴子的宿舍走去。

"叫他出来说说清楚！"

"出来！"

家长们擂着门。

费巴子打开了门，一脸茫然地看着忽然涌过来的人潮。

"你们干吗呀，干吗呀？！"

不知道谁叫了一声："死变态！"

冲在最前面的一个男家长忽然挥手就是一巴掌，掴在他脸上："打的就是你这个变态！"女孩子们抹着眼泪说："他电脑里都是黄色影片……"

"他还看黄色影片！"一个大婶惊叫。

没等费巴子反应过来，几个大婶大妈已经推开他冲了进去。

费巴子想去护着自己电脑，却被另外几个男家长抓住了，很快，他开着的电脑里被翻出来一大堆的 A 片……

短短几分钟，他的宿舍被翻了个底朝天。A 片之外，还被翻出了几件女生内衣，一个大婶激动得面红耳赤，拿着自己翻到的战利品——玫瑰红的胸罩，在他面前抖动着："这是啥？这是啥？唵？你说这是啥？！"

我从未见过费巴子脸上露出这样的惶恐。他平时高高在上、寒气凛冽的表情了无痕迹，而是焦灼无助又晕头转向地在人堆的包围下不停地解释，喝止。

有家长说："你不要狡辩了，我们已经报警了！臭流氓！"

– 5 –

警察来了。

警察来的时候，我们学校门口已经人山人海。一个原因是正好在学生放学高峰期，来接孩子的家长都扎堆没走；另一个原因是大家纷纷打电话给自己亲友，来看某某中学抓到了"色狼老师"，还有人把这个事和现场照片发在我们当地的网络论坛上，号召大家前来支持。

于是，现场就爆了。爆了。

我们校长闻讯赶来时，都挤不进校门。

几个警察费力地挤进人群，把蹲在房间角落里的费巴子拉了起来，包围在中间，再左右开弓，又推又搡，才把人带了出去。

后来我们才听说，到了派出所，费巴子一宿都没说清楚到底他做了什么。而跟到派出所的几个家长，也说不清楚到底为什么大家就炸了群，把他的宿舍包围起来了。

唯一查有实据的是，他的电脑上有 A 片，就是黄色影片。

一个最积极的大婶抖着双手冲着警察叫：“他还人民教师呢！人民教师！看黄色影片！”

但是，警察苦笑着对大婶说：“我们不能因为一个人电脑里有 A 片就把他抓起来啊，是不是？你们说他非礼女学生，学生呢？”

我们早就背着书包挤出人堆回家了。

人实在是太多太多了。后半夜，政府部门调集了几乎全城的警力，才把越来越多的看热闹和打色狼的人群劝散。

第二天一早，费巴子回到了学校。

他如常出现在早读课上，但仅仅是这一夜，他整个人缩水了一圈。眼眶塌瘪了，嘴唇周围似乎都暴突出来，额角有一块青，可能是混乱中谁打的。他极力想保持以前的神气，可是，那种威风凛凛的做派，像一张被撕破的面具，再也戴不周正了。

我们所有的学生都低着头看书，静默着，却是隐隐地反抗着，排斥着。

他从我们身边走过，怨恨的眼睛从我们头上慢慢扫过。

终究，他没有敢点我们任何人的名字。

相反，快下课时，他沙哑着嗓子，幽幽地说：“严师出高徒，我对你们要求严格，你们恨我，我知道，可是，终归是为你们好。”

他喉咙哽咽了一下，停了一歇，又说：“人总归是要凭良心的吧，啊？”

说完这些他就下课走了。

女生们谁也没有说话，只是互相偷偷地看着彼此。

警方虽然认为费老师没有犯罪事实，但是当晚的喧闹惊动了整个县城，不断有家长抱着自己家闺女也可能被调戏甚至性侵害的恐惧，跑去教育局告状：“某某老师是色狼！”

最终，教育局和学校一起组织了一个调查委员会，到学校里来调查费正清老师“到底有没有调戏女生”。

主要问我们班。

开始，一对一地问，女生们都不说话。

后来教育局一个女领导说，女孩们都是要脸的，害羞的，这样的事即使有，怎么说得出口，要不大家就写匿名的纸条吧。于是，一人发了一张白纸让写下来。

我偷眼看看四周，大家都写得很快。我凝视着白纸两秒钟，拿起笔来，唰唰唰写，和大家不同的是，我用的是四支联排笔，一写下去，纸上就出现了四行一模一样的字：“费巴子，你去死吧！”

白纸很快被收上去了。

后来学校宣布，查无实据，但是，费老师确实也存在一些不妥行为，调到后勤组上班，不再教学，本学期期满后，不予续聘。

家长们算是得到了一个交代，一个潜在的可能威胁到他们女儿的“恶魔”被铲除了，他们满意了。舆论平息了。

学校和教育局都松了口气。

费老师什么时候离开学校的，我们说不清楚。

后来有人在一个工厂看到他，他大概只能打打工，干干体力活了。有这样的名声背在后面，肯定是没有办法做教师了，像他这样一个没什么背景的人，在我们县城，永远丧失了成为一个体面人的机会。

那有什么。我想。

牛洋洋也没有什么机会了。我甚至也没有机会把那支笔还给他。

事情就这样过去了，就像牛洋洋离开学校很快就被人忘记了一样，费老师的离开也很快被所有人忘记，铁打的营盘流水的兵，我们都毕业了，我考取了一个中专，读师范。再过两年，我也是人民教师了。

但我还是会常常梦到初中的校园，梦到费老师的脸，黑色的，也梦到我自己，黑色的手，拿着黑色的刀，砍在他的身上。地上，溅满了黑色的血。

教师对学生拥有的权力关系是危险的。一个好的老师会培育灵魂，一个坏的老师，则可能戕害灵魂。当然，更多的老师，只是平凡人，不是太好，也不是太坏。对被管理的学生们来说，不少老师很恐怖、很可恨。这样的关系一般来说，不可逆转，但在某些时候，酝酿到一个程度，作为上位者的老师也可能会被反噬和颠覆。

国外的儿童保护法律中，严禁师生恋爱，严厉惩罚所有与未成年发生身体关系的老师。美国在2014年判处一位24岁的美女教师20年监禁，因为她先后与三个17岁左右的男学生发生了性关系，并且和其中一人怀孕生子。美国法庭判决她性侵儿童罪名成立，这个判决可能在中国文化语境里不太被理解。它基于一个基本事实：老师与学生之间存在控制与被控制的权力实质。

诺贝尔获奖作品《耻》开篇也写到了大学教授迷恋女学生并不计代价与其发生关系的背景，事情败露后，教授失去了名誉和教职，不得不前往南非，与女儿同住。这也反映了教师之于学生的权力关系和因此为自己言行所负担的责任。

中国社会虽然有相关法律，但并没有非常严格的机制过滤这样的侵害，所以家长常常处于隐秘的焦虑之中。一旦时机成熟，宁可信其有，不会信其无。一旦鼓噪起来，很容易酿成一种新的霸凌关系。

这是一个真实的故事，来自于网友的留言，倾诉其“中学时亲身经历的秘密”。

这是一位女生的讲述。她深表后悔。虽然当年她很快意。“后来，这个人的一辈子就完了，其实说到底，他也没做什么，他没有比别人更好，也没有比别人更坏。但我们一群女生，就利用我们的性别优势，利用大家的恐慌心理，轻轻松松毁掉了他的人生。”

黑武士，是黑色的。

那是一股黑色的洪流，吞噬一切。一个受害者，也可能成为加害者。这恰恰是霸凌的本质，它是一股黑色的乌合之众的情绪汇合，这情绪一旦被煽动起来，没有理智可言，也没有公平可言，指向谁，谁就被撕个粉碎，很难幸免。事实上，把这个现象放到现在的网络里，从那些一边倒的新闻传播、谣言放送里，都能感受到非理性的网络霸凌的影子。能抑制它的，一是在早期就防微杜渐，避免集体式情绪酝酿扩大；二是尽可能地培养理性思考的能力；三是尊重事实，依据客观分析再做决定。——然而，互联网也好，生活中也好，一碰触到敏感点就不分青红皂白地喊打喊杀、人肉搜索、盘根挖底，已经成了一种严重的现象。等看完了热闹，发泄完了情绪，真相如何已经没人关心，当事人是否冤枉，也没人会道歉。

“雪崩发生时，没有一片雪花是无辜的。”

白武士

通常，家庭支持力度比较强大的孩子，心理承受力也会比较强，也会积极理解和巧妙处理自己遭遇的霸凌。父母要善于观察和发现，要能体察到孩子面临的困境，并及时施以援手，帮助孩子走出阴霾。请记住：维护孩子的权益是每一名家长应尽的职责与义务。

– 1 –

“第三排那个长头发的——对，没错，林欢，我在叫你，说的就是你，就你。”

一个粉笔头飞了过来，砸在我额头上。我呆呆地撩撩挂在脸庞两边的“清汤挂面”发，抬头愕然地看着讲台。

“站起来！”

这是第三次了，从开学的第一节生物课起，李老师就特别针对我。

“你发啥呆呢？思春还是思凡呢？”她嘲讽地盯着我。

同学们轰地笑了。

我脸红了，下意识地把头发朝后面拢了拢。

这个小动作更加激怒了她：“小小年纪，就学着搔首弄姿，自重怎么写，你学过吗？嗯？”

一迭声的轰炸，我有点儿懵。

耳朵滚烫，我站在那里抬不起头来。

生物老师姓李，名叫李清，这个名字，我可能到死都会记得。

这是高一，我们离开了初中部，开始了高中生涯。学生们心里都是兴奋的，在一个全新的环境里，大家都在努力寻找自己的位置。我呢，初中时一直是文娱委员，从来没当过班长，所以当班主任在第一天班会课上宣布，高中部会引进“民主竞选”方式让大家自由上台演讲竞选班长后，我马上怦然心动。演讲我拿手啊！我从幼儿园起就是一个话特别多的孩子，我妈妈总鼓励我说出自己的意见，我们家的饭桌上总是会讨论许多事，每个人都有发言的机会，不管讲得好不好，只要有不一样的观点，爸爸妈妈都会鼓掌。

班主任一宣布竞选，我就暗自窃喜。

我想当班长，因为我想吸引孔博的注意。

我初中就喜欢一个男生，孔博。高中了，也和我一个班。

初中的时候，我成绩不好人又胖，喜欢他的女生那么多，轮不到我靠近。可是，整个暑假我都减肥了，瘦了一大圈，如果这次再能竞选上班长，一定会让他刮目相看。

男神男神正眼看看我吧！

我心里暗暗祈祷，我一定要让你看到不一样的我，竞选中看到我的口才、我的风采、我堪比外交官的潇洒气质……

鬼知道怎么回事，我正开开心心地盘算着高中生活，却在第一堂课就招惹了生物老师。

确切地说，我根本不知道我做了什么，她就讨厌上了我。

她第一次走进课堂，我们四目交汇的刹那，我就直觉她不喜欢我。

可我不知道为什么。我虽然不是一个好学生，也不是乖巧漂亮型的，但是总体来说，我因为性格活泼，开朗外向，而且唱歌唱得好，到班级搞文体活动时总有我的节目，所以不少老师还是蛮喜欢我的。

李老师从讲台上走下来，走到我跟前，来回踱步，像一只猎豹围着它的猎物，蹑足扬鼻，眈眈寻找下口的部位。

“到前面去。”

她果断地朝黑板一指。

她这是要出难题刁难我了。可别无选择，我只能站起来，烈士一样昂首阔步地朝黑板走去。

“你，画出阿米巴虫的形态——”她顿了顿，补上一句，“用彩色粉笔标注出它的重要部位。”说到最后几个字，我几乎能听到她得意扬扬的笑声藏在话音里。

我们的课程根本还没学到这个好不好？

但是，这次瞎猫碰上死耗子了！

我在整个无所事事的暑假里，把生物课本翻了一个遍，因为正在练习画漫画，觉得阿米巴虫很好玩，就画了几次……

我没表情地拿起粉笔，开始在黑板上画，嗖嗖嗖画出了一个椭圆，里面是几个水泡，中间一个大核，我换了一支蓝色的粉笔，标注出来——核；虫体一端伸出一只肢体，标注——伪足；又画了一只梨形，在另一边画出了四根触手一样的东西，标注出——鞭毛……

底下的同学们开始悄声议论。

我略带得意地悄悄偏过头，看了大家一眼。

果然，同学们都像看大神一样看着我！

余光扫到了李老师，她显然是被打脸了，非常不爽。

我笔画精致地把最后一笔画完，捻了捻指尖上的粉笔灰，满意地一甩头发，转身就准备回到座位。

李老师尖声喊：“你站住！”

我一愣。她几乎是冲过来的，一个虎跳就到了我前面，指着我：“你跩什么跩？谁让你下黑板的？嗯？我有说让你回座位吗？”

我瞄了底下同学们一眼，准确地捕捉到了我男神孔博脸上的紧张。

“李老师，我题目没做错吧？”我反问。

这一问，更戳了她的心肺。

她歇斯底里地爆发了，一激动破口出来的都是家乡方言：“看把你能的！耗子吃了二两油，癫狂得不知道自己姓甚了！也不撒泡尿照照你自己，看看你是个什么鬼样？”

她操起讲台上的教鞭，我还以为她要抽我呢，下意识地往后一缩，抬手一隔。然而并没有，教鞭在空中画过一道弧线，宝剑一样顶到我面前，我后退的动作显得特别𡨚，底下同学又笑了。

她很满意我露𡨚，怒火平息了一点点。

教鞭仍然指着我：“你看看自己的那张脸，披头散发，头发一摔，搁在人家明星身上那是风采，搁在你这样的胖子身上那是疯子，人不人鬼不鬼的，你看看你这张脸，不用化装你就能去演《聊斋》，对，就演那个前面是头发，转过来还是头发的女鬼！哈哈！”

她转过头看着全班同学：“大家说，形象不形象？”

底下发出稀稀拉拉的笑声。

其中就有孔博。

－2－

没错，我至今还记得她说的话，记得每一个字。

余生都不会忘记。

并不是我还怀恨，而是那个年龄的心太娇嫩，还没有石化，这样强烈的恶意，在其上留下了无法磨灭的刻痕。

问题是，我没搞明白，她为什么要对我恶意满满呢？

仅仅是因为我乱蓬蓬的自以为很酷实际上很杀马特的发型让她看了不爽，还是我答对了问题，让她的权威受到了冒犯？

那天我并没有哭，只是觉得茫然，完全地手足无措。

以及深深的绝望——我该怎么活啊？整个初中，我从来没见过哪个老师用这样的话语评价一个学生。我15岁的人生里，从来没有被人这样示众一样羞辱。接下来，我不知道怎么在我的同学中生活了。同学们也都表情复杂地看着我，一瞬间，我就被打上了一个异类的标签，也贴上了一个恶意的绰号——胖女鬼。他们要么是觉得这件事很可乐，要么是被老师的怒气吓到，觉得我真的是一个很糟糕的学生。

回座位时，我的后排同学王明同情地看着我，一直看着我走回到座位上。

他贴在桌子上，靠近我的后背，小声说："她这是发哪门子疯哪？你到底把她怎么了？"

我直挺挺地坐着，虚无地看着前方。

第二天就是班长竞选，我没有参加。

王明遗憾地给我嘟哝："你本来都可以当班长的……"

别问我为什么没鼓起勇气去竞选，前一天你刚刚被一个老师把脸皮扒光了扔在地上又唾又踩，宣布你又丑又坏，不堪造就，是个怪胎，后一天你还好意思站在同一个讲台上，意气风发地准备当大家的领袖？

不仅竞选班长没戏了，那深深的折辱感，让我连着一个星期都灰溜溜的，走路都靠墙走。

生物课上我一直猫在座位上，基本不抬头，更不敢抬眼看她。

李老师对我这个状态似乎比较满意，连着两三节课都没找我的麻烦。毕业后我想起过这个细节，大概能猜到，她厌恶我什么。她厌恶我身上的活力。她自己日常都是穿着极其规矩严整的套装，上面米色方领西服，下面黑裤，里面一件花衬衫，大领子整整齐齐地翻出来，配着一张干燥枯萎的脸，整个人自带着沙漠气候，走到哪儿，哪儿的人都不自觉地觉得喉咙发干。我这样的人，是她的肉中刺、眼中钉，不必做错什么，我那种乐呵呵、屁颠颠的自恋劲儿，就够拉仇恨了。

灰灰地过了一个多礼拜，妈妈忽然察觉到我不对劲。

我妈妈虽然和我一样神经大条，可再大条，看到桌上摆着我最爱吃的栗子烧鸡，我竟然没有挥舞着筷子开吃，也意识到有些事不对劲了。

妈妈若无其事地问我："怎么啦？减肥？"

我勉强笑了笑："嗯。"

爸爸瞅了我一眼，讨好地对我说："我们丫头这么漂亮，珠圆玉润的，'排骨精'有什么好的，不要学！"

我应景地抽了抽面皮，咧了咧嘴，算是笑了，爸爸和妈妈交换了一下眼色，都坐直了身体，手里的筷子也停下了。

"学校里最近有啥新鲜事啊？"妈妈兜了圈子又问。

我恹恹地说："没。"

饭桌的气氛越来越凉，妈妈捧着饭碗，忽然问："对了，你不是说要竞选班长的吗？怎么样了？"

我的手一抖，一粒栗子掉了下去，溅起一点汤汁。

妈妈赶紧抽了一张纸巾递给我，这纸巾抽得正是时候，我眼泪也在这个刹那夺眶而出。一哭就刹不住车了，我在一桌子的好饭好菜面前，哭得愁云密布，大雨滂沱，用我妈的话说，哭得那个惨啊，那个冤啊，红烧了的那只小公鸡都快让给我哭得活过来，站起来打鸣了。

“我、我、我、我没做错什么，她凭、凭、凭什么那样对我？”

爸爸妈妈耐心地听我说完了经过。最后，他们向我保证，一定会帮我去找老师谈谈。

– 3 –

妈妈说到做到，第二天一早就去了学校。妈妈还提了一个包包，里面是她精心准备的礼品，一套精梳棉的四件套床品和一个紫砂壳保温杯，都是挺拿得出手的，紫砂是真紫砂，床品是名牌。妈妈想着是见机行事，如果能聊得开心，老师打开了心结，就若无其事地悄悄把东西放下。第一次见面，算是交个朋友。

我爸爸摇头表示不赞成这种送礼的坏习气。妈妈说：“现在学校都是这样了，谁也不能免俗，女儿在人家手上，而且老师教学也辛苦，意思一下，并没有什么坏处。”

基于平时我们家共同认定的，爸爸比较书呆子，妈妈是一个人情练达、世事洞明的人，外交事务还是妈妈说了算——事情就这么定了。

我虽然对李老师没什么指望，但见妈妈为我的事跑去找老师，心里还是蛮欣慰的，于是高高兴兴地上学去了。

上午的最后一节课就是生物课，铃声还没响，一个同学就喘着气跑进来：“‘李莫愁’来了！”她不知什么时候多了个绰号叫李莫愁。随即，同学们都蜂拥冲进教室，就像草原上的羚羊一样。

我朝他们背后一看，李老师大步流星地朝我们教室走来——准确地说——冲来。

隔着大老远，都能看出她怒火冲天。

“谁又惹她了……”一个同学咕哝着。

我心脏一缩，直觉可能和我有关，接着我就看到她手里提着一个包，那个白色亚麻提袋我再熟悉不过——那不是我家的吗？

怎么了？

李老师噔噔噔冲进教室，手臂一抡，哐当一声，把那个包砸在讲台上。

我全身一紧，目瞪口呆地看着我们家的包，矗立在教室的讲台之上。

她一字一字咬牙叫出我的名字：“林，欢！”

我茫然地站起来：“啊？”

“你胆子不小哇你！”她的声音倒不是很大，却像金属在黑板上划动，吱呀吱呀，我听得牙齿发酸。

她在讲台上来回踱步，不屑的冷笑簌簌地撒了一地：“我为你好，在课堂上教育你，说了你几句，你竟然不识好歹，回家把家长搬来了，让你妈妈来给你撑腰？是吧？”

“你妈妈竟然跑来跟我说，我家林欢是一个虽然有个性但是很有主见的孩子，还跟我说，孩子有自己的想法是好事，说你又聪明又善良——”她拖长了声音，同学们都听出了她讽刺的意味，于是就笑了。

在吃吃的笑声里，她继续牙酸地说：“你居然把你妈妈搬出来教训我？谁是老师？我还需要你妈妈来教我怎么当老师吗？你们这一家子，果然上梁不正下梁歪，没有一个好东西！”

我就算再孬，就算上次被她吓惨了，也不能允许她骂我妈，我红了眼睛，吼回去：“我妈怎么你了？你嘴巴放干净点！”

我终于和她怼上了，这一点令她意外，又让她很高兴："你还敢和老师顶嘴，是吧？"

她拿起教鞭，抽了抽桌上的包："你妈妈居然还想贿赂我，想靠送礼来收买人民教师！我听说你爸爸妈妈都是政府官员，大概他们平时就是这样贪污受贿行贿才爬到官位上去的吧？"

她扫了一眼教室，不少同学会意地大笑起来。

有那么几秒，我耳朵里只剩下嗡嗡的杂音，心里只有喷泉一样爆发的冲动：想冲到讲台上，撕烂她的脸。

后来的画面在我的记忆里变得恍惚。

依稀记得她笑容扭曲狰狞，和蔼可亲地瞪着我："你妈妈还说你很聪明，以后肯定可以考上清华北大，未来还要出国留学，读耶鲁哈佛，哈！哈！哈！哈哈哈！"

她大笑起来。

"以后我们不能叫你胖女鬼了，我们要叫你哈佛耶鲁，"她目光炯炯地扫视全班，"大家说，对不对啊？"

她提起那个白包，走到我座位前，袋口向下，哐当当，里面的东西，一股脑都倒在我桌上。四件套床品平平地掉在桌上，紫砂杯撞在桌面上，滚动着，滑向桌子边缘。我看到了，却没有伸手阻止，杯子掉了下去，落在地面上，碎了。

那是上好的紫砂。我爸爸的一个朋友，宜兴的工艺美术大师手制的。我很喜欢，爸爸也很喜欢。不过怕打碎了，一直都是放在礼品架上欣赏的。妈妈也算是用足了心思，想讨好这个人。

珍贵的紫砂碎片溅了一块到我腿上，我无动于衷。

周围同学很凑趣地伸长脖子来看，我妈妈都拿了什么东西来"行贿"，就像参观反腐表彰大会的赃物展览一样。

“你，能考上哈佛耶鲁？别说哈佛耶鲁、清华北大了，一个三本我看你都危险，就你？哈！”她似乎觉得兀自不足，又指指我，“你能考上，我眼珠抠出来当牛卵泡子给你踢！”

– 4 –

回到家，妈妈笑吟吟地迎出来，手在围裙上擦着油渍：“欢欢，怎么样啊？”

我举起那个白包，用尽全身力气朝妈妈扔了过去，包擦过妈妈肩膀，飞出去，打在后面的桌子上，茶杯茶碟一顿叮当混响。我歇斯底里地朝妈妈喊：“我恨你！我恨你！我恨死你了！我恨你！”

我一直喊，一直喊，喊到自己的嗓子都劈了，喊到有血腥味从喉咙里往外冒，还是喊。妈妈冲过来一把抱住我，我还是喊。

忽然，一下就喊不出来了。

腿也一下子像没了，脚下一片虚空，我似乎感觉不到大地的存在了，我的身体一直一直朝下掉，软软地朝地上滑坐下去，妈妈托着我，让我靠着她，慢慢地坐下来。

我们就这样，坐在了门廊里。

眼泪像小蟑螂，沿着鼻子爬下来。

妈妈什么也没说，为此我会感激她一辈子。她一句话都没有责怪我，就是静静地搂着我，我靠在她怀里，眼泪没完没了地淌着。

直到爸爸下班回来。

天已经黑了。

爸爸开门，一开灯，看到我们娘儿俩坐在门廊里，吓了一大跳。

“怎么了？”爸爸说，“你们哭成这样，我还以为我出了车祸呢！”

我爸就这样，生冷不忌。我们都哭成这样了，他还有心思耍宝。虽然心里一片灰暗，我还是忍不住扬了扬嘴角。

我抽抽搭搭地把课上的事讲了个大概，爸爸还是很平静，他转向妈妈：“我就说了吧，不是每个人都吃那一套的。”

妈妈难过而诧异地看着我：“可是……可是，她和我聊天时，还是挺客气的啊！”

我抽泣着问她：“你们聊了啥啊？”

妈妈无辜地看着我和爸爸：“基本上都是她在说啊！我又不能和她抢话是不是？她一直在说她教学多么认真，对学生负责，我就附和说是的是的。她后来就抱怨说她怀才不遇，一片苦心，学校也不重视她，我就安慰她说，以后我们杂志开研讨会，我一定要邀请她，她就问我在哪儿上班，我告诉她在杂志社，她又问林欢爸爸在哪儿上班，我说在市文化局。她没什么特殊表情啊！后来她使劲批评林欢，说欢欢发型太怪异，举止太嚣张，笑声八丈开外都听得到，一点女孩子的样子都没有，看着老师也没有一点尊敬的意思，犟嘴，我一直都是点头是是是，并且说我回家一定加强教育——”

妈妈委屈地看着我们：“这样说没毛病吧？”

“没毛病啊！”爸爸也委屈地叫起来。

我哭着问：“那你是不是跟她说，我将来肯定上哈佛耶鲁、北大清华？”

妈妈一拍巴掌叫了起来：“冤枉啊！”

妈妈叫道：“是她一直一直跟我数落，说你这样不三不四的，以后只能上街做小太妹，肯定没有资格上大学，高中能不能毕业都不好说——哪个当妈的听得下去啊？我都听她数落你半个小时了，我就客气地说，欢欢确实很多缺点，但是也有优点，有个性而且思想比较活跃，敢于表达自己，这个要是在国外，考哈佛耶鲁，可是必备的素质哦！她当时好像有点儿不高兴，但也没有说什么。又跟我强调，说你这样下去，肯定考不上大学，我就说，那还请老师你多教导，欢欢的资质不错，遇到你这样的好老师，以后也许可以上清华北大的。”

我渐渐止住了眼泪。

爸爸拍了拍我的肩膀，叹了口气。

妈妈不可能对我撒谎，而且，刚才她复述的话，确实是她素日表达的习惯。妈妈在同事和亲戚当中，都是以说话周到、办事妥帖著称的，她不可能去砸我的锅、挖坑给我。

爸爸摊开手，给我分析：“欢欢，我只能说，你遇到了一个内心里充满了尖刺的人。无论多么无害的表达，她都能听出强烈的敌意，即使听不出敌意，她也要树立一个假想敌，迫不及待地把满腔的仇恨情绪，宣泄在这个敌人身上。”

我似懂非懂地听着。

妈妈使劲搂住我：“你始终记得，这一切不是你的错，就是了。”

很多年后我读了心理学才知道，我的这位老师，应该有一个很糟糕的童年，她内心非常容易崩溃，并且能从世界的任何角度，解读出深深的敌意。

– 5 –

如果说之前第一次的冲突是让我靠墙走，那第二次的冲突，代表了我已经永久被打入另册。

对学生来说，老师是至高无上的，老师的判定就是神之裁决。老师说林欢的爸爸妈妈是贪官污吏，那就是贪官污吏。如果说之前我还只是一个丑人多作怪的胖女鬼，现在就已经上升到道德品质有问题了。

全班几乎没有一个人和我说话，我身上贴着类似于贱民的标签，在做课间操时，前后左右的同学，都和我拉开多出半个人的距离。

李老师的追杀还不止于此。

她同时兼任高一年级四个班级的生物课，高二年级两个班的生物课。

在所有她任课的班级，上课前，她都绘声绘色地讲述一遍，某班一个叫林欢的女生，利用她爸爸妈妈在官场的身份，欺压她这样一个清高正直的女教师，还带来了礼物，准备行贿，被高贵廉洁、刚正不阿的她严词拒绝了，她随时等待着打击报复，并且准备为自己的人格战斗，甚至牺牲。

说着说着，李老师就会泪流满面："我有什么可怕的呢？我这辈子就没怕过任何事，大不了，不当这个教师罢了！"

她还会声音哽咽地补充："只是，我舍不得我心爱的三尺讲台，也舍不得你们这些学生。"

不少学生听得十分动容，有些女生也悄悄地热泪盈眶。一时间，大家都忘记了她的绰号叫"李莫愁"，就算记得她平时心狠手辣的作风，大家也觉得，李老师是一个刀子嘴豆腐心的人，虽然严厉，但是一个善良而正直的老师。

至于我，就呵呵了。

有一天，在食堂，我排在队伍里，等着买饭。

排着排着，眼看快到窗口了，我后面忽然走上来一个不认识的同学插到我前面。我愕然道："你不排队吗？"

她大模大样地把她的餐盘伸进窗口，打好了菜，看都不看我一眼，掉头就走。

我正要走上前，又一个人插队插到我前面。

"喂！你干吗？"

插队的人鄙视地看了我一眼："你不有本事吗？找你爸爸妈妈给你去开后门呀，你去上哈佛耶鲁的人，跟我们在这儿挤啥？"

"就是，让你爸爸妈妈给你开个食堂呗！"

又一个同学挤上来，把我推到一边，排在我前面。

一个，又一个。队伍后面的人默契地都朝前跨了一步。一个接着一个地，把我从窗口挤开，挤出了队伍。

他们笑嘻嘻的，毫不掩饰他们的厌恶，仿佛我是餐盘里不小心翻出来的一只鼻涕虫："什么玩意儿，欺负李老师，狗仗人势！"

"最讨厌的就是这种官二代了！"

"哈佛耶鲁？就是她呀？"

"你应该去清华北大的食堂打饭，怎么能在这儿和我们挤呢！"

"哈哈哈，没有哦，清华北大也配不上人家，人家是哈佛耶鲁！"

连窗口里的打饭师傅似乎也知道有我这么一个"哈佛耶鲁"，看着我被人挤开，并不像平时阻止插队时吆喝一声"排队排队"，而是幸灾乐祸地看着，只管笑。

我收起餐盘，默默走了出去。

我甚至没有勇气换一个队伍去排，如果再被赶出队伍一次，我怕我会一头撞在窗口的水泥尖角上，用我的血洗清这种构陷。

不能不说，李老师虽然病态，却是煽动人心的高手。或者说，有些病人就是有这样的直觉和智商吧。

但我没有哭。

走出食堂时我是想哭的，可是在操场上走了几圈，冷风一吹，我就平静了。或者说，我生命中自卫防御的心理机制，在这一刻，苏醒并成长。

妈妈说过："你要始终记得，这一切不是你的错，你没做错任何事。"

我在心里念了这句话很多次。事实上，有很多遭遇了欺凌的孩子，就是反复想不明白自己“做错了什么你要这样对我”，才会走向自杀之路。因为他们无法理解自己遭遇的伤害，是源于他人的病态，自己并没有任何过错，就像走路碰上了一只疯狗，咬了自己。而校园霸凌中，很多霸凌者看起来可不像疯狗，他们可以把霸凌伪装得非常正义，非常正当，甚至受害人都被控制，以为自己真的是过错方，内心的自卫意识和自我攻击交错战斗，最后才会走上不归路。

有时候，这样的伤害，就像过去专业的行刑，可以打得非常有技巧，你内里已经筋骨寸断，但表皮上连一点伤痕都看不出。

而如果说有额外的收获，就是我在很小的年龄，高一，16 岁，就学会了辨别事物的复杂性，决不再轻信任何人的一面之词，不管它多么煽情，多么感人，多么掏心掏肺。

– 6 –

五一到了。

一个联谊单位赞助我们学校，举行一场公益晚会。

我在学校孤独已久，男神孔博当然看都不会看我了。我唯一的朋友就是王明，连他和我的来往，也是悄悄的。偶尔在我没有带饭的日子，他会帮我从食堂买几个馒头。

但我没有和爸爸妈妈再说这些。

他们已经尽力。妈妈是很要面子的人，爸爸也是真清高的人，何必让他们一再受辱。我想起小说里读到的一句话：“儿子不孝，辱及爹娘，愧疚无地，恨不得粉身碎骨。”

没有人搭理也好，清静，我安安静静地看书好了。

你们可以把我的试卷弄脏，但总不能把分数也减掉吧。就算故意扣我分，总不能在高考那天，让所有阅卷老师蒙着眼睛扣我分吧？

负责晚会的音乐老师来找我，问我愿意不愿意在晚会上独唱。

我大吃一惊，愣愣地看着她："我？你有没有搞错？"

老师像是一点也不在乎有关我的一些风闻："是啊，早听说你有一副金嗓子，这个晚会也是一个选拔，如果你的节目得奖，还可以去电视台参加年终的全市慈善晚会呢！学校也希望能选拔出最好水平的节目，去为校争光啊！"

我一秒也没犹豫："好。"

站在镜子面前练声时，我才发现，一个学期下来，我暴瘦。

所有以前上身紧绷的裙子，全部松松垮垮了。

这一发现让我格外振奋。

爸爸说得没错，坏事里总是隐藏着好事。以前我想了多少办法想瘦，连暗恋、失恋都瘦不下来，一个李清，让我实打实地瘦了。

妈妈听说我准备在晚会上表演节目，高兴地说服装包在她身上，化妆也包在她身上。她没问我准备唱什么歌，能看到我找到存在感，她非常高兴。

很快，演出日期就到了。

妈妈之前一直藏着她准备的裙子，并且保证我一定会满意，尺寸也一定会符合，我表示不信，她胸有成竹地说："我自己女儿穿多大我还不清楚吗？"

那天早晨就像圣诞节。

我醒来时，看到床头挂着一条、两条、三条……整整七条裙子。

不同的颜色，不同的长度，但每一件都非常适合一个 16 岁的少女。浅蓝、粉樱、淡紫、莹白、嫩红、黑间白、玫瑰红。

它们像一道彩虹挂在我的床前。

我惊得坐了起来："妈妈，这太时尚了！我们老师会说——"

我颤抖着抓过我最属意的淡紫色裙子。

真的，非常美。

我是说我自己。

从小到大，爸爸妈妈都夸我美，我一直是一个有自知之明的健康胖宝宝，从来没敢觉得自己多美。然而，镜子里的人婴儿肥褪尽，一双清晰黝黑的细长眼睛，樱花色的唇，裙下一双修长的直腿，头发都还没梳理，散乱在肩膀上，却像极了某一幅少女晨妆的油画。

"我就说呢，我肯定不是你们从街上捡来的。"

我忽然扭过头，跟妈妈说："你们俩都那么漂亮，我怎么会丑呢？"

– 7 –

主持报幕的同学报出我的名字时，台下一阵骚动。

奇怪的是，我心如止水。

这虽然是我第一次在这么大的场合演出，但我竟没有丝毫怯场。

也许是因为不该经历的一切都已经提前经历，也许是因为骤然间发现自己的美，如月华初绽，给我了前所未有的勇气自信。

我走出后台。

台下的骚动如同潮水一样涨了起来，仿佛成千上万只昆虫在爬动。

我镇定地拿起话筒，开声，用歌声碾压这些骚动。我唱了黄家驹的《真的爱你》："无法可修饰的一对手，带出温暖永远在背后……是你多么温馨的目光……"

"母亲的爱却永未退让。"

不需要掌声，我自己也知道，这一次，我唱得有多好。

唱到天与地都心碎了。

“马上就是母亲节了，这首歌，送给——我们亲爱的妈妈——”我朝台下挥了挥手。

只是，我万万没想到的是，我的妈妈站了起来。

追光转到了台下。

嘉宾席上，我妈妈站了起来，她穿着一身白色套装，光打在她肩膀上，弥漫出白色光辉，仿佛是武士的银色铠甲。白色小西服领口别着一支珍珠别针，那支别针我很熟悉，是一朵舒展的睡莲，上面一颗银色珍珠。那珠子很亮，此刻更亮。她款款走上台。我从未见过我哪个同学的妈妈有这么知性美丽。

她走上来，停住了。

妈妈就那样站在追光里，微笑着，先是拥抱了我一下。她接过我手里的话筒，转向台下。

“首先祝贺这次公益晚会如此精彩成功。其次，我借这个机会，来为我的女儿说几句话，向学校全体同学澄清几个基本事实。某位老师曾经在学校里公开说过一些不是事实的话。我只是一个杂志的主编，林欢的爸爸只是文化局的聘用学者，我们家里，没有一个人是当官的。何况，即使是当官的，一个孩子，一个未成年人，不应该因为她的父母是谁，而在学校里遭受到集体的冷遇和伤害，她不被允许在食堂吃饭，她的试卷被人扔到泥水里，她的书包里被人塞癞蛤蟆，她明明做对了的题被打叉，而她才16岁！已经学会对我们说一切都很好——”

我默然站着，眼泪不受控制地夺眶而出。我说过，永远不会在这所学校里哭泣的。

可是，我控制不住。

“何况伤害之源头还是来自某位老师的不实之词。在任何情况下，老师都不应该使用自己的优势位置，去让一个孩子被集体孤立，”妈妈站在光里，目光平静，神色从容，就算对面是全世界，也不会改变此刻她的庄严坚定，“我觉得，我有义务来到这里，提醒某位老师，也提醒大家，停止这一切。

“我来到这里，是为了我的女儿，也是为了所有的孩子。没有一个孩子，应该被这样对待。

“这是不公平的。我希望这一切，从今天起，永远终止。

“谢谢大家。”

台下比坟场还静。

妈妈把话筒放在一边，拉起我的手，搂住我的肩膀，就像她在家经常做的那样：“欢欢，我们走吧。”

我们朝台下走去，掌声才起来。起初只有一两下、一两个地方有人在鼓掌，接着，就变成了很多人，我们走到台下时，几乎所有的人都在鼓掌。

掌声，雷暴一样。我们走回自己座位上，是蹚过掌声的海走回去的。

– 8 –

哦，哈佛，耶鲁。

我没有读哈佛，也没有读耶鲁。

我现在读心理学硕士，在斯坦福。

我们的文化喜欢拘谨、早熟、驯服听话的孩子。活出灿烂个性容易被骂、被攻击。活力四射的孩子在青春期很容易受到伤害，如果在一个保守的文化里，环境往往会致力于谋杀这样的活力。那些天赋异禀、灵性十足的孩子往往会在成长阶段遭遇比一般孩子更多的困境。

很多老师自己成长途中经历了伤害，对于孩子青春期的叛逆甚至嚣张无法理解认同，那些个性化的表达，甚至会唤起老师自己内心的创伤，从而莫名地对这样的孩子充满敌意。如果不能理解这样的活力，以自己的模式去钳制它，甚至试图抹杀它，以老师的优势位置，造成的杀伤力是巨大的。

老师在校园中对于孩子是拥有着相当大的统治权力的。校园霸凌事件的受害人来找我倾诉时，其中有近一半，认为自己的伤害和老师有关，源自老师给自己贴的标签，对霸凌者有暗示、默许甚至鼓励。另外的一半中，也有很多人认为，老师的忽视，导致了霸凌愈演愈烈。

事实上，欧美国家的学校中，都会有负责校园霸凌事件的专门老师或办公室，每天接受来自学生的报告和投诉，并及时处理学生们身处的困境。无论霸凌来自同学还是老师，只要孩子身心受到伤害，都会得到比较及时的处理，如果发现其中有触犯法律的行为，还会第一时间联系警察。

目前我们很多贫穷落后地区的中学里，很少有心理咨询室或处理霸凌的专门办公室（尽管事实上青春期里的青少年问题多多），学生无处寻求保护，老师对学生的欺凌，更是很少做到公平处理，家长即使知道孩子受到不公待遇，也没有有效方式、渠道去援助自己的孩子。

这个事件是完全真实的，我隐去了其学校、姓名、家长职业等，但孩子经历伤害的过程，完全真实，也比较典型。有些老师可能自己不认为这是对孩子的欺凌，或者即使知道，本身心理不健康的她，也不能有效控制自己的行为，或者还认为自己是为了学生好。我写出这个故事，也是让老师们自我借鉴。

一个老师的一句话、一个行为，可能会影响一个孩子的一生。所以，“灵魂工程师，其言其行，必慎之又慎”。

这个时候，家庭的陪伴和支持极其重要。家长要及时发现并察觉孩子的情绪变化。通常，家庭支持比较强大的孩子，心理承受力也会比较强，也会积极理解和处理自己遭遇的霸凌。父母要看到并体察孩子面临的困境，并及时施以援手，帮助孩子走出困境。

请记住：维护孩子的权益是家长的责任义务。

如果发现孩子有情绪异常，或者得知孩子被欺负或被不公平对待，家长不应和稀泥，也不应忍气吞声。有些事，在孩子的青春期，可能比天还大，他自己很可能无法独立应付。家长发现了不对劲就要向孩子和相关人等（老师、同学及其家长等）调查情况，也应适时与学校联系。不可等状况严重了才干预，也不一定非用告状或申诉的口吻与校方对话。家长可以灵活、有技巧、友善地沟通，就如同这个故事里的女主角妈妈。

当霸凌发生时，监护人的爱，是孩子最后的庇护所。

我们
为什么
被霸凌？

作恶的世界里 没有法不责众

以伐木累之名

因为缺失父母的关爱和家庭的温暖，亲情丧失的孩子往往容易情感扭曲，不能明辨是非。对亲情的极度渴望使得他们很容易抱团，形成小群体。在小群体中为了取悦于同伴以吸引注意力，确立自己的权威，他们甚至会做出自己也想象不到的恶行。

－1－

“伐木累”群里，算上我，七个人，七个头像，亮晶晶的。大姐，是一个帅气的草帽少年的头像，她喜欢《海贼王》，她就是路飞那个脾气。二姐，皮卡丘。三姐用花千骨做了自己头像。四姐和五姐都是自己的大头自拍，萌萌的，美美的。六姐，头像是自己家的猫，猫是只黑猫，黄眼睛莹莹地盯着我。

我打开微信群，又看了一次，把她们每个人都看了一遍。我在群里发了一个“心”的表情，又回复了自己的“心”一个“笑脸”。我在“笑脸”底下，打了一串省略号。

无人回应。

群里只有我在刷屏。

都进去了。

整个“伐木累”，都进去了。

除了我。

我不知道该干什么，或者还能干什么。我爸在外屋打电话，应该是打给姑姑。我听到他在问：“那家在县城买房了吗？有兄弟姊妹吗？”外人听不明白他在问啥，我是知道的。他要给我找对象。可是我才16岁呀！

从出事开始，他就回来了。以前他在广东打工。打零工还是当保安，搞不清楚。挣不挣到钱我不知道，也许是没有，也许外面挣钱很难。姑姑总是骂他不给钱还喝酒抽烟，剩下的一点钱也去找女人了，连我的学费，都要她垫。垫了以后，姑姑要打很多次的电话，才能讨要到。所以姑姑很讨厌我。从我上高中起，姑姑就让我去住校。骂完了我爸，转头她就骂我，骂急了顺手就是一个嘴巴，嘴巴很重，有时候一巴掌下来，我趔趄着摔在地上。

姑姑捧起院子木盆里的一堆脏衣服，重重摔在我身上：“看把你懒的，去塘里洗！”

其实家里——姑姑家里有自来水，也有洗衣机。现在农村的生活没有那么差了，但姑姑愿意看到我去塘里洗。邻居婶子提醒她塘里水都变色了，可能镇上那个化工厂又偷偷排污，最好不要用了，姑姑没好气地说：“污不死人的，穷是能穷死人的！”

我怪不得姑姑。我又不是她生的孩子。她自己连生了两个女孩，在婆婆那里已经抬不起头，好不容易第三个生了我堂弟，才直起腰来，和婆婆分家过了。她能把我接在身边过，我爸还经常拖欠生活费，她骂我是应当的。

她骂我，更骂我爸。本来我爸是不叫我继续读高中的，但姑姑说我成绩还蛮好的，老师也说不读可惜了，坚持让爸爸给我读。就冲这一点，我就应该感激她。老师说的，奶奶也这样说的。

念初中不用花多少钱，但在县上读高中，住校的学费和生活费是不少的。爸爸不想出，就一直拖，爷爷奶奶和姑姑再加上我，和我爸爸翻江倒海一场，才抠出来。那个夏天，我站在我爸爸面前哭，奶奶数落我爸爸不孝，姑姑尖着声音连损带骂，反复折腾几天，爸爸最后才拿钱出来，蘸一口唾沫，点着一坨红色的钱，警告地横着我：“这些都是老子的血汗钱，你日后挣钱还给老子！”

我攥着那坨钞票，脏得发黑的钞票，不知道我爹是藏在枕头里还是裤裆里的一坨钞票，去县上报名。交钱的时候，会计老师都嫌这钱脏，还有味道，恶狠狠地看了我好几眼，嘴里嘟哝道：“戳锅漏（方言，指做事常犯错的人）！”

县城的方言和我们乡镇的方言还是不一样的。但这句话，谁都能听懂。我不怕骂，我怕她的眼神。

– 2 –

遇到“伐木累”的第一个成员，是我进县城中学的第一天。

我离开缴费的窗口，排在我后面的女生朝我也瞪了一眼，嘟哝了一句听起来和会计老师差不多的话：“哈戳戳（方言，指人傻、呆、笨）！”

我缩着头捂着书包走出去，没走多远，后面那个女生赶了上来，一把揪住我的书包带子，我一回头，一张黑红胖胖的大脸压在我头上，她个子比我高一个头——后来我才知道她比我足足大三岁，家里条件也蛮好，吃得好，比我高比我壮也比我有胆气。

她抬手就在我头上凿了一下，她的手比我姑姑的手硬多了，我姑姑天天在石灰场上班，手都没那么硬，凿得我好疼好疼，我都能感觉到头皮底下腾地冒起来一个栗子一样的包。

“哈批，你踩我脚晓得不？”

我朝后紧缩：“对、对、对不起。”

收费处人很挤，我不记得我有没有踩她的脚，但应该是没有的。可是她瞪着我的眼睛好大，像两个牛卵泡，比我爸爸瞪我的眼神还凶，她一眼过来我就恨不得缩到地上去。

她揪起我，抡着拳头连续又凿了三四下，再问我是哪个班的新生。

我老老实实说是高一（2）班的，她忽然问：“你准备怎么赔我？”

我傻狍子一样望着她，就是两秒的工夫吧，她抬手又在我头上凿了一下，这次是用中指关节敲的，更疼。

疼得我眼泪唰地冲出了眼眶。

她又问我充了饭卡没有，我说有。

我就是再憨，也明白她说的什么意思了，赶紧把饭卡拿了出来。

她接过饭卡，揪着我的肩膀，很紧很紧地掐着，搂着我走。

边上看起来挺像她搂着我的肩膀，我们像好朋友似的一起走进食堂。我原本以为她要我请她吃饭，可她却熟门熟路地在食堂的小卖部柜台那里站住了，一下子要了三根雪糕，两瓶酸奶和两包话梅。

这一下就是20多块钱，我心里像剜了一坨坨肉。食堂里最便宜的一顿午饭一荤一素一汤才三块钱，加一块大排要两块，我是万万舍不得的。20多块够我吃一个星期。雪糕我也想吃，话梅我也只是过年时吃过，酸奶从来没尝过，但是见过奶奶给堂弟买过。

但是我真的怕了她，憋着眼泪，默默站在那里，看着她刷我的饭卡。

她刷了20多就没有再刷了。我松了口气，默默地看着她手里那一堆零食。我也饿了。现在我只希望她能把卡还给我，我想去吃饭。

我本来想说“把卡给我”，到了嘴边却变成了“我下次还请你吃雪糕”。

她有点儿意外地看了我一眼，玩味似的捏着卡，冷笑着问我：“是怕我不还给你吗？”

我讨好地说：“不是的咯，我没有姐，我当你是我姐。”

不知道为啥，她忽然笑了，又在我头上敲了一记，但这一记倒没那么重，还有点儿亲热的意思。后来我也发现，她虽然脾气暴躁，很容易生气，但也很容易高兴，给她好好说，她马上就能高兴起来。

她睨视着我：“那这个卡给我我收着？”

卡里有300块钱，交学费剩下的，身上还剩200，我要靠这500块过一学期的，心里一急，眼泪就流出来了。

我心里纠结了好多话，最后愣了一会儿，冒出来的还是：“我请你吃饭吧。”

她哈哈大笑起来，笑了好久，才说：“哈批，看你那个穷批样子，哪个要你的钱哦！”

她赏赐似的把卡塞给我：“雪糕都要化了，我先走了。我叫李小平，你住哪个宿舍？回头我找你来耍。”

– 3 –

过了一天她真的来找我耍了。

她好像已经完全忘记了头一天的事，看着我亲亲热热地叫了声：“荣妹儿。”

我赶紧站了起来，乖巧地叫：“平姐。”

她好像挺喜欢我这么叫，咧开嘴在我床上坐下来，响声应着：“妹儿，姐来看看你。”

我们寝室里有十个同学，都和我一个年级，她高声粗气地走进来喊我“荣妹儿”，其他同学都一惊。

尤其让我受宠若惊的是，她手里还捏了一包瓜子，把那包瓜子朝我递来：“荣妹儿，吃瓜子。”

她喊我出去耍！我看了一眼宿舍同学们。

我们都是孤孤单单离开乡镇到县城上学的妹子，忽然有个比我们高年级的姐过来看我，还是挺有面子的。我在同学们眼里看到了羡慕，之前我的被褥最破烂、衣服最土气，她们看我的眼神里是有不屑的，忽然间来了个衣服时髦、态度大大咧咧的“姐”，她们都手脚拘谨地垂下了眼睛。

有个睡在我斜对面铺上的同学，一个宿舍里原来就数她最嚣张，可能是听着平姐说话吵，就抬头多看了她一眼，平姐马上恶狠狠地瞪了回去：“瓜娃子，欠抽是不是？”

同学一呆，赶紧低头。

平姐领着我，得意扬扬地走了出去。她走路和我不同，我都是靠墙边走，她是要在路中间走的，而且舞着膀子走，像一个乘风破浪的船，迎面过来的人都赶紧靠到两边，让她走。谁不小心挂到她，她就瞪回去，作势要上去撕，我们宿舍楼里全是女生，一见这架势，都缩到一边。

平姐把我领到宿舍楼外，这次是去小卖部。她边走边说：“我给咱们大姐说起来你了，我们都觉得你人还不错，大姐说可以见见你。”

小卖部里有几张桌子，是同学吃冷饮的地方。有五个女生围着一张小塑料桌子，在那里吃雪糕。我心里一跳，摸了摸兜子，晓得今天我少不得要请客。

可是请完客，接下来这一学期怎么过，我不晓得。

但是如果不请客，今天肯定脱不了身。

根据我长期在姑姑那里生活的经验，以后的事再说了，今天无论如何要先哄好。

那天我又花了 35 块钱，请她们每人吃了一个茶叶蛋和一碗小面。我自己也跟着吃了，小面要四块钱一碗，比食堂的套餐贵一块钱，我自己一般是舍不得吃的，可是给她们六个人一人一碗都请了，钝刀子割心割来割去也疼麻木了，反正左右已经没法过了，索性大方点。我自己不吃也改变不了什么，再说我也馋，小面里有花生、肉丝、榨菜，很香的，搭配茶叶蛋，真的香。

我点好吃的，跑去柜台那里端碗、拿筷子，坐下来又剥茶叶蛋，每个人碗里都有了，我自己才端起碗吃。她们吃着，也打量我。吃完了，我又赶紧站起来把每个人的碗收了，端到柜台那边还给老板。

我回到圆桌边上时，小寒姐——老大冲我和善地点了点头，笑了。

我受宠若惊地坐下来，小寒姐笑眯眯地对平姐说："把她拉到'伐木累'里吧。"

伐木累？那是啥？

平姐加了我的微信，然后把我拉进了一个群。

"这样，我们七姐妹就全了。"小寒姐说。

平姐说："我们可是赫赫有名的'二中六仙女'，现在加上你，'七仙女'就全了。我也是看你人不错，蛮乖的一个娃儿，就向小寒姐推荐了你。"

"以后我们就是一家人。有福同享，有难同当，有谁欺负我们当中一个，我们就一起扁他，"小寒姐宣布，她看向我，"你是新生，宿舍里要是有哪个瓜娃子欺负你，你就跟姐姐们说。"

小寒姐高二，不过她是留级的，平姐也是留级的，她们两人比我都是大三岁，其他四个，小于姐、小连姐、小奇姐、兰兰姐不是留级生，只比我大一岁或两岁。

－4－

“伐木累”的意思是“家”。

猛一听明白这个意思，我眼泪哗地一下子就冲了上来。

啊，“伐木累”，谁不想要家？

我打三岁起就没见过我妈。爸爸说我妈嫌他穷，扔下我走了。有一年过年时我给我妈打电话，她说是因为我爸爸打她，嫌她生的是女娃，她受不了才走的。他们各有各的理，相同的地方是都说自己在外面打工挣钱，所以不能带着我，或者回来照顾我，但他们打工挣的钱去哪里了，我都没看到过。

我鼓起勇气又给我妈打了电话，管她要 800 块钱。

妈妈很惊讶，我支支吾吾地说我爸爸不给我钱，在学校我连饭都吃不饱，这个话是三姐小于教我说的，虽然是编的，可也是事实，和“伐木累”一起一个星期，我已经把饭卡和身上的钱都用得精光。妈妈虽然半信半疑，可最后大概是看着我这些年也没有朝她要过钱的分上，答应给我打钱。

我没有卡，大姐小寒有。我把小寒姐的卡号发给我妈。

钱打到小寒姐那里，她取了 200 块给我零花，其他的都“我先管着”。

我们是“伐木累”嘛。

小寒姐管钱也管得很好。她知道哪里有便宜又好吃的面，哪个冷饮店的饮料可以续杯，哪个溜冰场女生免票，哪个酒吧好耍，哪个网吧便宜，还有男生请客吃雪糕和烧烤，她还带我去过一次练歌房，敞开吃了好多瓜子和水果，我甚至吃到了一种叫火龙果的水果。

下了课我们就待在一起，去食堂、去澡堂、去小卖部都是七个人在一起，走在路上我们故意并排走，把路都堵了。

六个姐姐都焗了头发，额头那里染一缕，紫的、黄的、蓝的、红的，小寒姐那里有染发膏，也给我焗了，焗的是栗色。校规是不准学生染发的，不过我染了以后，好像班主任也没说什么，也许他根本没注意到。

我们宿舍的妹儿们都羡慕得要命，也想焗，却又不敢。她们有人问我们“七仙女”还收不收人，我挡回去了。也有人看不惯，睡在门口的小婷就朝我翻了两次白眼。

小婷最烦我，因为她的床铺最靠近门口，我晚上回来晚了，一敲门，她就要起来给我开门。

有一天她开门开得生气了，就问我：“你咋不带钥匙啊？”

我愣了愣，下意识地说：“忘记了。”

“忘记了？咋脑壳没忘记啊？”她愤愤地说了一句，上床去了。

换作以前，我肯定是缩起脑壳不吱声的，本来也是我不对，烦到别人。可是现在不同呀，我有姐啊！我有六个姐啊！就算我没带钥匙，她用得着这样吼吗？

躺在床上，我在“伐木累”里撒娇：“姐，刚才回来被一个瓜娃子欺负了。”

“什么？！哪个敢欺负我妹？”平姐第一个发话了。

小寒姐说：“你们寝室的？”

“骂我没有脑壳，”我添油加醋地说，“叫我从宿舍滚出去，以后不准我住！”

平姐在群里发了一串怒火冲天的表情，接着说：“让她等到起！”

依平姐的意思，晚上就要冲过来我们寝室，不过小寒姐喊住了她，小寒姐不紧不慢地说：“小七，你给我转告她，她脑壳进水水了，敢欺负我们‘七仙女’，她怕是不想在二中混了！明天上午给我们等到起！”

我心满意足地瞥了小婷那张铺位一眼，很快就睡熟了。

－5－

早晨我还没睡醒，我们寝室的门就被敲得山响。我蒙蒙眬眬地睁开眼睛，只见小婷下了床去开门，门一开，咣当一记窝心脚飞进来，她直接被踹得滚到了地上。

我愣着眼看着我的六个姐气势汹汹地冲了进来，过了几秒才想起来昨天晚上的事。

平姐指着小婷问我："就她？"

我小声嗯了一句。

平姐把小婷从地上拖了起来，一左一右抽了两个嘴巴，响亮的嘴巴声把我惊出一身汗，我这才想起来她们是为我来的。

我们寝室舍长也还在睡觉，懵懵地伸出头来："你们咋子嘛？"舍长又看我："阿荣你搞啥子？"

小寒姐凌厉地扫了她一眼，喝道："关你屁事，再叨批连你一起抽！"

舍长顿时哑了，怏怏地看了我一眼。她大概猜到了昨天晚上我和小婷说了几句，但她也十分惊愕，这在学生宿舍是非常普通的一个小口角，怎么一早就变成了这样杀气腾腾的大事件了呢？

平姐揪住小婷的睡衣领子，小寒姐冷笑着打量着她："妹儿你胆子不小的哇？你知道她是哪个吧？"小寒姐的手点着我。我已经从铺上下来了，乖巧地站在几个姐姐身边。

两个耳光和一个窝心脚已经把小婷打得晕头转向，她哭哭啼啼地说："晓得。"

"晓得你还敢欺负她？你不把我们'七仙女'放在眼里是啵？"小寒姐眼睛一瞪，小连姐和小奇姐上去又各自抽了小婷两个耳光。

小婷蹲下了，捂着脸哭着说："我不了，以后我再也不了。"

舍长忍不住说："刘小荣，她已经认错道歉了，就算了吧。万一一会儿宿管老师听到了，对你也不好的。"

我心里是想算了的，小寒姐、平姐她们的架势已经把我吓到了。但几个姐姐为我都这么出头了，我认屃，算什么呢？

我没吱声，小寒姐笑了笑，对舍长说："给你面子，我们走。"

没等我松口气，小寒姐指着小婷说："你，跟我们走！"

小婷不想跟着走，捂着脸哭，平姐一举手又要抽她，她怕了，站了起来。小于姐在后面踢了她一脚，她就跟着走了。

小寒姐领着我们，我们撵着小婷，她不走平姐就作势要抽她，可能也是怕被过路同学看到了丢人，小婷就跟着我们走出了校园。也没走多远，小寒姐把我们和小婷一起带到了学校外面的一个宾馆里。小寒姐好像对这个宾馆很熟悉，走到柜台那里说了几句，就拿到了一个房卡。

一进房间，小寒姐带头，就像和小婷是前世冤家一样，抬手就往死了抽。

用皮带抽。

小寒姐平时喜欢穿牛仔裤，她总系着一个军绿亚麻铜头皮带。她把皮带解了下来，没头没脸地就朝着小婷抽了过去。

啪的第一下，小婷惨叫起来——我长这么大，没听过这样的惨叫。铜头抽上去，小婷的胳膊上顿时起了一条一指厚、三指宽的红痕——幸亏没抽到脸上，抽上去一定毁容。

小寒姐突如其来的暴戾马上激起了平姐的响应，她上去就朝小婷的小腹踢了一脚，小婷哎哟一声整个身体都飞了出去，撞在墙角。

平姐走过去把窝在墙角的她揪住头发拖起来："你还欺不欺负我妹了？"

小婷哀哀地哭着说："我没有欺负她呀……"

啪！平姐反手就是一嘴巴。

“还狡辩！抽死你！”

平姐转头示意我：“荣妹儿，你自己来，往死里抽她，打一次，下次她就服你了！”

我两个手心都是汗，16岁了，我从来没有打过人，连狗都没踢过。可是不知道为什么，平姐说的话就像有魔力一样，我不仅走过去，像模像样地举手就抽了小婷一嘴巴，而且熟练得就像我已经这么干过几百次一样。我一巴掌下去，小婷哇的一声大哭起来，小于姐虎身上去又是一脚：“哭，你还敢哭！”

小婷被踹得连连后退，站在另外一边的小奇姐、小连姐连着两脚又把她踹回来。

– 6 –

我第一次发现，打人很爽。

我还发现，打人，其实自己手也会疼。抽了小婷几嘴巴，大概是抽到她牙齿上了，她嘴角出血了，而我手指也磕疼了。

看到她红肿的嘴角流出血，我有点儿发怵，偷偷看了小寒姐一眼，小寒姐却一点儿也不在意，甩了甩自己的手说：“他妈的，好久不打人，打两下就手酸了。”

她指着小婷说：“你，自己抽自己嘴巴！50个！”

她头一歪，示意小奇姐：“给她数着，有一个抽不响，就踹她！”

小婷已经没有任何反抗的意识了，她抽泣着。我们几个都坐下了，小寒姐还拿出了手机开始拍她：“站好了，我数一二三，你就开始抽！不准哭！”

小婷真的开始抽自己，我们都笑了。虽然看着挺残忍，但是也真的挺滑稽的。

我们笑，小寒姐就喝令小婷笑，她真的肿着脸挤出一个难看无比的笑容，边笑边抽自己。

小寒姐真的是笑得不行了："傻子还真抽自己呀？"她笑得倒在床上，手机都拿不稳。

"30、31……40、41……"

小婷真的抽完自己50个嘴巴，她原本秀气的小脸没法看了，眼泡都肿了，腮帮子那里青紫。我轻轻捅了捅平姐，小声说："她那个脸，要是让老师看到了……"

平姐也觉得有点儿不妥，看了看小寒姐。

小寒姐却沉浸在一种奇怪的亢奋到极点的情绪里，她狞笑着——真的，是狞笑。

在今天之前，她根本没有见过小婷，可她盯着小婷的眼神就像见到了自己最恨的继母，恨不得一口咬死她。我忽然想起我看过的宫斗剧。

小婷垂着手，发着抖，毕恭毕敬地站在她面前，无声的眼泪沿着红紫的腮帮子流下来。

我以为一切已经差不多了，心里悄悄地松了口气，小寒姐却忽然发话说："把她衣服扒了！"

我还在愕然，平姐和小于姐已经上手去扒了，小婷一动不动地站着，甚至不敢挣扎。她们几乎没费力就把她的上衣扒了下来，而小寒姐一直在用手机拍。

就算我们都是女生，小婷也还是很羞耻地用手护着胸部，小寒姐又说："把她手扒开！臭婊子，装纯？"

说着，她朝着小婷肚子又是一脚。

也是怕打的伤痕太多，可能会被发现，小寒姐又说把小婷拖到洗手间去。已经是 12 月了，我们几个把全身赤裸的小婷扔在洗手间的地上，小寒姐打开水龙头，一股冷水激在小婷身上，我看着都打了个寒噤。小婷呛咳起来，嘴角流出了暗色的血。

她越呛咳，小寒姐越把水朝她头上喷。

地上积起来一洼水，小婷像一条搁浅的白鱼，在水里吧嗒吧嗒挣扎着。

小寒姐看着看着，又抡起来皮带："叫你骚！叫你骚！"

小婷开始还惨叫、躲避，渐渐地，她不叫了，冷水浇上去也不躲了，一脚踩下去，身体只是条件反射般地微微抖一抖，一声不吭。

我真的有点儿害怕了，一再悄悄地看平姐。平姐好像也有点儿担心，也看小寒姐。

小寒姐那种极度亢奋的情绪，终于也渐渐地降温了。

她拿起手机对着赤身裸体躺在瓷砖地上的小婷又拍了一通，才尖声说："臭婊子，你回去报告老师的啵？"

小婷摇着头，湿漉漉的头发黏在她脸上。

小寒姐晃晃手机说："你告诉老师我也不怕，我手机里有视频，可以证明是你自己打的自己。"

小寒姐这么一说，我们都笑了："就是，是你自己打的自己哦！我们都可以证明。"

小寒姐又说："还有，你敢去告诉老师，我们就把你赤条条的视频都发到网上去！让大家都来欣赏你光猪一样的婊子样！"

平姐抓住小婷的头发，把她拖拽起来，让她跪在水里，对着镜头再三保证不会告诉任何人，小寒姐才发话说饶了她，拿起一条浴巾扔给她。小婷手脚颤抖地爬出淋浴房，胡乱擦抹了身体，抖抖索索地穿上衣服。

房间里的戾气好像有点儿降温，像猫已经玩够了老鼠，又或者说我们的恐惧感也多少影响到了小寒姐，小寒姐的笑容有点儿僵硬。

平姐赶紧起哄，快活地问：“我们一会儿去哪儿吃饭？”

她说着扬了扬钱包，是小婷的。小寒姐朝我们几个扬了扬下巴：“荣妹儿第一次打人，别把她给吓到了，今天差不多了。”我们默契地打开门，小婷像一只老鼠，扶着墙根儿艰难地一步一步挪了出去。

我忍不住问：“她会不会去报告老师？”

小寒姐不屑一顾地摸出一根烟点上，呸了一口：“她敢！”

– 7 –

小婷确实没有敢去报告老师，她甚至也没敢和家里人说。

我回到宿舍后，舍长告诉我，小婷一直在床上吐血，一口一口的黑血往外呕。

“我也不想管你们的闲事，没给报告老师，你自己看着办吧。”舍长说。

看着办？我能怎么办？我又没钱送她去医院。

小婷吐了一天血，舍长怕出人命，还是报告了宿舍管理员。我恶狠狠地叮嘱小婷必须咬死了是自己摔跤摔的。

管理员赶来把她送到了医院，她还真的没说是我们打的。

这小婷还在住院检查呢，但是鬼知道怎么回事，小寒姐拍的两段视频，一段是小婷自己抽耳光的，一段是全身光溜溜被冲水的，在网络上一夜之间流传开来。

我看到视频时，是老师把我叫去，打开手机，让我“说说清楚”。抵赖也没有用，视频里有我的声音。我想抵赖，老师一拍桌子：“刘小荣，你们闯了多大的祸事你自己还不晓得噻？这都在网上炸了！炸了！点击都上千万了！小婷家里人也看到了，派出所的报警电话都打爆了！”

我慌了，脑袋里嗡地就空白了。

直到警察来把我带走，中间发生了什么我都不记得了。

我只在派出所待了一天，因为未成年，警察没有抓我。出来以后才知道，小寒姐把这个视频发给她男朋友看了，她大概是觉得好玩。她男朋友又分享给自己的朋友看，朋友又发在了群里，一下子，就流传开了，播到了几百万次、上千万次——上千万人都看到了我们凶神恶煞的嘴脸。实际上后来我自己也看了一下，打开看了五秒就看不下去了，太残忍了，太残忍了。

我本来还以为，小寒姐她们也就关个十天半个月就能出来，但警察告诉我这个事小不了了，全网络上千万的网民都在声讨这个事。学校劝退我，不劝退我也不会再上学了。我去宿舍拿东西时，一宿舍的女生都出来了，在走廊里围观我。谁也没说话，就那么静静地、冷冷地看着我，她们一定都看过了那些视频。我都不相信我自己也是在边上嗷嗷喊打的那一个。真的。

警察对我爸爸和姑姑说，幸亏我没到 16 周岁；否则，按照我是发起者的行为，肯定算主犯，起码要判三年以上。

最后，小寒姐，以强制侮辱妇女罪、非法拘禁罪，数罪并罚，判了六年半。判得最少的是小奇姐，她踢了一脚，九个月。

我想出去打工，挣点钱，以后有机会赔偿小婷，或者去看守所看看小寒姐她们。我爸不让。他恨恨地说：“我养不了你，哪个晓得你出去后会不会杀人放火，最后老子又要被你害？”他找我姑姑，说在乡下找个老光棍，把我嫁掉，“由你婆家来管你，我是管不了你了”。

我想出去打工，他把我身份证没收了。

我出不去，他把门反锁了。还好没有没收我手机，可是，手机上也没有人和我聊天。QQ 上同学们都把我拉黑了，微信上也拉黑了。

我经常会点开“伐木累”群。可“伐木累”，一片死寂。

留守儿童群体是霸凌现象的重灾区。

一则视频流传于网络：一名穿校服的女孩站在路边，被周围几个女生轮番殴打，短短六分钟的时间，女孩被掴了 38 掌。后来经过追查，得知这个视频发生于张掖市山丹县二中。

然而，这不是个案。

重庆市荣昌区多名女生殴打另外一个女生，导致其伤残。

江西省南昌市象湖实验中学，一位女生在 99 秒里被扇了 32 记耳光，被打得口鼻流血。

本文中的故事也是一个真实案例，案发于温州。

除了故事里主人公的名字是化名，她们的刑期，都是真实的。她们霸凌同学的视频，也曾经在网络上引发极大的公共情绪，因而她们被从严惩处。

在她们被判刑之前，美国加州一起著名的中国小留学生霸凌案也刚刚宣判，当事首犯认罪后被判处 13 年有期徒刑。似乎是对此案的回应，国内这起著名的霸凌案，几个少女因为琐事，对之前还素不相识的在校女生大打出手，打耳光、抽皮带、扒衣拍视频，视频流传出来后，霸凌者全部被抓，首犯被判处六年半有期徒刑。

无论是美国这起小留学生霸凌案，还是国内频发的霸凌案，施虐者都存在着严重的与家庭分离的事实。孩子要么很早就成为留守儿童，父母因为谋生而出去打工，要么就是父母以工作忙为借口，将孩子送去寄宿，孩子从小得到的关爱极少，青春期更是独处于人生的孤岛。

因为缺失父母关爱，丧失亲情的孩子往往会情感扭曲，不能明辨是非。对亲情的极度渴望使得他们很容易抱团，形成小群体，在小群体中为了取悦同伴，吸引注意力，确立自己的权威，他们会做出自己也想象不到的恶行。他们会选择同学中比较容易欺负的对象，进行霸凌。勒索钱财往往只是一个由头，更多还是宣泄，他们将自己内在的痛苦小孩的形象投射在对方身上，宣泄自己心中的愤怒。

“而一旦开始抱团，恶行可能会没有下限。群体作恶的程度，由他们当中成员最低点来决定。”[1]

这个霸凌小团体和常见的团体架构类似，领袖、军师、打手、跟班一应俱全。领袖小寒的内心深处对自己的继母和母亲都有强烈的憎恨，母亲“遗弃”了她，而继母伤害了她。其他的女孩都对家庭（也就是母亲）充满深深的失望，适逢青春期，她们内心的暴戾得不到疏导，在过剩精力的引导下，只会通过畸形的方式发泄。

亦有心理分析指出：霸凌也是少年儿童们在成长过程中追求自我和友谊的一种表现方式，尽管并非是值得提倡的正确方式。

即使明知行为恶劣，为了在同伴中获得认同，或为了获取同伴认可，她们会做出自己也无法直视的行为。

霸凌行为从九岁开始多发，青春期是高危阶段。如果没有适当的干预，每个孩子都可能被卷入这样的行为，霸凌他人或遭遇霸凌。

“所有的攻击行为，在本质上，都是在呼唤爱。”[2]

这些攻击行为，是向对方，也是向自己的家庭，更是向世界呼唤：“我这样攻击你，你还不拥抱我吗？”也许她们明知最终的结果是被家庭、世界离弃得更远，却还是不能控制自己的行为。因为除了像一个婴儿一样狂暴地哭闹，她们并没有学会其他的表达方式。

从还是婴儿开始，她们就没有在爱中成长过，所有的行为也就停滞在婴儿期。

[1]引自勒庞的《乌合之众》。
[2]引自李雪的《当我遇见一个人》。

遗憾的是，并没有多少老师关注到霸凌问题的本质，何况即使他们关注到了，也很难阻止，因为孩子索要的爱，更多是朝向家庭，发泄的愤怒，也更多是朝向家庭。

而家长们，总是很忙，很忙。

同学会

因为胖而被霸凌，是霸凌现象中最多的一种情况。很多在中小学时期遭受了霸凌的孩子，在成年后，挫折感很强，懦弱自闭，不敢接受挑战，甚至自暴自弃。能够经过自己的努力，改变人生的人，其实并不多见。本文所呈现的创伤以及后边略带有戏剧性的结尾，希望能让昔日每一个被霸凌的孩子，都可以得到些许温暖的安慰。

– 1 –

四点钟，我就开始化妆。

发型是一周前就修剪了的。长发恰垂肩，染成酒红，两边鬓角各挑出一缕深紫。

中午由我熟悉的发型师编成了一根粗粗的发辫，随性而慵懒地垂在背后。不必用镜子照后面我也知道，这彩色的辫子有多别致。

镜子里一张匀净无瑕的脸，就是娱乐头条里经常会提到的巴掌小脸，乌云似的发际线在额顶对出一个美人尖。因为瘦，下颌的线条紧致而富有张力，利落地收出一个钻石尖尖。鼻尖儿微微翘起，上唇瓣中间也微微凸起一个宝石一样的小尖尖。

我的化妆师说过，一张脸，只要有这几个尖尖，就一定是美人，都不必怎么化妆，就是美人。口红用了两色口红，内侧深红，渐变到外侧的浅粉，也就是所谓的“咬唇妆”。我擦掉重涂了两次，才完美地画出了“咬唇”的效果，再薄薄地施了一抹唇釉定妆。

现在，镜子里的人，像一枚饱满新鲜的樱桃，熠熠生辉。

我把化妆品一件件放回盒子。打量着镜中美人，我自己都不敢相信，有一天，我可以在镜子里，看见这样的自己。

衣柜里挂了一排华服。

我在它们面前沉吟了一会儿，最后还是选了牛仔裤，V领的弹力吊带，外面罩一件白衬衫，乍一看，素净得宛如大一新生。换上深蓝色的高帮系带圆头靴，内增高的，看着是平跟，实际上凭空增加了四厘米的身高——我本来就够高了，这下的效果就是碾压。

我心满意足地站起来，出发。

走出电梯，胖墩墩的清洁工大嫂赶紧让到一边，拄着扫把打量我说：“花老师，这么漂亮，今天这是要去约会啊？”

我冲她露齿一笑。

“哪有，同学会而已。”

“啊，同学会啊，那更不简单，同学会同学会，拆散一对是一对。”她冲我挤眉毛，目送我款款出门。

我乐得没鼻子没眼的，推门时，也忍不住一笑。公寓门的玻璃上，映出一抹红唇里两排牙，雪白的。

没错，今天我很高兴。我非常高兴。我非常、非常，高兴。

嗯，我等这一天，十年了。

－2－

进大堂时，开门的服务生躬身的角度，比玻璃更清楚地照见我今天的状态。

电梯口有一男一女，衣冠楚楚，在等电梯。我款款走过去，男人的眼光顿时如春天的柳絮，一飘一飘地过来了。电梯走了18层楼，他觊觎地看了我18层楼，那女人就很不高兴了，我从镜子里看到她在拧那个男人的胳膊。鲜红的指甲，掐在那个男人的胳膊上，留下一个深深的印子。

男人拿手拍开她："哎，别闹，别闹！"依然毫不客气地使劲看着我。

我余光掠过他，带着一点点矜傲。

他凑得更近了，简直要扑到我脸上来，我往后靠了靠，不得不正视他。还没等我发出警告，他大叫一声："我去，你是花乙！？"

叮的一声，电梯到了。

22楼。

我赶紧走出电梯。一男一女也走了出来。

我装作没有听出来也没认出来他们是谁。那个男人追出电梯，跟在我后头："哎，哎，那个，你是花乙？"

我回头嫣然一笑，女人跟在他后面，恼火地拽着他："你有病啊，她怎么可能是花乙？花乙一个能拆成她两个好不好。我们迟到了，赶紧找房间啊！"

我索性停下脚步，站定了，朝他们两人落落大方地一笑："没错，我是花乙。"眼睛在他们两人身上一转，"您二位是？"

男人再次冲我扑了过来，一把就要抱住我，好像和我多熟一样。我赶紧后退一步，做出格斗姿态——平底圆头靴的优势就出来了，动作敏捷，如有必要，随时飞起一腿："别介，您这是？"

“我是严格啊，你严哥哥啊！”他只好站住了，张开的胳膊在空中虚虚地比画了一下。

“哎哟喂，我都认不出来了，你是严格？”我上下打量着他，摆出一副十足的万万没想到的表情，然后又转向一边的女人，“这位是？”

两个人都一愣。

女人酸里酸气地说：“我你都不认识啦？”

我歪头打量她：“我这脑子不好使，已经快要老年痴呆了——”转头看着男人，“你太太吗？”

严格微微一滞。

这一滞，也就顶多半秒，或者，半秒都没有。他浮动的眼神滑到女人身上，把已经黑了脸的女人拉到他身边：“花乙，你真的假的，不记得了啊？这是田荣啊——现在——是我太太了。”

“田……荣？”我装作努力地从脑海里搜索这个名字，过了半秒才恍然大悟，“哦，对对对，田荣啊！田荣，我怎么能不记得呢？是你变化有点儿大哦。”

我不怀好意地上下打量着她。

人是经不住打量的。

有几个“从头往下看，风流往下流”的绝世人才啊，而且站在一个明显碾压了自己的人面前，更加经不住看。

她是精心打扮了的。衣服是普拉达，镶小碎钻边的小黑裙，外搭一个小西服，鞋子是本季最时尚的巴利，香槟色小尖头高跟，配着一只路易威登的香槟色小手包，头发烫得微卷，大波浪披在肩膀上，耳朵上两颗醒目的大白珠，全身上下都叮叮当当挂着“富贵逼人”四个字。

但还是经不住看。

尤其是在我一身学生装束面前，不仅不出彩，反而显得很老气。

何况，她是真的老气了。

我们都是28岁，但她的28岁就是28岁了。

我的手插在白衬衫兜里，微笑着打量她，我的28岁，还是18岁。

她一定是不服的。她的一身行头加起来，至少得30万，怎么会输在牛仔裤白衬衫面前？她几乎是瞪着眼看我。

我笑吟吟地挽起她的胳膊："走，我们赶紧些。"

一推门，宴会厅里哇的一声。

乱七八糟的招呼涌上来："田荣？严格？你们怎么才来啊？"

几个男生更是站了起来，如狼见了肉："田荣，啊，哈哈，你还是一如既往的女王范啊。严格啊，好你个小子，就这么把我们的女王拐跑了！啥时候请我们喝喜酒？"

也有不怀好意地看着田荣的腰身的："你们俩不是先上车后买票吧？看我们女王的肚子不对啊，啊，不对啊！"

最后才转到我。

"田荣，这是你妹吗？"

我扑哧笑出声来。

严格隆重地、意味深长地一摊手："诸位同学，你们谁能认出来这是谁，今晚的酒，我请。"

田荣瞪了他一眼："你请？你有钱是吧？"

严格脸上僵了僵，不过他显然经常面对这样的呛声，很自然地以忽略来过渡。

我们高中一个班，40个学生，整整四桌人坐在那里，竟然没有一个人猜出我是——花乙。

我是花乙啊，你们怎么能忘了我呢？

我笑吟吟地说："高中三年，我给你们带来了那么多欢乐呢，没我，你们怎么度过可怕的高考岁月呀？”

花乙？

是啊，被关在卫生箱里的花乙。

那时候，教室的最后排，有一个铁皮箱子，绿色的，是放扫帚、抹布之类的清洁用具的。田荣骗我，问我敢不敢进去那里，我在严格鼓励的眼神下，竟然真的爬进去了！我刚一进去，他们哐当一声，在我头上扣上了盖子……那个味儿，我一辈子也忘不了。我在里面拼命地敲，听到的却是他们当啷当啷上锁的声音。

蹲在臭气熏天的黑暗里，我哭了。

晚自习上了一半，老师进来点名，点到我的名。

全班哄堂大笑。老师莫名其妙地四处看，我在垃圾箱里哭着说：“我在这儿。”

一个男生过来把垃圾箱打开了，我低着头爬了出来，全身都是垃圾味儿。我吃力地、四脚并用地爬出来，因为不灵活，滑了一跤，从箱子边上嘴啃屎地摔到了地上，那个样子大概太可笑了，全班哄堂大笑，我站起来，看到，原本神情严肃的老师也忍不住笑了。

我不敢用手擦眼泪，因为手上全是臭味。

我也没敢坐回座位，因为身上太臭，田荣一定会夸张地唾弃我。

我就一直站在那里默默地流眼泪，眼泪像一条河，流过我的脸。

– 3 –

“花乙？”

很多人真的一下子没想起来我是谁，更想不起来花乙是谁。

高中时，花乙不叫花乙。

花乙叫胖乙、死胖子、一头猪，或者太湖白一号。

“太湖白是一种新型猪种，快速养殖，三个月出栏，出肉率高，饲料转化比极高——”这是严格经常在我面前大声朗读的课文。

一开始我并没有那么胖，最早的时候我是那种婴儿肥。在读高中之前，我都是蛮有自信的一个小孩，从小到大，我都觉得自己是可爱宝宝耶，家里每个人都觉得我长得漂亮，身体健康，胃口又好，性格又开朗，我都十多岁了，我妈妈还经常搂住我，晃来晃去，嘴里喊：“我的小乙乖囡囡……”

身体长得很快，胃口就特别好，妈妈也喜欢看到我胃口好，一直到上了高中，我都没有考虑过自己的体型问题。

一进班级，我被安排跟田荣同桌。

我背着书包憨憨地朝我的座位走过去，她用一声夸张的尖叫提示了我：“Oh my god！你是吃什么长大的啊？”

我比较迟钝，呆呆地看着她。

“你看看你的吨位，你走路的时候没听到大地在颤动吗？”她张开胳膊，模拟着大地起伏。

我笑了笑，把书包放下，拉开椅子坐下。

她又一声尖叫，我吓得从椅子上弹了起来，以为椅子腿压到她的脚了。一看不是，她手抚着胸口，厉声道：“注意点！你挤到我了！”

在我有限的生命中，还没有遇到过这样千伶百俐加千娇百媚的生物呢。我竟不知道说什么，直着眼望着她，憨憨地把椅子往外移了移。

“这样行吗？”

她嗤了一声：“行了行了！你说行不行？你天然这个吨位在这，怎么都会挤到人！”

“真倒霉，偏偏要我和你同桌！你说说，哎，严格，你说说，我是招谁惹谁了？”她推了推坐在她前排的男生，“安排了这么一位特殊——生物——跟我同桌——”

男生转过头来，冲她笑了笑。

他瞥了我一眼：“哎哟喂，这可真是太湖白一号啊！”

从那以后，“太湖白一号”就贴在我身上了，不过我当时真没往心里去，我一个劲儿傻呵呵地看着严格笑呢。他好看，他真好看啊！

他回头用眼睛吊着我，真是回眸一笑百媚生，我第一次知道，一个男生还能这么好看。眉毛像是漆画的，眼睛里像滴了眼药水，亮晶晶的，头发上散发着好闻的味道，像是夏天割草机割过的青草香。

田荣瞥了我一眼，脸上浮现出一缕高深莫测的笑。

– 4 –

四桌都坐满了，上首还有两个空位。事先，没人知道我会来。

事实上，从高考结束那天起，我就在所有人视线里消失了。十年，十年里，我没和这个班级联系，什么校内群、QQ 群、微信群，我一个都没加入。他们几乎都已经忘记了我的存在。

举办者、发起人是我们的班长，赶紧让服务员多拿了一把椅子。

田荣毫不客气，大剌剌地坐了下去。

三把椅子，她坐在中间那一把。

好吧，和以前一样，她还是荣宠备至的尊贵公主，我还是她的婢女，而严格还是她的金刀侍卫。

宴会开始的前半小时，无论怎么打岔，话题都会回到我身上。

“花乙，你真的是大变样啊！你怎么回事？”就算我是从火星回来的宇航员，大概也不会引起这么高的关注吧。

男生问，女生们也要问。

我微微笑着，慢条斯理地吃着桌上的蔬果，轻描淡写地说：“我其实没什么变化啊，唯一的变化就是瘦了一点点而已。”

“一点点？”田荣尖声说，“拜托，你以前有 190 斤好不好？”

我心平气和地夹起一片黄瓜：“是啊，那一点点，就是——半个我呗。过去的花乙，一分为二，正好可以切成两片。”

真的，我现在 95 斤。

被切下来的那一片，去了哪呢？

嚼着黄瓜，我眯缝着眼睛，笑吟吟地看着在男生堆里左右逢迎，开始一口一口灌酒的田荣。男生们还像以前一样宠她，甚至比以前更会奉承人了，她开心了许多。这都离开学校十年了，在社会上工作也有好几年了，毛头小男孩都已经变得油腔滑调，更有一些人直接腆出了肚腩。就算没出肚腩的，面上也是油光发亮，仿佛平时吃得太多太好，油脂含量高到血管里都装不下了，要从毛孔里渗出来，溢到皮肤上，皮肤也盛不住，还要从头发上滴下来。

包括曾经是花样少年的严格。

我用余光打量着他。虽然早已经知道他现在的状态，可是近距离看，还真是触目惊心。眉目如画的少年像是被时光掉了包。

男人的姿色啊，比女人更经不起摧残。18 岁可以靠本钱，28 岁，他的生活处境、框架格局，都清清楚楚地写在脸上呢。

严格也穿着大品牌。可是，他的举止风格是小心翼翼的，好像那些衣服不是他自己买的。

我看了田荣一眼。话又说回来，也许那些衣服真的不是严格自己买的呢。

边上有同学问我为什么不加同学群，我笑嘻嘻地说："我手机流量得省着用，所以什么群都不加咯。"

田荣听到了，得意地转头，又瞥了我一眼。这一眼，就有了底气。

当然，严格也听到了，表面却是完全没听到的样子。

单着的男同学过来死乞白赖地要加我微信，我就把微信打开，放在桌上，让大家扫。田荣没有转头，但背影如一只受了惊的猫，背毛全部耸立起来，警惕地用侧光扫视着严格的动静。

严格寸步不离地守在她身边，陪她敬酒。

直到我收起了手机，她的背部线条才微微放松了下来。

真奇怪，她一直就是这样的不放心。现在不放心是有点儿道理的，当年，她为什么也不放心呢？

田荣心情好的时候，会支使我为她做各种杂事，在饭堂里打饭，给她刷碗，抄黑板上的作业题，课间以百米冲刺的速度给她到小卖部买冰激凌……做这些都还好，我倒都能忍受，这总比公主大发脾气好一些。

她一发脾气，就会把我的书包、笔袋或其他任何一个抓得上手的东西，砸出去。

然后喝令我："去捡！"

我不去，她就向严格娇滴滴地带着哭腔说："严格，你看，大白她又欺负我！"

严格软软糯糯地宽慰她："哪有啦，我看她还挺听话的。"

"听什么话？死胖子，叫你去捡，是帮你，你都这么胖了，还整天坐着不动，你想胖死对不对？"她娇嗔着说，"严格，你赶紧说说她，她听你的，女孩子家这么胖，将来怎么找得到对象哦。"

严格就好言温语地对我说了："花大姐啊，你起来走走呗，田荣是刀子嘴豆腐心，扔你东西，是为了让你活动活动，你看看你，老坐在那里，再坐着，痔疮都坐出来了。”

我胖脸一红，艰难地挪着身体，从椅子上站起来。

田荣眼尖，指着我的屁股笑：“你们看哦，椅子都嵌在她屁股上了！”

她大笑起来，指着我屁股上压出的椅子边缘，我使劲地往下拽拽衣服，她拍手打脚地疯狂大笑：“大白啊大白，你还不运动，你还不运动！你胖到椅子都嵌在你屁股里了！”

再后来，每天的午餐时间，也变成一场灾难。

无论我吃什么，田荣都会模仿我咀嚼的样子，并且招呼大家——尤其是严格来看。

“你看看你，这么大一块红烧肉，就这样塞嘴里！”她包着嘴，一鼓一鼓的，模仿我。

“你看你啃骨头的样儿！”她努着嘴，尖成犬嘴样，“还吧唧吧唧，啊呀，恶心死了，你妈妈到底有没有教你怎么吃饭啊？”

我抹了一把油汗，憨憨地笑，埋头又吃。

没错，我越来越胖。

是的，我一直憨憨地忍受着。毕竟，她是我同桌，也是我们班上为数不多的，或者说唯一的，还跟我玩的人。

更重要的是，严格唯她马首是瞻，她如果带我玩，我就能和严格说上话。

酒渐酣了，田荣有点儿喝多了，和几个男生勾肩搭背地在窃窃私语叙旧。

因为我不说话，大家以为我还是以前的性格，问完了所有的礼节性问话，词穷也问不出我的底细后，就各自散开了。我低头看着手机，心里默默数数。

五、四、三、二、一——

好，来了。

一抬头，严格站在我面前，低头看着我。他咧嘴一笑，是踌躇满志的猎手看着昔日手下败将的笑，是屠夫动刀前看着捆绑的羔羊的笑。

他眼睛里有血丝，巩膜已经微微发黄。才 28 岁，唉。

不过他并不知道我在看他发黄的巩膜，他准定以为我在看他眼中晃动的倒影。

“还没上班吗？”他说。

“我还在学校。”我答。

“一个人？”

我垂下眼帘，幽怨地又抬起，看着他：“你说呢？”

他深深地看了我一眼，不远处，田荣厉声叫他：“严格——严格——过来！”

他急匆匆地走了。

我站起来，手插在口袋里，逍遥地走了出去。

出门打了车离开。车子还没走出三公里，微信里就跳出来一个新的添加好友的申请。头像是一个古装男子的漫画，长发高结，散发飘飘，正是当下最时尚的古装剧里小鲜肉的造型，这大约是严格理想中的自己。

我点了通过。

果然，是他。

“怎么独自走了？”

我发过去一个落泪的表情。

“不开心？”

我又发了一个落寞的表情。

“我知道你心里不开心。”

我输入，又删除。最终不回复。

过了一会儿，时间不长也不短，他发过来："还生我气吗？"

我回了一个字："不。"

他回复："乖。"

过了有 20 分钟，他一直是沉默的。我到了公寓楼，下了车，他的信息也到了。

"地址？"不容拒绝的语气。

我装傻："什么？"

他飞快地回复："你住哪？"

我踟蹰着，犹豫着，过了几秒，终于，发了一个地址定位给他，回复了一句："701。"

穿过晶亮的大堂，我走上楼去。

– 5 –

天知道他是怎么把田荣搞定的，也许田荣喝多了，也许他找了借口先溜走了。

半个小时。

真的，一分钟也没有多。从我发给他地址，到他抵达，路程需要半小时，他就是在半小时后到的。他得有多急啊。我轻轻叹息。

我打开门，他猛地就扑上来，一把圈过来——我双手在胸前一叉，麻利地解开了他的熊抱。

他愕然地看着我，随后又释然："我就知道你还在生我气，对吗？"

我做了个手势，邀请他进来。

我住的是一个大开间，客厅到卧室一望无余，客厅里一张大书桌，摆着三台电脑，他不经意地扫了一眼："你怎么这么多台电脑啊——"说完目光迅速落在我的床上。然后，他暧昧地摸了摸自己的头，笑了。

我的床是少女心的粉色，床上摆着一只大熊，一人高的，黄绒绒的大熊，熊脖子上结着一条丝带，丝带上挂着一颗红心。

"你还留着这个呢？小样儿。"他爱怜地说，又探手想捉住我。

我旋了个身，在他面前坐下来，他从背后想捞住我，被我轻巧巧地闪开了。

他嗔怪地说："你这个磨人的小妖精——"

我抿了抿嘴，绷起脸来："你还欠我一个解释呢！"

他有点儿尴尬地赔笑："哎呀……过去的事你还记恨着呢？"

我莞尔一笑，抬手抚过头发，双目闪烁，晶莹地看着他："我就是想知道，当时你们是怎么策划的。"

他舔了舔嘴唇："花乙，我跟你说真的，那件事，可真的不能怪我，你用脚指头想也能想到，是田荣逼我干的。"

"为什么呢？"我平静地问。

他挠了挠头皮，不好意思地笑了起来："其实就是为了好玩吧。"他越回想，越发笑，吃吃地笑得收不住。

"你真的也太逗了，花乙，"他说，"我给你写了封情书，说一直喜欢你，你竟然就信了。说起来真的挺好玩的，情书是田荣写的——别别别，别瞪我，我哪下得去手，打死我我也写不出来。田荣说你一直暗恋我，我说，什么暗恋啊，是明恋好不好，全年级都知道你是我的跟屁虫，我让你干吗你就干吗。田荣说不见得，她不信。"

"我被她一激，就跟她打赌了。主意是她出的，她说如果我能让你脱光了主动献身，就算我赢。"

我静静地看着他笑："然后你们就给我写了情书？"

"是啊，不写情书，不送礼物，也太突兀了啊，你那么胖，我是说——你当时那么胖——"他贪婪地打量着我，"要是不把前戏做足，你怎么可能相信我也喜欢你，又怎么可能在我面前把衣服脱光呢？"他说着说着，又吃吃笑了起来，"对不起——花乙，对不起，我知道当时你很生气，不过当时，真的好滑稽——好滑稽——哈哈哈哈哈……"

那天，晚自习前，他递给我一本书。书里是一封我做梦都没想到的情书。然后他让我在晚自习后留下来等他。

人都走了，教室的灯也关了。我独自坐在黑暗中，屏着呼吸。

他悄悄地走了进来，月光披在他肩膀上，啊，那真是月光少年啊！他怀里抱着一个毛绒大熊，轻轻地把大熊放在我面前："再过一个月就高考了，以后，也许再见的日子就不多了，这只熊可以放在你宿舍的床头，陪着你吗？"

我已经完全不能呼吸了。

他的手温柔而娴熟地抚摸过我的脸，指尖摩擦过我的唇……他在我耳朵边轻轻地呢喃："能把衣服脱了，让我看一看你吗？"他手指麻利地解开我的衬衫扣子。

我颤抖着打开了裤扣，艰难地从太过紧身的裤子里拔出我的腿……

直到我忽然听到窗户外有人在吃吃地笑——是抑制不住的笑。

啪的一声，有人按亮了灯。

一阵大笑轰天雷一样地炸裂。窗户底下一下子冒出来十几个脑袋。

我僵在那里，一条腿裸露着，一条腿还卡在我该死的裤腿里，衬衫披着，乳罩打开，像一堆肉山，杵在骤然雪亮的教室里。

哈哈哈哈哈哈哈哈。

哈哈哈哈哈哈哈啊哈哈。

他们笑得都快要死过去了，脸是扭曲的，身体也是扭曲的。

很奇怪，我的脸抽搐着，也在笑。就好像这是一个我早已经知道，而且完全配合的玩笑。就像以前若干次，我在他们每一次残酷的玩笑里，都憨憨地跟着笑。

田荣走近我，拍着我的脸，我正在扣扣子："别生气哈，大白，马上就要毕业了，我们要给你留个毕业纪念，保证你终生难忘的……"她转身捶了严格一拳，"不算哦，我们打赌说的是脱光，这才脱了个半光——"

严格笑得眼泪都出来了："是你们自己忍不住笑场了好不好，不然肯定脱光了！"

我走的时候，他们把那只熊塞给了我。

– 6 –

熊稳稳地坐在我的闺床上。

温柔的粉色灯光纱一样笼罩着它。

严格呼吸粗重起来，再一次伸手过来拉我："花乙，你变得好美。"

我轻轻咬住嘴唇："你不是和田荣都要结婚了吗？青梅竹马的，总是真爱吧？"

"她？她哪有真爱啊？她只真爱她自己，"严格身体朝后一仰，靠在沙发上，"你别说，当时你要是没那么胖，我还真的会喜欢你。你性格好，脾气好，声音也好听，不像田荣，喉咙跟沙子打磨过似的，一个女人家，声音比粪桶还粗——你当时其实还真是个美人胚子，就是胖了点——哎，你知道吗？她其实一直很嫉妒你。她说你凭什么怎么损都笑呵呵的，没心没肺的……她说特想看你笑不出来的样子。"

“可是你们不是要结婚了吗？”我幽幽地说。

“那是没办法啊，花乙，”他痛心疾首地说，“她纠缠我十年了，不管怎么样，一个女人跟你跟了十年，孩子都打了好几个了，现在又怀孕了，再不生下来搞不好就不能生了，我能不负责吗？”

我眼波流转，泫然欲泣地说：“那你还是爱她的哦？”

“今天从看到你的第一眼起，我才发现，我——当年没撒谎——”他郑重地看着我，“那封情书里写的都是真的，我一直爱的是你。”

“去你的，油嘴滑舌。”我甜甜一笑，站了起来，走到衣橱边，拉开门，拿出一套黑色的紧身短裙，在他面前晃了晃。

“好吧，我原谅你了，”我轻轻地点了一点他的额头，“我去洗澡，等我，”我冲他严肃地竖起手指，“等我！”

他吸了吸口水，夸张地敬了个礼：“遵命！女王！”

我从浴室出来，已经换上了黑色的皮裙。

严格真的已经脱得一丝不挂，躺在床上。看到我，他哇哦叫了一声。

我用戴着皮手套的手，抚摸了一下自己的脖子，转身从浴室门口的柜子上拿起一根黑色的皮鞭，光脚踏过地面，悠闲地朝他走去。

“女王，我好怕怕哦——”他捂着胸口，暧昧地朝我直挺下体。

我笑吟吟地走过去，温柔地说：“闭上眼睛。”

他激动地闭上眼睛。

啪！

“啊！”他凄厉地惨叫一声，从床上弹跳起来。他脸色惨白，双手紧紧地捂住了下半身。

我的皮鞭——准确地说是皮带，横抽过他的下半身，这一下，大概可以要他半条命。

“你——”他还没来得及说出一句囫囵话，我又一皮带抽在他身上。

五四三二一，一二三四五。

啊啊啊啊啊啊，他惨叫着扭动着身体，在雨点一样落下的皮带里躲闪着。

中间他跳起来想抓住我，却被我一脚又踹了回去。

啊啊啊啊啊啊！

他抓起床头的大熊护住自己的身体，皮带毫不留情地落在他的手上，他疼得又是一声惨叫。

我终于停了下来。

他全身除了脚底板，都是青肿的鞭痕。我看他的表情，是以为自己快要被活活抽死了。什么风度，什么气焰，全没了。他左手抓着大熊，右手抓着枕头，蜷缩在那里。

我慢慢地在床边的沙发上坐下来，吐了口气，一手握着皮带，铜头轻轻地在另一只手里敲击着。

他哀哀地冲我号叫："花乙，你太毒了！"

我耸了耸肩膀："比你们差多了。"

他挣扎着想坐起来，朝我伸出手，哀求地看着我："现在可以原谅我了吗？"

我笑吟吟地抚摸着皮带："我有件事忘记告诉你了，就是我现在是谁。"

我站起来，懒洋洋地把屋子里的灯一个一个地按亮，隐藏在角落里的摄像头全部显露出来。"我能有今天，还真的要感谢你们两口子。高考前没有你们那一下，我不会发愤考上后来的大学，也不会去减肥瘦身看心理医生。我修了心理学硕士，练了跆拳道，也游历了半个世界，然后发现，世界虽然大，但像你们这么一对天造地设的贱人，也真是不可多得。我呢，现在还有个艺名，叫小乙，专门在网络上给大家做身心灵课程带领，领着领着，我成了一个有着 150 万粉丝的网红。前一段时间，我在网络上发起了一个反霸凌运动，并且勇敢地和大家分享了我被你们愚弄和欺凌的那段黑历史……他们都很愤怒，于是呢，我们就策划了这个活动。你呢，真的如我猜测的，18岁以后，就没长大过，还是那么自恋，还是那么愚蠢，还是那么——啧啧。”

我怜悯地摇了摇头。

“亲爱的严格同学，这是我的直播间。从你进这个门开始，我们就在做直播。”

我懒洋洋地一挥手：“我不清楚田荣有没有在看直播，不过，她可以看回放。”我走到电脑前，点击着屏幕：“嗨，你们好吗？你们在吗？让我看到你们的热情——哇哦——严格，你帮我拉了天量的点击率哦——我直播间里涌进来400万观众——哇哦——你们要不要这样热情——别墅5000栋——砸死我吧你们——”

我转头，无比感激地看着严格：“严格！你这是要火的节奏呀！”

– 7 –

经过大堂，清洁工大嫂叫住我：“花老师，同学聚会开心吗？”

我不假思索地回答：“开心！”

她打量着我：“我觉着也是，看你这气色，不要太好哦！”她神秘地靠近我一点：“有艳遇哇？”

我郑重地说：“可不是，十年的心愿，了了！”

得到了期待的答案，大嫂开心地笑了，浑身肥肉直颤：“我们同学也在约同学会呢，哎，你说，我要不要去？”

因为胖，而被霸凌，是霸凌现象中最多的一种。

这个故事的前半截，是一个曾经的胖姑娘来倾诉的。中学时代，因为胖，长痘痘，她受尽了一男一女的欺负。男的损她，女的踩她，整个中学时代她很多次想过自杀。而更可笑的是，大学里她逐渐变漂亮了，回到家乡，高中同学拉了个群，那个曾经霸凌她的男生见她变美了，竟然像过去什么都没发生一样，过来找她搭讪，要和她约会。她毫不客气地拒绝了，对方还骂骂咧咧，意思是说她给脸不要脸。一瞬间，她又回到了当年被霸凌到恨不得原地爆炸的感觉，可是她所做的最大抗议就是，默默退出了同学群，并将此人永久拉黑。

我感觉，这实在是太便宜对方了。

想来想去，我决定为所有曾经被霸凌过的胖子，写这样一个故事。

校园霸凌是霸凌，而比校园霸凌更加可怕的是网络霸凌，它会几何级地放大伤害，往往让后果不可控。

我曾经接触过这样一个案例，一个公务员，因为私怨，在网络上被人发布恶意消息——“开房两百次”。而实际上，这是他近10年的工作出差纪录。“公务员——开房——两百次”结合在一起后，因为触动了大众的敏感之处，就在众人围观的窃笑中被高度传播。他甚至因此受到调查，尽管调查证明他是清白无辜的，但网络声音无法消除，他也不能向生活中的每一个同事亲友辩白。心理遭受巨大创伤的他，最后选择了卧轨。

这个是网络霸凌的可怕恶果。

我忽然想，如果这样的形式，加诸在曾经实施校园霸凌的那些人身上，就是一个“基督山伯爵”的故事了。

相信这样一个故事，会给天下所有被霸凌过的胖子，带来笑声和疗愈。

事实上，很多在中小学时遭受了霸凌的孩子，在成年后挫折感很强，懦弱自闭，不敢接受挑战，自暴自弃，能像女主那么成功逆袭的，并不多见。

我呈现这样的创伤，是希望那些霸凌者，照见自己的丑陋，而昔日被欺凌的孩子，可以默默地把这本书摔在对方脸上：“看看吧，你当年都做了什么！”

我不杀伯仁

老师的过度关爱、承认和青眼有加，在不少学生看来是稀缺资源，足以引发学生之间的明争暗斗，甚至会导致霸凌事件的发生。所以明智的老师，是不应该公开对某一些孩子表现特别的宠爱的。因为这很可能会人前带给他风光，人后则是带来嫉妒和灾难——一视同仁、因材施教也应是每个老师应该坚守的教师职责。

– 1 –

周小颛的名字难倒了从幼儿园到高中的几乎所有老师，不查字典，几乎没人能读出这个字。

所以上课的第一天，我拿着名册，慢条斯理地读出他的名字：“周小颛——”他明显像是受了惊吓，猛地站了起来：“到！”

真瘦啊，一眼看去，他脖颈上三根筋挂住一颗头，头发剃得很短。如今的男孩子都拼命想把头发留长，他那个短发都贴到头皮了，还像狗啃的一样起伏不平，就像是谁漫不经心地粗暴拽掉了好几绺，又再战战兢兢地长出来。

他不仅瘦，而且矮小，惊慌的眼睛占了半张脸，不知所措地瞪着我。

我被他的惊惶惊到了，本来想拿他开开玩笑，掉掉书袋的，都不知道怎么开口了。怔忪了一下，我才说："周小颛，你名字谁起的啊？"

他狐疑地望着我，完全不明白我突然问这个问题是何意。

我耸耸肩："没事，我就是好奇。"

周小颛结结巴巴地说："我、我不知道。"

我又吃了一惊："你不知道啊？"

他边上一个同学清晰地叫了起来："老师，他撒谎，他知道！"他的同桌明显要比他活泼几倍，摇头晃脑地说，"他自己还跟我说过呢，颛，庄重恭谨的意思。他妈给他起的。"

周小颛慌张地看了同桌一眼，眼神里闪着一丝绝望，他微弱地抬起一只手，想阻止什么，可是他活泼的同桌已经说出来了："他是不好意思跟你说，他妈和他爸离婚了！"

周小颛垂下头。虽然离婚早已经不是什么新鲜事，但是在学生当中，还是一种羞于启齿的家庭丑事。学生们一吵架，"单亲"就会被视为一个非常有力的武器，被有力的一方拿出来戳刺另一方："你妈和你爸离婚了，你爸不要你了！"

我心里抽搐了一下，虎起脸，我问周小颛的同桌："你叫什么名字？"

那个虎头虎脑的男孩骄傲地站了起来："我叫王大伟！"

我撇了撇嘴："大伟？大尾巴狼吗？"我走下讲台，走到他们俩的座位边，用手里的粉笔，敲了敲他们的桌子："以后，我讲课，不要插嘴！还有，人家家里的事，轮不到你多话！你才多大啊，听到没有？"

王大伟愣着眼看看我，又扭头看了自己同桌一眼，鼻孔里发出一声几乎听不见的"哼"。

周小颛却比刚才还要惊惶，但眼神里多了一丝感激，他迅速地看了我一眼，又低下了头。他站在那里，瘦小的身体似乎撑不住大大的头，背部佝偻出一道弧线，仿佛有一只无形的手按压着他。

我拍了拍他的肩膀："坐吧。"

走回讲台，我在黑板上写下"顗"字。

顗：安静，庄重恭谨的意思。"这是一个很少被使用——甚至很少被人知道的字，"我一手插在兜里，一手朝他的方向指了指，"我都是读到大学四年级，专门修魏晋南北朝历史时才偶然读到的，所以，你妈妈一定是一个很有学问的人。"

周小顗又低下了头。王大伟鄙夷地看了他一眼，不少同学都露出不以为然的表情。看起来，周小顗在他们当中，是很不受欢迎的，王大伟这样的孩子甚至公然随时随地地欺负他，就算在课堂上在老师面前也不怕。

我皱了皱眉，夹在指间的粉笔又朝周小顗的方向指了指："从今天开始，你就担任我的历史课代表吧。"

周小顗张大嘴，仰头看着我，定在那里，简直就像是被雷劈了。过了好一会儿，他才拼命摇头，连连说："不不不，老师，我不行——"

底下一阵窃窃私语，夹杂着冷笑。

我强硬地说："就这么定了！"

"现在，我们开始上课。这是我给你们上的第一节历史课，我们暂时离开大纲，即兴听一个历史故事吧。我要给你们讲讲，一个名叫周顗的——历史名人的故事。"

– 2 –

王大伟很生气，问题很严重。

我是自己在课堂上观察出这一点的。原来的历史课代表叫龙梦梦，是王大伟的小女朋友，或者，女朋友算不上，但很明显，他和那个女生很要好。我也意识到自己的处置有些草率，仅仅因为一时之兴，任命了周小颤做课代表，却忽视了这一任命对原来的课代表是一种侮辱。

我问："谁能回答黄巢起义的历史背景？"

没人举手。孩子们沉默地低着头。

我在教室里徐徐地扫视，碰到我目光的学生都低下了头或者转开了脸。

王大伟绷着脸，挑衅地看着我，我直接点了他的名："王大伟，你来说说？"我以为他会坐着继续挑衅，结果他站了起来，一脸的笑，诚恳地说："苏老师，我不知道。"

我皱皱眉："上一节课我安排了预习的。"

王大伟笑嘻嘻地说："我笨，读不进去。"

他一句话竟然堵住了我所有的出口，我冷冷地说："笨鸟就要先飞，你要不要把这一段史料好好背诵背诵啊？"

王大伟还是笑嘻嘻的，他看了一眼自己埋头坐着的同桌周小颤："老师，您不能光罚我一个人吧，周小颤还是课代表呢，您问问他，他会不会。"

我抱着期待看向周小颤。他以前的历史分数算是中等，而且这么简单的问题，随便讲个一两点就能过关，也算是给我这个当老师的一个台阶下。结果，小颤头也没抬，依然埋头坐在那里。

我提高了声音："周小颤，你，这个问题你也不会吗？"

周小颤把头埋得更深了，我在讲台上看下去，他的肩膀都在微微颤抖。

王大伟哧的一声笑了出来。

我的脸轰的一下就红了。尴尬了，我终于迎来了我实习教师生涯中第一次下不来台的窘境。

王大伟说："课代表不是也不会吗？老师，您——不能光罚我吧？我就是笨啊，学不会，咋办？"他把"您"的声音拖得很长，充满了讽刺的意味。

我犹豫了一下，正准备硬起头皮吃下这个小小的尴尬。周小颤忽然抬起头来，慢慢站了起来。他站着的身体，不能自控地前后晃动，脸色也变得煞白："老师，黄巢起义的背景是这样的，唐末，藩镇割据，朝廷中央集权衰落，局部不断的小型战争破坏了农业生产力，流民遍地，无业无地的劳动力人口没有出路，公元 875 年初，王仙芝起义，随即黄巢也响应起义。"

他说得很简单，却已经足够我下台。而他所采用的"流民""无业无地的劳动力人口"这几个措辞远远超出中学历史课本的大纲。

王大伟不笑了，下颚一收，像一只好斗的蟋蟀，磨着绷着的后槽牙。

我微微松了口气，抬手示意周小颤坐下。

他慌慌张张地一屈身，坐下去，咕咚一声，坐到了地上。

我走过去，他狼狈地爬了起来。不知是谁，在他起立时，把他的凳子挪开了。

我厉声问："谁干的？"

王大伟嘲弄地笑，摊开手，还夸张地耸耸肩膀："老师，不是我干的哦！"

周小颤把自己的凳子放正，佝偻着背坐好，轻声说："老师，是我自己没注意。"

王大伟朝我挤挤眼。

全班窃窃笑了起来。

我挫败极了。

只能回到讲台上，宣布王大伟课后要罚背黄巢起义的章节。之后，就匆匆开始讲课。

在一个班级里，老师制定的是一套规则，而学生当中自有另一套规则。如同法律是一套规则，通行的伦理人情又是一套规则，甚至，还有潜规则。很多时候，老师就和大多数的管理者一样，只是一个被架起来的泥菩萨，能做的事，很少。

正确回答了问题的周小颚在课堂上一直低着头，仿佛是犯了弥天大罪一样，我几次朝他投去期待的目光，又几次走到他附近，他都还是一直低着头。直到我忍无可忍地说："周小颚，下课以后，来我办公室一下。"

– 3 –

周小颚规规矩矩地站在我办公桌前，我拉开一把椅子给他："坐吧。"

他吓了一跳。四周的老师朝我投来不赞成的目光。在这所学校里，还没有学生在老师办公室坐着的先例——除非是罚抄写，总不能让孩子站着写字吧。

我端给他一杯水，他感激地看了我一眼，接过水杯咕噜咕噜一口气喝了个干净。

他喝得如此之快，像一只渴疯了的河马。我本是不经意地给他一杯水，反而被他惊到了，于是又给他倒了一杯。他又一口气喝干了。直到第三次续上纸杯里的水，他才放慢了喝水的速度。

"是下了课没来得及喝水吗？" 我惊异地看着他。

他抬手抹掉嘴唇边的一点水渍，简短地说："不是。"

水濡湿了他的嘴唇，我才看到，他下嘴唇内侧有一个小破口，实际上，他整个下唇都肿着，只不过因为他有一张忠厚老实的圆脸和厚嘴唇，不仔细看看不出来。

我近距离地仔细打量着他。他比同龄人矮一个头，头发乱糟糟地覆盖在前额上，却仍然可以看出他有一个饱满的额头。他侧着脸时，我忽然看到他耳朵根子底下有一道乌青色的瘀痕。

“有人打你吗？”我惊异地问。

他立即摇了摇头。

“你没说实话，是不是王大伟他们下课了会打你？”我试探地问。

他又摇摇头，脱口道：“他们没打我，就是不让我喝水。”

“什么？！”我又惊了，“喝水也能不让喝吗？”

“我没有杯子，带过一次杯子来，他们往杯子里撒尿了，”周小颉低声说，“打我我不怕，就是不让喝水太难受了。”

上课的预备铃响了。

他站了起来，畏畏缩缩地朝我鞠了一躬，说：“我去上课了？”

我不知如何回答地点点头。

他走了以后，办公室里几个老师都按捺不住，噼里啪啦说开了：“小苏啊，你刚来的，不知道深浅，这个周小颉，不是个好学生的，不要被他可怜兮兮的样子骗了！”

“还有啊，他那个爸爸也不是个东西，有暴力倾向的，据说他妈妈是被打跑的。他爸爸上次来学校哦，当着好多师生的面，上去一脚，把周小颉踹到了沙坑里头，还上去补了一脚，把他头踩在沙坑里，我们都吓死了！”

我震惊地看着他们：“没有人去拉吗？”

“谁敢去拉啊？他爸爸是进过局子的，你说哪个敢去拉？那次哦，幸亏后来是保安在附近，过去把他拉开了，听说周小颉被拽起来的时候，脸都憋紫了！”

“可是，同学不给他喝水又是怎么回事？”我晕了，想把话题拉回到我想解决的重点上来。

我对面的高三班主任张老师说：“这个嘛，要问学生们自己了。他们经常这样玩的，不让上厕所，不让其中一个学生喝水，把作业本藏起来，课间还有打打闹闹，你一拳我一脚的推推搡搡，不过都不是很严重就是了。

哪个班级都有的，你哪管得过来？”

“可是，这么热的天，不让喝水，多难受啊？”我结结巴巴地说。

“他自己是个呆子吗？不让喝水他不知道偷偷去喝啊？厕所那里还有饮水机呢，再不然还有水龙头，哪会真的渴死人？”张老师说。

张老师收拾起课本准备去上课，手扶了扶眼镜，朝我温和地笑了笑：“小苏，我没别的意思啊，这个小孩子的事很复杂的，他以前真的做过一些不好的事啦——一下子我也不好跟你讲太多的，手脚不干净是有的——你当心，不要介入太深哦。”说完，他夹上了书本，和其他老师一起走了。

我没课，一个人待在办公室里，打开备课文案，却一个字也看不下去。这不是我想象中的校园，一个孩子被打，被亲生父亲虐待，被同学虐待，居然老师们都不当回事！居然没人去帮助他！

– 4 –

又一节历史课，我特意提前去了教室。这次，我没有开口，先默默地在教室里转了一圈。

十月的南方还是很炎热，每个学生桌上都有一只水杯。五颜六色，形状各异，高级一点的是不锈钢保温的，普通一点的是彩色塑料印着卡通的，最差的还有人用一个玻璃罐头空瓶子充当水杯。没错，几乎每个人都有一个杯子，只有——周小颛没有。

他的桌上，只有课本。还有学校发的辅餐，一块蛋糕，装在皱巴巴的塑料袋里。

我踱到他边上，停下。周小颛不明所以，有点儿紧张地看着我，下意识地舔了舔嘴。没错，他的嘴唇干燥发白，这让他那张萎黄的小脸更加可怜巴巴。

我故意问："怎么不吃你的辅餐啊？"

周小颉看了看蛋糕，艰难地咽了口口水，我几乎能听到他喉咙里焦灼的干裂声。

王大伟朝我露出酒窝，他眼睫毛浓密长翘，一笑起来格外天真无邪。这孩子长得真挺好看，很像当下走红的小鲜肉明星，笑起来真是迷死人，也难怪班上那么多女孩子都支持拥戴他。有时候，长得好又有心机的孩子，在他们的小群体中很容易登上权力宝座，如君王一样操控臣民的身心。

他笑着拿起他的水杯，喝了一大口，水咕咚咕咚流过他的喉咙，边上的周小颉再次抿了抿嘴。

我骤然间就爆发了。

——是的，我自己都猝不及防，怒火瞬间撕毁了我的理智。

我举手一劈，把他的杯子打落。水杯当啷一声掉在桌上，滚下桌子，坠落在地，当啷啷地滚了出去。滚到前面一个桌子处，被桌腿挡住了。

王大伟愣了。作为老师和同学的宠儿，他大概从来没受过这样的公开羞辱。

我冷冷地说："有同学举报你不允许周小颉喝水，是这样吗？"我有意忽视了周小颉祈愿一样的眼神。突如其来的冲突把他惊呆了，仿佛被打落的水杯是他的，被羞辱的人也是他一样，他脸涨得通红，双手紧紧握到了一起，哀求地望着我。

王大伟环顾周围，我几乎能看到他的脑壳里那些坏水儿是怎么样快速地在冒泡泡，一句话先堵死了他："是好汉的就别不敢承认！是不是你在班上发布的命令，不准周小颉在学校喝水？你看，你多能啊，你不让他喝，他就一滴水都不敢喝！你行啊你！"

王大伟不笑了，阴阴地扫了全身颤抖的周小颉一眼，回头傲慢地盯着我，冷冷道："是又怎么样啊，我不让他喝，他一滴水也不敢喝，没有我的话，厕所里的水，他也不敢喝！”

我走到讲台边，拿起我的杯子，里面满满一杯水，然后走到周小颤面前，把杯子顿在桌上。

王大伟皱了皱鼻子，盯向周小颤，像是一个主人盯着他企图偷嘴的宠物，目光带着戏谑，带着玩味，也带着“谅你也不敢”的自信。

周小颤看着水杯，嘴角抽搐。王大伟轻声道：“周小颤，你忘记沙坑了吗？”

周小颤看向我，我冲他点了点头。

全班都在沉默，他们的“小暴君”王大伟的威权第一次受到挑战，大家都紧张地观看着这一幕，历史性的一幕。

周小颤默默地端起我的杯子，打开盖，一滴水泼溅在他的手背上，他把杯子凑到嘴边。没有人说话，呼吸声仿佛都停止了。

他咕咚咕咚大口地喝了起来。水滚落他的喉头，涌进他空荡荡的胃，简直可以听到水分滋滋地渗入他的毛细血管。一口气喝光，他把杯子放回桌子上，留恋地看了看手背上的水渍，抬手擦了擦嘴唇。

王大伟怨毒地看了我一眼，收回了目光。我轻轻拍了拍周小颤的肩膀，鼓励地说：“这个杯子是老师特意带来送给你的，以后想喝水就喝，谁不让你喝，就来告诉老师——这是学校——不是黑社会——不让同学喝水还得了，没有王法了吗？！”

– 5 –

看起来，水杯事件大大地改善了周小颤的处境。每次他送作业本来办公室，我仔细观察，他的脸色都比以前要好。他来我办公室时，我会给他一些准备好的食物。

他起初不敢要，亦不会推辞，就是惊疑不定地看着我，瘦而黑的手指捧着东西没处放。后来他渐渐地态度放松了，站在我办公桌边，就吃起来。他看起来很饿，却吃相斯文，小口小口地撕咬着面包，没有发出任何咀嚼的声音，就吞了下去。他身上有一种高贵到执拗的东西——就像他那个罕见的名字，即使在这么艰难的处境下，也没有被磨灭，我不由得再度对他那个离开的母亲抱有好奇。

课间，我看到他还是挺孤独的。一个人独自坐着看书。我看了一眼书名，《万历十五年》。

桌上放着我送他的那个水杯，橙色的，像一个印着惊叹号的警示牌，竖立在他和王大伟中间。

再后来，索性中午和晚上放学后，我叫他来我的宿舍吃饭。

学校食堂的伙食我实在不敢恭维，多年的读书生涯，使我早早养成自给自足的生活习惯，一个小电饭煲，一个电磁炉，足够做一顿好饭。

我通常会在早晨去办公室之前把米饭和水放好，上面再墩一只碗，碗里蒸鸡蛋，或腊肠腊肉，再不然就是一碗糖水百合，或一碗菜。回来时在食堂里打一个肉菜或者自己炒一个菜，吃得健康又满足。

周小颛太能吃了。

过去我吃一天的饭食，他似乎几口就能吞光。越是如此，我看着越发辛酸——鬼才知道这个孩子身上经历了什么！狼吞虎咽地吃完饭，他会小心翼翼地请求在我的摇椅上坐一会儿。他会拿着我的衣服搭在他肩膀上，在小摇椅上晃悠着看书——虽然我觉得有点儿怪怪的，但看到他异常满足而舒适，也就随便他了。上课时间到了，他就在我书架上取一本书，抱在怀里离开。

短短两个多月，周小颛以肉眼可见的速度在迅速地蹿高，而奇迹的是，他的各门功课都在进步——原来不赞同我帮助他的一些老师，也开始觉得我没那么古怪了。历史教研室主任还怀念起了自己的中学时代，因为穷，一个乡下孩子独自进城读书，吃不饱饭，每次都是班主任把他带回家去打牙祭，他那时也不知收敛，见了肉就收不住筷子了，一碗红烧肉，抡圆了腮帮子，别人还没摸到边儿呢，他已经抄光了。长大后一想起来就脸红——他至今都会每年拜访老师一次，给老师送半只猪。

说完猪肉的故事，主任又说："话又说回来，哪个老师没有自己偏爱的学生呢？"

元旦快到了，我要休假回家一周，我索性把宿舍的门钥匙配了一把给周小颤，让他可以去自行取食。

他紧紧地捏着钥匙，嗫嚅地问："苏老师，你什么时候回？"

我感觉出他的紧张，笑着说："3 号我就回来，我给你带我妈妈做的四喜丸子。"

他直勾勾地看着我，看得我这个历史因果论者忽然起了一点点不祥的感觉。他偏偏又说："老师，你不会不回来了吧？"

一言成谶？我心里微微一揪，下意识朝地上唾了一口，嗔怪他："小家伙乱说什么呢？我还要平平安安坐车回家呢，再回来教你们这群猢狲，一直把你们送到大学——"

他低低地嗯了一声，看过来的眼神依然是强烈的不舍。

他眼珠微微闪着褐黄色，是营养不良的标志，仰着头，像是一个祷告的孩子。那眼睛迎着光，晃动着一点点忍住的泪光，像是有好多话要说，却又说不出来。

我大大地起了不忍之心。直到坐上回家的大巴，还在琢磨，总是隐隐地感到不安。

不安感越来越强烈了。

元旦前一天中午，我们全家正在吃饭。手机响了，跳出来教务处的电话，而这个时间，他们是不应该打电话给我的，全校都应该已经放假——我脱口道："墨菲定律。"

我妈夹了个丸子放到我碗里："啥定律？"

墨菲定律。

任何事都没有表面看起来那么简单。

所有的事都会比你预计的时间长。

可能会出错的事，一定会出错。

如果你担心某种情况发生，那么它一定会发生。

– 6 –

"你还是回来学校吧，我们要核对一些事，"教务处处长说，其实我们学校教务处也就两个人，一个处长一个副处长，带领着一个水电工和三个勤杂工，"你那个学生……"

我让自己的声音尽量听起来很镇定："周小颤吗？"

处长说："是的。他偷东西，被抓到了……"

我怒不可遏地嚷了起来："一定是王大伟他们陷害他！一定是！"

"……"处长避开我的怒火，过了一会儿才犹犹豫豫地说道，"可是，他自己承认了。"

"承认了什么？他偷啥了？"

电话里忽然沉默了一下，才吃力地说："苏老师，还是等你回来再说吧，这个事，可大可小，但是，恐怕，要等你回来处理。"

我急匆匆赶了回去。

傍晚才到学校，校门口的保安一看到我，就露出牙齿，抛给我一个夸张的笑，笑里的暧昧让我脊背上的汗毛顿时竖了起来。

“苏老师回来啦！”他热情地说。

我停下脚步，他追上来说了一句：“好家伙，还真不知道苏老师原来那么——开放呢——”

我愕然瞪了他一眼。

走进教务处，一眼扫到桌上林林总总摆放的物件，我顿时明白了他何以笑得那么猥琐。

周小颉靠墙站着，像被捕鼠笼捉住的一只耗子，脸色惨白，浑身瑟缩。

我把目光从他身上收回，看着桌上那些散落的东西，尽管一再叫自己镇定，脸还是涨红了。

也不知教务处的人是不是故意的，最上面就是我自己最喜欢的胸罩，玫瑰红镶黑色花边的，还有我的一副手套，一件衬衫，一条睡裤，一双袜子以及一件毛衣。我目光落在底下一堆书上，脱口说：“书是我答应借给他的。”

教务处长露出了和保安一模一样的笑。可以想象，在我赶回来之前，他们已经津津有味地观赏着这些衣物多久，评头论足说了些什么。

我忍气走到周小颉跟前，他瑟缩得更厉害了。他的退缩，基本已经让我确定——真的是他干的。可是我不敢相信。

话又说回来，一个青春期的少年，会憧憬些什么，谁能预料呢？就像电影《美国派》里，少年也许会拿着他的阿姨的内衣在卧室里自慰……

但我不相信——不相信周小颉是这样的人。我就是不相信。

我尽量放低声音，柔和地问他：“老师不相信是你干的，是不是别人陷害你？告诉老师，老师帮你讨回公道。”

他微微抬起头，凌乱的额发下一双褐色的眼睛望着我，眼里满是绝望羞愧："……"

我提高了声音："不是你，对不对？对不对？！"

教务处长走了过来："苏老师，这些是从他藏东西的地方搜出来的。他狡猾着呢，没有带回家，把东西偷偷放在学校后面的沙堆里，还用塑料纸包好。而且……他以前也做过这样的事。他以前在初中，就偷过他们班一个女老师的胸罩。听说他小时候也干过，偷女邻居的——我们这些老教师都知道的，他有问题的——看你好心，没忍心和你说……"

我转过身盯着教务处长："你们怎么发现的呢？"

教务处长不自然地笑了笑："当然是有学生来举报啦——他们说他一直鬼鬼祟祟的，我们就跟踪他了，然后就发现了这个。据说，他在沙坑里抱着你的衣服，躺在地上——"

我一阵恶心。

这孩子凝视着我的目光，依恋地问："老师你什么时候回来——"在我的房间里浏览着书架，舒舒服服地窝在我的摇椅上看书……那些时候，他的脑瓜里都滚着什么诡异肮脏的想法啊？在我转过身时，他是怎么样偷偷地看着我——这双纯净如鹿的眼眸里，流动的是什么啊——天啊——而我，竟然毫无防备、毫无保留地把他带进了我的私人领地！

我一阵反胃，失态地一把抓住他的肩膀，晃动着："是不是你？！嗯？是不是你？！"

他在我的吼叫里恐惧万分地抬起头："是，是我……"

我一把丢开他，像不小心抓住了一条鼻涕虫一般。他往后踉跄了一下，撞在墙角。可是他的眼神为什么又那么急切而委屈地看着我？他还想耍什么花招？

教务处长幽幽地说："苏老师，他主要偷的都是你的东西，你说——怎么处理？"

“该怎么处理就怎么处理，问我干吗？！”我吼道，转身就走，后面教务处长还问：“这些东西——”

“扔了！”

刚说完，又觉得不妥，还不定最后这些东西在谁手里流转呢。我又走了回去，把桌上所有的东西一把拢起。最底下是我的毛衣，很旧的一件毛衣了，我很少穿，偶尔在宿舍里会当作家居服穿着，鬼知道他是怎么翻出来的。我把所有的东西都塞进毛衣包起来。

“书呢？”处长又问。

我暴怒地看了角落里那个猥琐的小耗子一眼：“我不要了！”想想又补了一句，“脏！”

– 7 –

有生以来，我第一次对教室产生了恐惧。

我不想去上课，不想踏进教学楼，更不想去面对那些学生。不用说，全班甚至全校学生都知道了，消息传播的速度总是比你想象的还要快。我都可以想象，王大伟和他的狗腿子们准备好了以什么样的表情迎接我。

在他们眼里，我不再是老师，而是一个年龄比他们大不了几岁的——女人。

我转过身在黑板上写字时，他们将挤眉弄眼，公开地比画我身体的曲线。我走过教室过道，他们会大声地谈论三围，描述内衣的款式，科普什么叫“维多利亚的秘密”。而我一回头，他们又会正襟危坐，仿佛什么都没发生。

还能再相信人性吗？

这个世界上，总有一把刀，是为善良的人准备的。

我们的历史教研室主任在教研群里发了一段史料：西晋杨珧，侄女被选为皇后。珧泣求晋武帝："我侄女软弱糊涂，天生招祸，本来德不配位，却蒙陛下宠爱成为皇后，还请陛下降旨，若今后她肇祸，万勿迁延我家。"晋武帝真的立下了旨意，还封存在了太庙之中——无几，晋武帝的傻儿子娶了太子妃贾南风，贾南风投戟杀死孕妾，胎儿随刃而堕。晋武帝闻讯大惊，传旨囚贾南风于雍城，拟旨废之，杨皇后力劝阻之，言太子妃之种种不易。后，晋武帝薨，贾南风当上了皇后，囚杨太后，绝其水米，饿死。乱兵屠杨太后满门，屠及杨珧，珧跪求太庙验旨，乱兵若不闻，斩之。

发了这个史料，他还 @ 了我一下："姑娘，你的善良要有点儿锋芒！"

教研群里顿时叽叽喳喳说开了，中心思想就是在研讨，小苏老师是不是个善良的傻瓜。

我关掉手机，拿起课本走进教室。

——周小颉竟然没在。望了眼那空空荡荡的座位，我松了口气。

我一进教室，全班同学都静了下来，齐刷刷地望向我。

忽然，有人扑哧笑了。轻轻的一声，像帛布上撕开的一个口子，刺啦一声就豁开了沉默。是王大伟。

又有人吃吃跟着笑了。更多人笑了。

教室里，除了我，人人都笑了。

过了几秒，我也笑了。我一边笑，一边咬牙，一字一字地说："打开课本第 47 页，我们开始抽查上节课的预习，今天的抽查计入期末成绩，答不出问题的，期末成绩扣 5 分。"

他们的笑容凝固在脸上，接着就炸群了。

我不搭理他们，径自开始提问："王大伟，请你起来回答一下，嗯，请详细解释一下漕运制度的起源、执行和对当时社会政治经济的影响。"

我简直可以听到王大伟嘴里吐出“我操”。

他快快地站了起来，迎着我凝视的威压，掠了掠他那并没有下垂的额发：“老师，这也太难了吧？”

我抛给他一个狰狞的微笑，打开笔记本，记录分数：“答案错误。”

王大伟忽然道：“苏老师，周小颉住院了。”

我头也不抬地在本子上写下他的名字：“王大伟，扣 5 分。”

王大伟抬高了声音：“他昨天夜里进医院的——听说——在抢救。”

我啪地合上本子，正迎上他毒蛇般的眼神：“真的——在抢救——听说——他爸爸差点把他打死——”

我扭过头去，扫视着全班，点名：“下一个，龙梦梦，你起来说说，东晋门阀制度的好坏以及对历史的影响。”

– 8 –

然而这是真的。

周小颉要死了。

我离开教务室后，教务处长叫来了他爸爸——我原本应该预见到这个后果的，但在盛怒中，我根本拒绝再去想和这个孩子有关的任何事。

他爸爸到学校来领他走。一进教务室，上去就一耳光，手特别重，周小颉被打得飞到另外一边墙上，鼻子里喷的血飙到了墙上。教务主任拉住了他爸爸，说：“你要教育，回家去教育！”

周小颉被他爸爸拉了回去。一路上，鼻血滴滴答答地流在过道里、操场上。回去怎么打的没人知道，只是凌晨时，恢复了理智的父亲，发现自己的儿子怎么叫也叫不醒了，呼吸微弱，手脚冰凉，才赶紧把他从屋梁上解下来送往医院。

“全身大面积软组织挫伤，肾挫伤……”

“肾挫裂伤引起急性肾衰竭。”

医生充满遗憾地看着我：“即使保住命，他没有了肾，以后怎么办？一辈子靠透析吗？”他看着我，“你姓苏？你是他老师？他醒过来后一直在找苏老师。”

我隔着病房的玻璃看了他一眼。他躺在床上的身体似乎缩水了，非常小，小得像一个六七岁的孩子，而不是一个16岁的少年。他全身都插着管子，头部和身上都缠绕着纱布，胸膛有一大片露在外面，半天才看到微微的一鼓一瘪，显示他还在呼吸。

医生说：“这孩子可能时间不多了，他爸爸说没钱治，准备放弃。你要是愿意，去看看他也好。听说他没有妈妈，又被爸爸打成这样，实在是太惨了。”

我握了握拳头，指甲刺进手心。

“老师，你不会不回来了吧？”他澄澈的眼睛在阳光下闪着笑。

——手心一阵刺痛。真的是一言成谶。

我走进病房，他的眼睛是睁着的，听到声音，眼珠虚弱地转过来，一看到是我，他的胸膛急剧地起伏起来。

“老、老师。”

他眼角里渗出大颗的眼泪，眼泪沿着他的太阳穴爬了下来，长长的，像一只拖着黏液的小蜗牛，爬进了他头部的绷带。

“老师，对、对不起。”

我竟然可以用十分平静的声音彬彬有礼地回答：“没有什么的。你别放在心上，好好养病，早点回学校。”

其实真没有什么了。谁没有过少年的荒唐？谁没有在背后暗恋过谁？

他又是一个从小受尽了伤害的孩子——

他似乎看出了我的心思，微微抬高了声音："老师，我拿你的衣服，没有那个——那个意思。我——我——幻想——你是——我——妈妈。我小时候，妈妈走的时候，我总抱着她的衣服睡觉，后来——"

他艰难地清着喉咙里泛上来的黏液："我爸爸全给我烧了。"

他闭上了眼睛，呼吸急促："我想——妈妈，妈妈抱着我。"

我倒退一步。再倒退一步。后腰撞上了门把手。

……静寂无人的校园里，一个瘦弱的少年，狗一样悄悄爬进沙坑，这个沙坑是他在偌大的世界里唯一能藏东西的地方，挖出他秘密隐藏的小塑料包，把一件一件的衣服，从内到外，完整地摆成一副人形，而后珍重地打量着，小狗一样轻轻嗅着上面的味道，然后躺了上去，卷起毛衣的袖子，圈在自己的身上。

妈妈，抱着我。

仰望着星空，他小狗一样呜咽着。

"周小颉，你不会死。"我忽然说。

我听到他喉咙里的黏液咕哝了一下。

"我保证。"说完，我走了出去。

– 9 –

我要报警，学校起初不同意，我去派出所，民警疑惑地问："这孩子和你什么关系？"

最后，我只有把周小颉的事和他全身伤痕的照片发到了微博上，贴上了我的工作证和身份证，担保这件事的真实性，然后 @ 了我知道的所有大V。

瞬间，我的电话、学校的电话被打爆了，本地和全国的媒体都过来采访。学校也赶紧站出来声称，校方一直在主持公道，谴责这样的虐待行为，也一直在积极寻求法律援助途径。而警方也应声允诺，会依法追究凶手的责任，不管是不是亲生父亲，都要依法处理。

根据周小颛的伤情，他爸爸立即被刑拘。警方告诉我，他们正在通过户籍系统，查找他妈妈的下落。

没等警察找到，网友就帮我找到了她。

事实上，是她主动找到了我。

密集得我来不及浏览的短信里，跳出来这样一条：“苏老师，我是小颛妈妈。”

在医院走廊里看到小颛妈妈时，我真不敢相信，周小颛爸爸那个蓬头垢面的中年胖汉，会有这样的妻子。

按年龄推算，她怎么也应该三十五六岁了。可她的面孔光洁白皙，一双眼睛娴静如深井——那眼睛一看，就知道她是周小颛的妈妈。除了眼睛，连带眼周的轮廓、额头的形状，也都像从她脸上复制下来再粘贴到周小颛脸上的，连眼神都非常相似。

她眼眶湿润，鼻头发红，显然是哭过的。她的发型是精心修剪过的短发，干干净净的脸、修长干净的手和她身上随随便便穿着的博柏利大衣，彰显出她现在的生活和身份。

她过来跟我握了握手，轻声说：“谢谢你一直在给小颛交手术费，稍后我的助手会转账给你。”

一直站在离她保持两三步距离的两个人立即走上来，准备和我办交接事宜。她不仅有助理，看起来还不止一个。

我大惑不解地瞪着她，仔细在脑海里搜索辨别，终于——我认出了她。

这样一张明星脸——我一下子没认出来，真是怪了。我在电视屏幕上多次看到过她！这样一个女人，怎么也不是那种抛下自己孩子不管的村妇。当年到底发生了什么？

我说：“钱就算了，算我捐给小颉的。没有照顾好我的学生，我也十分抱歉——”我心里一阵黯然。如果，我之前肯多用一点心思，倾听一下他的真正需求，帮周小颉去找到妈妈，根本就不会发生后面的惨剧。我算什么呢？我矜傲地走进了他的生活，像一个救世主一样指点江山，按照自己的喜好，把他当成自己钦点的宠儿，破坏了他生存环境的平衡生态后，再漫不经心地转身，把他丢弃在对他充满了恶意的狼群里，任他被他们撕咬。

不不不，王大伟不过是一个推波助澜的无赖小恶棍，我才是真正的凶手。

而他竟然一点儿都不恨我，还跟我说对不起。

凝视着对面这双熟悉的眼睛，我眼泪忽然汩汩地涌了出来。真的，我才是个人渣，现在却成为了无数人点赞的“英雄老师”。

小颉妈妈误会了，她跨前一步，紧张地拥抱我：“苏老师，不要再担心了。我已经和医院方面沟通过，我的肾很好，我们俩是一个血型。我可以捐一个肾给他，明天我们就做配型。”

我默默等了一会儿，等自己的眼泪排空，否则我说不出一个字。

过了好一会儿，我吸了吸鼻子，问：“为什么？”

她静了一静，很明白我问的是什么。过了好一会儿，她才安静地说：“生他时，我才 19 岁。我父亲……是一个非常有名望的学者，他希望我成为一个学者，而不是去当演员。高二那年，我遇到了我的补习老师，也就是小颉的父亲。他比我大 10 岁，仅仅是为了反抗我父亲，我选择了和他在一起。于是，我 19 岁就生下了小颉，而且和家庭决裂。”

她边上的助理向前一步，阻止这个大明星说出更多的隐私。

她摆了摆手，毫不动容地继续说下去："之后，我去了北京，考上了电影学院。后来我和他爸爸分手了，他坚持不给我孩子，连电话都不让打。我打电话过去，他就打孩子，让我在电话里听。我打一次电话，他揍一次孩子。再后来，我红了，他跟我要安家费，不然就去找狗仔爆料，说当红明星 19 岁未婚生子。我给了，给了很多次。他要多少我给多少。给完他会给我看几张孩子的照片。他说会好好对孩子，他们搬家了，我找不到他们了。我以为……我消失了，他会对孩子好一点——"

她一定是经历了许多大悲大喜。她的儿子肾衰竭，躺在她身后的病房里，每一个句子都是一个血淋淋的惊叹号，但她的声音依然平静无澜。

我不知道该说什么。

这不是一个我能评价的事件，而我竟然卷入进来了。

我忽然觉得非常非常疲倦，只想回到宿舍去，坐在我的小摇椅上，什么也不想地坐着，坐到夜色消退，晨光拂晓，春去秋来。

我离开时朝病房看了一眼，周小颉已经换到了最好的病房。远远地，我看到他妈妈修长的背影，半蹲在病床边，一动不动地看着她儿子。

她的姿势很像祈祷，她的肩膀如此放松平静，在经历了这一切之后，竟然透着满满的安详。

毕竟，不管怎么样，她和孩子在一起了。

– 10 –

颉，庄重恭谨的意思。

周颉，两晋名士。天性宽仁。王敦举兵造反时，司空王导入宫请罪，路遇周颉，恳求为之缓颊。周颉不语。入宫后，向帝备言王导忠君爱国，不可错杀。出来后，王导又叫他，他不理，离开。回到家又上书恳言不可杀王导。后王敦兵入建康，问策于王导，周颉是否可用，王导不语。周颉遂被杀。王导入宫后才看到昔日周颉搭救自己的奏折，痛哭流涕："我不杀伯仁，伯仁因我而死。"

霸凌行为可以发生在任何地方和任何年龄的人群中，少年儿童聚集的中小学校也是最容易发生霸凌的地方。因为身心幼稚的少年儿童都有惧怕孤独的特性，他们需要同伴和友谊，追崇团体和交友圈子。如果在学校没有几个朋友，对他们的身心发育和学习都会有不良影响。孩子在学校花在联络感情交朋友上的时间精力，甚至超过对付学业功课。而未成年的少儿尚缺乏明辨是非和对自己言行的控制能力，在争夺朋友和感情的过程中，很容易发生强势学生欺负弱者，或小团体凌辱个别人的现象，也就是霸凌。而老师的关爱、承认和青眼有加，在不少学生看来，也是稀缺资源，足以引发明争暗斗，往往也是导致霸凌事件的原因。

所以明智的老师，是不应该公开对某一些孩子表现出特别的宠爱的。因为这很可能会人前带给孩子风光，人后则带来嫉妒和灾难。

回到这个故事，除了因为老师的额外宠爱，小颉被霸凌，还因为他无人保护。他唯一的监护人，是欺负他、虐待他的人。这就等于给他的同学群发了短信：这个孩子可以任意践踏，你不会因此受到惩罚。

失去家庭支持的孩子，最容易成为霸凌受害者。如果学校的监管不力，孩子们自己形成势力小团伙，则非常容易挑选没有家长关爱、没有老师留意的"替罪羊"，作为自己取乐的对象。这样的挑选是有针对性的，通常都是姥姥不疼舅舅不爱、形影孤单的孩子。霸凌起初会是隐秘的，但如果得不到重视，会不断升级，最后成为"房子里的大象"——每个人都知道却熟视无睹的问题。

未成年人并不是天使。他们身上善和恶的力量几乎是均等的。虽然说家庭会给孩子的心灵造成影响，但这样的影响有时候神鬼莫测。被父亲长期虐待的小颉善良温和，家境优越的王大伟却阴暗恶毒。环境有时候会起很大作用，但遗传的力量，也可能起到决定性作用。自我觉知的力量，也会重塑整个事情的走向。

命运的谜永远不会只有一个答案。

周小颉的名字是他的母亲所起，这个名字隐含了他的出身、他的血脉和他母系家族的影响。某种意义上，还蕴藏了母亲写在他生命里的爱的密码。这样的祝福，使得他即使被迫母子分离多年，仍然对世界充满了期待，在最糟糕的环境里，也可以像沙棘吸取土壤中稀薄的水分一样寻找爱和温暖，并且顽强地活下去。

这样生命的力量不止属于周小颉，在很多遭受霸凌的孩子身上，都可以看到这样的力量。

这样的力量一旦得到滋养，就能够度过生命的困境，并且像胡杨一样的坚忍茁壮。

所以，在灰暗中彷徨的你，记住，这一切终会过去。

无论如何，请，朝着光，泅渡。

铁背心

青少年时期的孩子往往有一个最大的特征：他们不知道自己在做什么，也不知道自己的力量有多大，更不知道他们的行为投射在别人身上会造成什么样的效果。因被霸凌而有心理症结的读者，不妨试着寻找伤害自己的源头，并试着勇敢地对当年的加害者说出："你们错了，你们伤害了无辜的人。"

–1–

"我是一个铁皮人，不准笑来不准动，一、二、三！"

"我是一个铁皮人，不准笑来不准动，一、二、三！"

"我是一个铁皮人，不准笑来不准动，一、二、三！"

毛莉和何小华围着我，单着一只脚，跳来跳去，边跳边拍手，唱了一遍又一遍，一遍又一遍。边上围着一群同学，虽然没有跳，但都是笑嘻嘻的，过大年一样，看着我们。

我背靠着栏杆，靠得紧紧的，以至于金属的铁背心压进了肉里，硌得我生疼。

但我没有哭。

哭多可耻啊，他们会更加讪笑我。我抿着嘴，装作满不在乎的样子，和他们一起，笑着，假装这是一个没有多大恶意的玩笑。笑，是我唯一能够抵抗他们的屏障了。

再过五分钟，也许四分钟，这一切就要结束了，铃声会响，重新开始上课。

“来呀，孟芽芽，给我们看看你的铁背心！”

毛莉跳着脚，朝我跳过来。

我已经无路可退。

她嬉笑着，跳到我跟前，张开手，作势要掀开我衣服。

喉咙一紧，似乎无形的铁箍勒住了我的脖子，我顿时呼吸不上来。

这不是她第一次这么做。她每次这样掀开我的衣服，把骨架一样的铁背心暴露在众目睽睽下，我都想——一把抓住她，把她从栏杆上，丢下去。

我没有开玩笑。

我像一只兔子一样缩在栏杆边上，嘴里说着：“你不要过来，你不要过来，再过来我——我就——”我脸上还残存着笑，可是我心里疯狂冒泡泡的就一个念头——如果她真的过来，又掀开我的衣服，我就在哄堂大笑里，把她抓起来，举起来，从栏杆上扔下去。

我的脑子像一锅煮沸的沥青，一直在疯狂地噗噗噗吐着狂暴的念头，因为这念头，我抓在栏杆上的手指都痉挛了。

毛莉朝何小华使了个眼色，两人分开，一左一右，朝我包抄。

何小华从侧面扑过来，拦腰一把把我抱住，毛莉像一只张牙舞爪的野猫跳到我身边，拽起我的衣服下摆，使劲朝上一拉。

我狂暴地跺脚，无声地尖叫——没错，我叫不出来，但是叫声把我自己的耳膜都快撕破了。她还是掀起我校服的下摆，暗黑色的铁背心，也许只是一块，露了出来。

“铁皮人，铁皮人，铁皮人！”

他们叫。

“哈哈哈哈哈哈！”

“真的是铁皮的！”

“再往上，再往上，是不是整个身体都是铁皮的？”一个男生叫。

我泪眼模糊地瞪过去，是我们班成绩最差的“牙擦苏”。他正好姓苏，而且也是龅牙，“牙擦苏”这个著名的绰号就落在了他头上。在我没有被称为“铁皮人”之前，他就经常处于我今天的位置。现在他很开心，终于有另一个人出现，让他不再处于羞耻的中心位置。

把我推到这个位置的，就是毛莉和何小华。

没错，她们两人，曾经是我最好的朋友。

我都不知道，为什么会变成这样。

我用力地去掰何小华的手，我在想，如果再掰不开，我就用指甲——或者——我含泪瞪着毛莉，毛莉在我前面，或者，我直接用指甲挖她的脸，她一直挺自豪的雪白的皮肤，嗯，或者那双大眼睛，不是吗？

三、二、一……一抓之下，狠狠地挠出五条血痕！

我闭上眼睛，冰凉的手指胡乱抓出去——我能感受到血从我指尖上溢出，还有那凄厉的尖叫声。可是我不想停止，我狠命地，用三生三世的恨意，恨恨地掘下去，抠下去，撕下去。

啊啊啊啊啊，我感受到血肉在我的指尖皮开肉绽，我不顾一切地挖下去，挖下去，我像一只发疯的穿山甲，挖下去，挖下去，挖下去。

“孟芽芽，孟芽芽！”

有人在我耳边轻声急促地叫唤。

叫声把我从黑色的泥淖中拽起来，可是我不想起来，我沉溺在爆发的恨意之中，这太让人迷恋了，伸出手，朝着那张可恶的脸狠狠地挖下去，用生命挖下去！挖穿它！太快意了！太快意了！

我不想醒来。

“孟芽芽，醒醒！醒醒！”

低沉的声音，在模糊的视野里晃动，同时晃动的还有一张温厚的脸和脸上的眼镜闪光。眼镜的闪光让我的意识逐渐清明，从黑暗中脱离。

那是我的心理咨询师李雪。

我正死死地抓住她的手——上帝啊——我——我死命抠的，竟是她的手！

真实的血，从她的手背上流了出来。

我尖叫一声，痛苦地抓住自己的脸，指尖上的血渍沾在我眼皮上。李雪赶紧按住我：“不要紧，不要紧，你做得很好，你终于释放出了内心的攻击性。我们终于有了突破。”

看着我逐渐平静，她轻柔地拍拍我的手。

“这很好。”她平静地说，微微颤抖的声音里带着愉悦。她满不在乎地站起来，仿佛没看到手背上的血正在汩汩流出。她打开抽屉，找出药盒，在里面翻出药棉，夹出一块，盖在手上。

– 2 –

李雪是一个心理治疗师。她最擅长的，是深度催眠。

我来找李雪，是因为已经走投无路。

从外表看，我是一个特别优秀的 CBD 精英女郎，身高 170 厘米，长发修剪得恰到好处，穿普拉达套装，涂迪奥唇膏，用香奈儿 5 号香水。

只有我自己知道，15000 元的套装底下，是一团败坏的脓血。

我的生命很早就被灰色涂抹。《黑客帝国》的天空即使被无数的光影和云装点，但是身在其中的人，很清楚，那天空的底色是灰色的，永久地被虚无占领。

我是被男友阿康拖来李雪这里的。

阿康是我的大白，他是第一个能够走进我公寓的人，也是第一个能够与我同床共枕的人。他非常惊讶地说："我没想到，现在还有你这样保守的姑娘。"

我笑了笑，温柔地靠近他的肩膀，心里却不作任何指望。

很快他就发现了问题。

我不会在任何有光的地方和他亲热。我也不会让他看到我的裸体。我永远也不会让他解开我的衣服。

他开始是拐着弯想打破我的"习惯"。

"芽芽，我们去海滨浴场玩儿？"

我去了，却穿着长裙子，坚决不下海。

"芽芽，我们去游泳馆？"

我去了，不下水，也不换泳衣，坐在游泳池边给他加油。

我知道他在要求更亲密地坦诚相对，我也越来越紧张，因为我知道我无法实现他的要求。而一旦他确认了这件事，就会离开我。但是我舍不得。十年来，他是我唯一一个被我接受走近自己身体的人。

认识才六个月，他向我求婚了。

无论从哪个角度，他都是我一生的良人。

甚至就连求婚，他也设计得浪漫动人。那天我去他的诊所，每一个人，从大楼的保安，到病人和护士，到清洁工阿姨，都笑吟吟地走过来，递给我一朵百合花。

一朵一朵一朵，直到我手里拿不下。

那天恰好是我的生日，我正在想着，他这是给我准备了一个美好的生日呢。推开他办公室的门，一道白色的瀑布倾倒而下……

成百上千朵百合花，从门上的一个装饰里，倾泻下来，淹没了我全身。

他站在那里，手里拿着一枝玫瑰，蓝色的，我最喜欢的颜色。

“芽芽，生日快乐！”

我接过玫瑰，接着就看到蓝色的花心里，缀着一枚戒指。方方的，公主钻，大约两克拉。

他冲我拍手：“收下咯！”

我泪如雨下，真的，哪怕没有爱情我不爱他，任何一个女孩子也无法拒绝这样的百合花雨和精美的钻石，何况我真的很爱很爱他。

他过来抱住我，给我擦眼泪时，我下定决心，让他走进我生命中最大的黑暗。要么他从此离开，要么，他……能与我分享这样的黑暗。

“芽芽，让我看看你吧，让我看看你吧！”那个晚上他亲吻着我，焦灼地说。

我没有吱声。

他误以为默许，去拉我脖子后的拉链。

我闭上眼睛，睫毛颤抖，在他眼里肯定是雨打梨花一样楚楚动人——可是我知道——一旦拉开了衣服，他会像见到妖怪一样逃走！

我抓住了他的手：“阿康，你确定，无论见到什么，你都不会嫌弃我吗？”

他凝重地看了我一小会儿：“哪怕看到你长着翅膀和鳞甲，我也不会嫌弃你的。”

我凝视着他，点了点头。

他轻柔地拉开了我裙子后的拉链。

我拼命地吸气，拼命地默数，希望自己尽可能地平静，平静，平静……

但是，冰凉的空气，也许并不冰凉，可我的皮肤一感受到他目光的凝视，每一个毛孔都战栗起来。

他的目光像火焰灼烧。

不是像。

就是。

他大叫一声，差一点从沙发上跳起来。作为医生，他亲眼看到了不可思议的一幕：上一秒，还是光洁无瑕、白皙无痕的皮肤，随着他目光所及，就像他的目光有物理质量一样，拉开的拉链里，露出的背部，迅速地冒出红痕，红痕在空气里扩大，开始变成疹子。

我绝望地伸手去拉拉链。

他抓住我的手："芽芽，别怕，我看看到底怎么回事！"

他的态度多少给了我力量和信心，我坚持住，没有立即去拉上衣服，忍受着他的注视。一分钟，又一分钟。

红痕不仅在蔓延，而且开始发痒。

我咬牙，忍受着，不去伸手抓挠。

可我坚持不了多久，阿康试着伸手去触摸那些疹子，他只轻轻一碰，我的痒感就被彻底点燃了，我立即忍不住反手去挠。

他喊我停手："不要挠，等一下——"

我歇斯底里地尖叫起来，这也是我和他认识六个月来，第一次让他看到我的失态："说了让你不要碰我！不要！不要！"

一边尖叫，我一边反手去挠背后，可是拉链所在的位置我挠不到，太痒了，太痒了，那是一种让人发疯的痒。

张贤亮曾经在书里写过，痒，其实是一种最高级别的疼。疼最多让你疼到昏过去，可是痒，是让你清醒着受到凌迟，而且是你自己的手指去实施的凌迟。

挠了第一下，就有第二下，接着，我就崩溃了。

太痒了，太痒了！拉链敞开的部位，在几分钟里，爆发了奇痒入骨的红疹，我扭着身体竭力去抓挠，开始还想矜持，接着，我就失控了，太痒了，太痒了！如果能够停止这个痒，我愿意剥下一层皮。

我倒在沙发上，疯狂地挠后背，挠不到。像中了巫蛊一样，那种痒，在几秒钟内就击垮了我全部的意志。我倒在沙发上，像一条发疯的狗，流着口水号叫着，打着滚开始在沙发上蹭。

阿康惊呆了，他想帮我。

我哭吼："别碰！别碰！不要碰我！"他一碰我，那些疹子会起得更厉害，红痕会更多，我就会更痒，痒到愿意放一锅热水，把自己活活烫死。

他还想帮我挠一挠，在看到我自己的指甲已经深深挠破了皮肤，他张着两只手，惊到定在了沙发边上。

终于他回过神来，焦急地问："芽芽，我不碰你，可是现在该怎么办？怎么办？"

我竭尽全力地挠着自己的皮，痒啊，好像有100万条虫子在肌肤底下蠕动撕咬，我哭着说："酒精，酒也行，给我酒精！"

他跳起来去找酒精，我在厨房的木柜里储存着整瓶的酒精。他作为医生，一眼就认出了上面的标志。

他打开酒精瓶，犹豫地问："芽芽，你背后好几个地方都破了，会很疼——"

我嗓子已经哑了："快倒！"

酒精倒上去，火焚一样的痛，我的身体宛如被利刃穿透，又像无数道鞭子同时抽上来，所有的刚才挠过的地方都在剧烈疼痛。

凌迟大概就是这种疼吧。

可是，在这样剧烈的疼痛里，我松弛下来，停止了凄惨的号叫。

再疼，也比那种入心入肺的痒，要好过100倍。

在剧烈的疼痛中，我颤抖着站起来，拉上拉链，又拽过扔在一边的外衣，套在身上。

我缩进沙发的最角落，泪痕在脸上慢慢干涸，不敢看阿康。

他还是站在那里。

我们都沉默着，沉默在良夜。

– 3 –

低头，我看到了戴在手指上的钻戒。真讽刺，这是我们的订婚之夜。我默默地伸手去拔戒指。

忽然，他的手伸过来，试探性地按在我手背上。

他的手好美。我很少看到男人有这么整洁、修长、俊逸的手。他的手总是很稳定，此刻，仍然很稳定，掌心是暖的。它静静地覆盖在我手背上。

我抬头愕然地望着他。在亲眼看到了我这样可怖的一面后，他对我还没有绝望吗？我像一条蛇一样，被光一照，就活灵活现地蜕皮，起疹子，又像一只疯狗一样在地上疯狂打滚，因为奇痒难耐，疯子一样嘶吼乱挠。

我这么丑陋，这么……我像一个见不得光的怪物！只是披着美丽精致的画皮，走在日头底下！

他望着我，轻轻地说："芽芽，我是医生，我见过比这个更奇怪的症状……你只是生病了，需要治疗。"

我的痒在慢慢退去。

我吸了吸鼻子里残存的鼻涕，他把纸巾递上来。我深呼吸，用纸巾压脸。

他温和地看着我："这个症状，是什么时候有的呢？"

我的脸慢慢地木下去，痒感越来越消退："18 岁。"

"能具体给我说说症状吗？"他的眼睛和那颗钻石的光一样清澈。

我忽然绝望地再次捂住了脸，眼泪热流一样涌出来："我就是记不得了。一点儿也记不得了。我是个怪物——阿康——我不记得我 18 岁时发生的事——我的记忆里有一段空白，那段空白，带给了我一个诅咒！"

这个诅咒就是，我不能让任何人看到我的躯干部分，只要一察觉到有人在看，哪怕只是一块裸露的背，我就会起红疹，红疹会迅速扩大，随之而来的是奇痒。

他没有拿开手，等我流泪，流到眼泪再也流不出来。

我从来没有哭过这样久，身体的水分似乎都干涸了，力气也消耗殆尽。阿康一直轻轻地搂着我，任凭那些眼泪鼻涕淌在他昂贵的白衬衫上。

"那年，发生过什么大事件吗？"

在我完全平静后，他才问。

"我没有发生过什么大事，除了 16 岁那年出了一场车祸，很严重，一辆车把我撞飞了。"

"我第一次听说车祸会留下出红疹的后遗症。"他逗乐地说，仿佛刚才那么不堪入目的一切，只是一个玩笑。

我嗫嚅着说："阿康，我真的——"

他捏住我的手指："芽芽，我见过很多病人，也见过比刚才的你更狼狈的人，你只是病了，并不是怪物。"他在我的指尖上吻了一下："如果看了这点小麻烦，就能影响我对你的爱，那我也不用做医生了。"

"可是也许这是终身都治不好的。"我低声说。

过去的十年中，父母带我看过很多医生。我甚至试验过了各种偏方，因为这更像是一种诅咒，我的外婆甚至去寺庙求神拜佛，去道观寻找符水，但是没用。最后我自己在奇痒的折磨下，渐渐总结出来了自保的方式，就是不让任何人看到我的身体——我的肌肤是见光死，而且是，见到人的目光就发痒。越紧张，越痒。

阿康轻松地说："如果真这样，那实在不幸啊，我未来一辈子都看不到我老婆的胴体啦！"

我一愣，旋即明白他的意思，已经干涸了的眼眶，又湿润了。他冲我眨眼："还好我整天要检查病人的身体，早都烦透了。"

阿康找到了我当年车祸住院的所有病历资料。

他看着当年的 CT 片子，啧啧有声。"芽芽，你可真算是幸运的，脊椎受了那么严重的一撞，居然没有半身不遂，"他指给我看，"你看，你胸椎第 12 节、第 13 节，都裂了。"

他打量着我："你竟然还能恢复得活蹦乱跳的，真是我家祖上有德。"

我嗔他："怎么是你家祖上有德？"

"你是我老婆啊，若非我祖上有德，庇护了未来的媳妇儿，我就要娶一个坐着轮椅的你了。"他拍了拍我的脑袋，哈哈大笑。

我们俩坐在他的诊所里，一起看所有的资料，他像个侦探一样，在小白板上记录着我 16 岁那年车祸的一切细节和我现在的症状。

"脊椎受伤——躯干部位神经性皮炎。"

"16 岁车祸——18 岁——失忆。"

"车祸——脊椎康复期——失忆。"

他忽然停住了，拿着一张门诊病历，看向我："你康复期的时候穿了脊柱支架？"

我摇摇头："我不记得了。"

他晃动着病历："你不可能不记得啊！CT 显示，你车祸后一开始康复得不好，脊柱出现了侧弯，然后医生给你配了一个支架，你需要穿到 18 岁。"

我茫然地看着他："我不记得什么支架。"

他冲到小白板前拿起水笔，唰唰几笔在板子上画了一个蓝色的背心一样的东西："就是这样的一个，铁的，用于固定脊柱姿势的——要穿很久的——你完全不记得？"

我努力地回想，却仍茫然。

阿康在白板上又画了一个人体，我的脸微微红了，那是一个女人体，他没留意我的反应，而是利落地在女人体的上半身，画出了几条界线，那几条线恰恰组成了一个背心的形状。

"芽芽，你没发现，你的神经性皮炎，恰好就是在这个范围里发作吗？你的病，一定和这个铁背心有关系。"

– 4 –

李雪手背上渗出的血，浸透了那块薄薄的药棉。

我简直内疚到无地自容："对不起，真的太对不起——"

可她却一挥手，毫不介意地略过了这个，兴致勃勃地看着我："孟芽芽，你是我在催眠治疗中，碰到的攻击性最强的病人。"

"攻击性？我——我在平时生活中是一个公认软弱怯懦的滥好人啊！"我不知所措地看着她，"连我的小时工都可以随意敲诈我。"

她认真地听着："小时工？不只是小时工吧？"

"我的实习生，也会跟我耍赖，工资花光了就求我支援。"

李雪点点头："还有？"

"同级的经理，会公开抢我部门的业绩。我带了两年的下属，想踩我肩膀上位，如果不是因为董事长对我非常了解，我现在的职位早已不保。同样是一份工作，我要付出比别人多几倍的努力。"

我一口气，滔滔不绝地说，说，说。

这一说，竟然忘记了时间。

我口干舌燥地停住。

李雪指了指我的胸口：“你所有的攻击性，全部转为了内耗。不过，这不是你有神经性皮炎的根本原因，疾病的原因隐藏在你的噩梦里，在梦里，你一直在叫两个名字：毛莉、何小华，毛莉、何小华——他们是？”

我迟疑了一会儿：“她们应该是我的高中同学，我已经十年没有见到她们了。”

李雪静静地看了我一会儿，才说：“她们和你关系密切吗？”

我闭上眼睛，沉默了一会儿才说：“我不记得了。”

李雪没说话，打开了视频。

我看见了自己——一个前所未见的自己。我还以为自己沉睡了很久呢，从视频来看，也就十几分钟，而这十几分钟，在我的感觉里，就如同一辈子那么漫长。

在催眠状态的我，宛若被鬼魅附体。

那是我，可是那又简直不能算作我，平日里斯文秀气的脸孔变得如此狞恶，就像恐怖片里的杀人女魔头，腮帮子痉挛，牙关紧咬，眉毛上挑，鼻孔大张，鼻尖儿时不时地抽抽，猎狗一样嗅着空气中并不存在的血腥，门牙也露了出来，雪白而狰狞地闪光。

我，还是我。可是，这是另一个，我从来没有看到过的我。

李雪期待地看着我，我默默地挪开了眼睛。她意识到，我并没有打算对她继续敞开心扉。她脸上掠过一丝失望，但是职业素养让她控制住了自己，她上前一步，试探着想安抚我，我疲惫地摇了摇头，从软榻上站起来。

这个软榻，真的像一个冥想池啊。

我从治疗室走出来，阿康立即迎了上来，他担忧地看着我：“是不是不舒服？”

我冲他努力地笑了笑："没有啊，相反，我觉得前所未有地好呢。"

他松了口气，伸手挽住我的胳膊，我后退了一步，将胳膊从他手里抽了出来。我定睛静静地看着他，深深地看，用一个濒临死亡的人回顾一生的专注与怅惘，看着他，看着他。

然后，我清清楚楚地说："阿康，我们分手吧。"

– 5 –

一个在世人眼里公认的好人，一定有自己隐藏的攻击性。因为人会有自己正常的利己需求，当自利的诉求被高度压抑，它就会转换为攻击性，如果这些攻击性都得不到释放，人可能就会生病。一句俗话叫："好人不长命。"大概就是如此。[1]

不过我的问题还不是这么简单。

我在催眠中，看到了我失去的那个部分的记忆。

我立即就明白了自己为什么会失忆。痛苦太深、太强烈了。痛苦到年轻的我，强行删除（封闭）了一切有关毛莉和何小华的记忆。

毛莉和何小华，都是我初中开始就很好的朋友，我们一起升入了家乡最好的中学，我和毛莉，还是同桌。

我们一直都是很好的朋友，直到高一那年，我被车撞了。

我住院三个多月，才回到学校。

我是穿着铁背心回到班级的。已经是大姑娘了，爱美，我就穿着宽大的衣服去上学，就算是夏天，我也穿着夹克衫。

[1] 观点引自李雪的《当我遇见一个人》。

一开始并没有人看出有什么问题，是毛莉老嫌我：“芽芽，你怎么把自己穿得这样土啊！”

“是啊是啊，你看看你，现在像一个‘装在套子里的人’！”何小华很有文采地总结。

我尴尬地笑。我也很抱歉，以前我们仨在一起走，就是行走的风景线，现在有我这么一个总是宽袍大袖、拖拖拉拉的同伴，她们觉得很不爽。

我自惭形秽，渐渐地拉开和她们的距离。可是，她们又挺不乐意，觉得我疏远了她们，或者说，觉得缺了我，不爽。

直到有一天，同桌的毛莉偶然碰到了我的胸：“啊哟，你身上是什么东西，硬邦邦的？”

我紧张地支吾。她原和我很相熟，猝不及防地一把掀开我的校服外套：“哇！呀！”她夸张地从凳子上弹起来，“这是什么鬼？！”

暗黑色的铁支架，像捆缚我躯干的罩子，狰狞地围绕着我的前胸后背。

“哈哈哈哈，你还真是套子里的人啊？”何小华也夸张地大笑起来，这下她的幽默感得到了淋漓尽致的表达，她伸手在我身上敲敲，敲得当当作响，“这玩意儿还挺科学的，像个宇宙飞船？”

“您这是上演生化危机呢，还是终结者？”

我使劲儿把衣服拉下来：“就是一个架子——我脊椎——脊椎——”

毛莉和何小华前俯后仰，笑得都快从凳子上掉到地上了：“孟芽芽，你太逗了，穿着这么一个玩意儿出门，你也不怕吓到小朋友和花花草草啊？”

一分钟里，全班同学都知道了，我是一个穿着铁质“乌龟壳”的女孩。

毛莉和何小华就像发现了什么新大陆似的，告诉每一个她们遇到的熟人或者陌生人。如果对方表示不信，她们就把我拉过去，拽起衣服来给别人看。

每一个人都仔细观赏了这个稀奇东西，然后表示：“哇哇，好可怕！”

这并不是传染病啊！

可他们却渐渐地像看传染病人、怪物一样看我。我一走进教室，必然有一个人“吓”得从座位上跳起来，大喊：“终结者来啦！”

全班顿时一阵哄笑。

下课了，排队去打饭，排在我前后的人，也必然有人发出被挤到了的怪叫：“哎呀！我踢到铁板了！”

光踢到铁板这个段子，就让全班笑了一个月。每个人都从我身边走，然后作出被撞上的痛苦姿态，引发全班默契的大笑。

每当一个笑话开始显得陈旧，毛莉和何小华就会开发一个新的段子，提醒大家不要忘记“这里还有个穿着铁壳子的怪物”。

我越来越沉默，而她们越来越欢乐。

课间休息，稍有空暇，我就被她们俩拎出来取乐。

直到最后一次，对，就是我在李雪的催眠下回忆起来的最后一次。

我没有把她们的手或者脸挠破，也没有把她们扔下楼，而是推开了她们俩，纵身爬上栏杆，跳了下去。本来是三楼，高度足以致命，但恰好那个栏杆处于楼角，底下不是水泥地而是一个花圃，刚刚下过雨的花圃泥土松软，我的铁背心也帮我抵消了冲击力。

我用跳楼终结了这场噩梦。

我在医院醒来时，已经完全在记忆里删除了这一切，只留下了原因不明的神经性皮炎。

在李雪唤醒这些记忆的那一刻，我好恨自己无法穿越。如果可以，我会朝时光洪流里伸出手去，一把抓住那两个霸凌我的女生，把她们的眼睛活活挖出来，把那个蜷缩在栏杆角落里，哀哀哭泣，最后扭过头去，纵身一跃而下的小姑娘，温柔地抱在怀里，告诉她：这一场噩梦不是你的错。

我无法穿越时间。

但我可以……终结，时间。

我不是“终结者”吗？

– 6 –

我独自回到家乡。

我出生并读书、长大、车祸又离开的那个十八线小城市。

爸爸妈妈早就不在这个城市了，我考上大学以后他们就搬走了。十年未归，满目陌生，遍地都是新楼盘，我差点都找不到以前的学校了。

然而城市毕竟小，并不需要花费多大力气，就找到了。

毛莉就没离开过这个城市，她现在开了一家母婴用品商店。

我走进店里，她正在逗弄孩子，见有客人进来，她抱着孩子殷勤地迎了上来，目光刚一碰触到我，她的眼神就凝固了。

没错，她认出了我。

“孟……孟……”她嘴唇在发抖。

她怀里的孩子感觉到了她的紧张，定睛看着我，又看着妈妈，跟见了鬼一样，哇的一声号哭起来。

她抱着孩子，想往外走。我动作比她快，一闪身，挡在门口。

她紧张地看着我：“你你你，你想作甚？”

她一开口，就是有我们家乡浓郁口音的普通话。

这一句话，忽然间让我愣了神。这就是让我整个少女时代做噩梦，异乡十年罹患神经性皮炎，把我折磨得死去活来的噩梦之源？她已然老了，她已然是一个妇人，才30不到吧？眼角已经有了放射状的鱼尾纹，颧骨高突，褐色的妊娠斑从长出来就没再消失，她紧紧抱着娃，裸露在外的一双手，在冬日里赤红而粗糙。

我心平气和地微笑：“没什么，我就是看看。”

她站定了脚，打量我，渐渐地眼里有了怨毒：“看看？”

她说：“听说你在北京混得不错。”

我说：“哪有。”

她怨憎地说：“听说你在跨国公司上班，自己在北京都买了好几套房子了。”

我耸耸肩，没有否认。

但是，你痒过吗？多少套房子也不能让你不痒！多少套房子也不能让你不做噩梦！我没有说，只是静静地看着她。

她又渐渐地紧张起来：“你看甚看？”

我把一只手揣进口袋，抬了抬眉毛：“其实我就是想问一个问题。”

“甚？”

我看着她：“你知道。”

“你、你、你、你，”她紧张地瞅着我放在兜里的手，往后退。因为太紧张，她口角溢出了白沫，堆在那里，她不停地舔着嘴唇，可是那些干燥的白皮依然翘着。

货架后面的一扇门忽然开了，里面走出来一个男的，气势汹汹地走到我们两人之间：“这是作甚？”他一下子准确地叫出了我的名字，“孟芽芽？你不是失忆了吗？啊？你想起来了，还是那时候就是装的？”

他站在那里，手戳向我，状若一只茶壶，猛烈地喷出他的怨恨：“你这是要来作甚？你跳楼了，我们也没落个好，毛莉和何小华都被公安叫去，关了一天！开除，留校察看！我就是在边上开了句玩笑，也挨了警告处分！你倒好，你上大学！你出国，你混得风生水起，我们变成了飞不起跳不高的落毛鸡！”

他愤怒地戳着我："你回来看我们笑话？"

我认出来了，啊，他是"牙擦苏"。他瘦了，且老相，额头上的青筋根根暴起，一说话他的牙更暴突了，牙花肉鲜红地突在外面。

我后退一步，避开他的手指，也避开他不闭风的嘴里喷出来的口水。

我仍然瞪着毛莉："为什么？"

毛莉尖叫起来："没有为什么！为甚你们都要问这个问题？当年哪有什么为什么？就是觉得好玩！好玩！逗你玩！上学无聊，总要找个开心果！谁知道你那么经不起逗！你知不知道你一跳楼，害死我们了！我们变成了学校里人人喊打的老鼠！本来我们俩成绩是差不多的吧？你上大学了，我回家！你一跳楼，公安把我叫去了，虽然就蹲了一天，外面还是讲我们是蹲过牢房的，蹲过牢房的！我爸把我往死了揍！打到我背上现在还有一个大疤，一个大疤，唵，你还要怎么样？怎么样？唵？"

她气得全身发抖。

怀抱里的孩子被她高亢的语调吓到眼神发定，哭不出来了。

我又后退了一步，问了最后一个问题："何小华人在哪？"

他们夫妻两人在，气势明显渐渐回涨，那年在栏杆前的压迫感，再次在我心头回升。

"牙擦苏"冷笑着说："何小华？下东莞去啦！在东莞，以前做鸡，现在是鸡头，你要去找她耍吗？"

我愕然地看着他们。

事情不应该是这样的。我的手放在衣兜里，从冰凉到火热，可是，事情不应该是这样的。他们气势汹汹地又逼近一步："你要作甚？"

压迫感更强了。黑暗泥沼里的羞辱感，那种无尽的耻辱之痛，又开始在我背上爬行。并没有人扯我的衣服，但是我的背、我的胸、我的肩膀，所有当年被铁背心覆盖的地方，被他们撕扯开来曝光的地方，都开始爬动着虫蚁。

痒，我开始痒。那种令我发疯的痒……又开始了。

我别开头，不再看那个孩子，缓缓地，一分一分，把手从兜里抽出。

忽然，我在货架的镜面上，看到门口的塑料帘子掀开了，我的手僵在兜口。

阿康掀开帘子走了进来。

“阿康？！”我震惊地看着他。我已经让他放弃我了。他竟然会追来这里，一直追到我噩梦的源头。

他一进来，毛莉和“牙擦苏”的气焰，顿时就退潮一样落了下去。

阿康走到我边上，伸手揽住了我的肩膀，静静地看着毛莉。毛莉飞速地扫了我一眼，那是满满的、真实的怨毒，那种恨不得杀死我的怨毒。

阿康这样的男生，是我们在少女时代一起幻想过的白马王子。阿康站在那里，比白马王子更像白马王子，尤其和对面的“牙擦苏”对照。

我背后的痒忽然间在慢慢消退。

毛莉恨毒地看着我。

阿康将下巴轻轻搁在我的额头上，蹭了蹭。在我肩膀上加了一点力，沉静地说：“我们走。”

我踉跄了一下，非常奇怪，那种一发作就让我满地打滚的奇痒，自然消失了。这是从未发生过的。

我慢慢地松开手指。

阿康伸手，慢慢地，轻轻地握住了我的手掌，一寸一寸，把它拿了出来。

“芽芽，你已经看到，他们得到了他们的命运，而你，你的命运刚刚开始。”他轻柔而坚定地说。

“我们回家。”阿康说。

我僵硬的手指在他的声音里变得柔软，一点点地滑落在他的掌心。

终于，我抬手挽住了他的胳膊，甜蜜蜜地说："好的，阿康。"

我重复："我们回家。"

我们转身，在毛莉和"牙擦苏"烈火一样的凝视里离开，但背后却是一片清凉。

我已经走出了我搁浅的黑暗，他们还站在那里，一直看着。

一个女生在我的微博里留言，讲了她的故事——"仅仅因为穿着矫正脊柱弯曲的铁背心，就被歧视、霸凌长达两年多，直到高中毕业"。

我第一次知道，还有这样莫名其妙的恶意和没有来由的恨意。

女生告诉我，她后来长大后曾经问过那几个充满恶意、一直拿她取乐的同学，他们为什么要这样对待她。对方的回答则是："你还记得哪？这有什么啊？不就是开个玩笑吗？"

女生说："那一刻，我特别想拿刀砍死他们。"

"你伤害了我，还一笑而过。"

给自己的同学制造了噩梦一样的中学时代，还指责受害人器量狭小、开不起玩笑——这本身就是霸凌的一部分。

霸凌者往往把责任推在受害人身上："都是因为你如何如何，我们才这样对待你。"要不就是："你太当真了，又没把你怎么样！"

甚至，受害人自残自杀的行为，也唤不起他们的忏悔。因为他们根本不知道自己在做什么。

青少年时期的孩子有一个最大的特征：就是他们往往不知道自己在做什么。他们也不知道自己的力量有多大，以及他们的行为在别人身上会造成什么后果。

霸凌造成的创伤有可能伴随终生，受害人会恐惧人际交往，会产生行为障碍。

在霸凌涉及的人群中，分为“霸凌者”“追随者”和“被霸凌者”。

若存在霸凌小团体，就会有少数“领头人”和多数“追随者”，其中只有那些领头的是真正的“霸凌者”（Bullies），而“追随者”（Followers）们往往也是在团体内被霸凌或者怕被霸凌的人，不得已随大流去霸凌更弱的对象。“被霸凌者”（Byllied）则是圈外人或被排挤者。

“被霸凌者”通常是因为某种原因不合群者，如太聪明或太笨的人、新来者、少数族裔、语言或表达不佳者、有残疾或缺陷者、太完美遭嫉妒者等。研究显示，在少儿时代涉入过较严重霸凌事件者，无论是受害人还是加害人，成年以后犯罪入狱的比例都要比普通人群高出很多。

小霸王从小逞惯威风，并尝到了当霸王的甜头，日后不守规则，为祸社会不足为奇。为何被欺辱对象日后也可能犯罪入狱呢？因为受霸凌的青少年当年往往没有能力反抗，却留下了终生的心理创伤，长大后便有可能伺机报复加害者，或将伤害投射在其他与霸凌者类似的人身上，甚至报复社会。

心理专家指出，霸凌案中随大流的追随者们，对头领的不服与对受害者的愧疚会对其造成双重受压，使其心态很扭曲，也会对他们的成长造成负面影响，以至于长大后形成人格缺陷。

故事中的芽芽就是因为无法化解这种伤害带来的痛苦，而转为失忆。失去的记忆并非真的消失了，而是像梦魇隐藏在潜意识深处，转化为强烈的羞耻感，自我攻击。于是当她感觉到被人注视身体时，就会转为过敏性皮疹，她受到霸凌的痛苦有多深，羞耻感有多强烈，她皮肤表现出的痒就有多强烈。

直到她回到了创伤的源头，追溯了成因，并且释放出了攻击性，充分表达了自己的恨意，告知对方：“你们错了！”她才开始从这样的梦魇中解脱。

因霸凌而有心理症结的读者，可以援此方式，寻找自己的伤害源头，并试着勇敢地对当年的加害者说出："你们错了，你们伤害了无辜的人。"

他们也许并不会认错，但是，仍然要告诉他们这是错的。同时，我们可以借此穿越时光，让曾经被压抑、被打击的幼小的自己，解放出来。

我们
为什么
被霸凌？

嫉妒是骨中的朽烂

朱鹮的安魂曲

一个孩子的青春期，往往也是全能自恋感达到顶峰的时期。在这个时期，孩子的内心容易充满狂妄傲慢，充满“否定一切、反对一切”的冲动，以此来急切地确立自我。孩子们要克服嫉妒在内心中的侵蚀，明白协作才是社会的本质，学会与人相处、合作。完成了这个过程，也是真正成年的过程。

– 1 –

她活着，阳光照进窗棂，她褐色的瞳仁莹澈发光，透明到那光似乎直接照射在她的脑海里。

眼睛是灵魂的窗户，那窗户里已经没有灵魂，光，便自由穿越。

那是因为她的灵魂早已挣脱了这肉体的束缚，这无用的、狼狈的、累赘的肉体，也挣脱了这尘世间的一切扰攘和污浊。

灵魂已经远走高飞，而我们还守着她的躯壳，哀痛着，眷念着，盼望着一个永远不可能出现的奇迹。

如果她还能开口说话，顽石也必点头吧。

– 2 –

朱鹮是一种鸟，一种非常珍贵的、极其少见的鸟。

我的父亲给我起了这么一个奇怪的名字：鹮。

我问父亲缘由，父亲哈哈大笑地说："这说明你珍贵啊，鹮鹮。你是独一无二的，全世界都难找到的国宝啊。"

他年轻时，是一个鸟类学家。朱鹮这种鸟就是他研究、孵化和保护的方向之一。

鹮鹮——他下班回来，在院子外面，就亲切地唤我。鹮鹮，快来，快来，那棵桫椤树上，落了一只鹮！

看，那就是朱鹮！

我跑出去，一只洁白的大鸟如幻影般腾空而去，后枕的羽冠在空中飘落飞舞，身姿出尘，曳然融入绿影不见。

这是我唯一一次看见野外的朱鹮。

我在父亲的鸟类保护基地看到过圈养的，它像鹤与鹅的杂交，像鹅一样有圆滚滚的身体与宽阔的脚掌，又像鹤一样高大威武，有鲜红的顶。它的喙是弯的，宛若圆月弯刀。而野外的这只，明显比基地的瘦，体型细长，飞起来的影子有仙姿。

现在我的父亲早已经不是那个在东亚动物保护论坛上口若悬河的鸟类学家了。我还记得他穿一身灰色的西服，胸口插着白色羽冠一样的手绢，西服收身很好，把他高大瘦长的身材衬托得很完美，他 45 岁，男人最意气风发的年龄，那年，我 15 岁。

那是父亲最好的年月。我知道。

也是后来悲苦的漫漫岁月里，他承受、忍耐每一天的绝望的碾压与煎熬当中，最常被拿出来咀嚼的记忆。

我知道。

那年他在东亚动物保护会议上演讲，朱鹮已经从濒临灭绝，经过抢救性养殖，繁育到了 80 多只——一个勉强可以支撑一个种群不至于灭绝的数量。他们正在准备进行下一步：鹮的野外放养。

而我，他唯一的女儿，15 岁，考进了他的母校。

读书是有传承的。读书在我们家从来都是如走路、吃饭、喝水一样稀松平常的事。

我从来没有意识到这种顺理成章对别人会是一种冒犯。

我父亲母亲在他们同代人中，一直也是佼佼者。我从小读书也是碾压所有的同龄人，一个小学我跳级了两次。

直到有一次，同楼的小朋友们不和我玩了。

她们半真半假地笑着说："你都上五年级了，我们还是三年级，我们不是一个层——次了。"她们用了"层次"这个词，把我砸蒙了。

可是我并不是故意冒犯，我爸爸妈妈也无意于培养天才来彰显门楣，我也没有有意要显得自己多能耐。可是读书对我来说，就是很轻松，拿到书本试卷，我觉得它们简单得可笑。我总不能装作自己不会吧？

后来我在书中读到另一个词——"藏拙"。

– 3 –

到了初中高中，我没有跳级，以免再次被视为异类，但是将大量时间消磨在了课外。

除了跟爸爸去鸟类保护基地，我还跟妈妈学乐器。我妈妈是音乐学院的教授。

开始是西洋乐器，小提琴、钢琴、小号、萨克斯、黑管……一路学下来。忽然有一天，一场演奏会散场时，我在后台被一个老太太揪住，她嗓门好大，震得我耳膜都疼："可算找到了，喏，你们看你们看，这手指！这手指！喏！"

我使劲挣都没挣脱："干吗呢您这是？"

捏着我的手指，她兴奋地上下打量我："就是你，就是你，来来来，跟我走。"

我打眼一瞅，老太太长得慈眉善目的，除了嗓门高点没有什么不妥，而且还有点儿面熟。她揪着我："你妈呢？你妈呢？我找她说去。"

她不由分说地把她的决定塞给了我："我要你跟我学古琴！"

对，古琴！

只有七个弦的那种。

可以弹出《高山流水》《广陵散》的那种。

当然，所有的乐器都能演奏这样的曲目，只要有谱嘛。但是，古琴是不同的。有些音乐，只有用特定的乐器，才能奏出它的精魂。

音乐是隐藏在虚空里的精魂，只有特定的人和特定的乐器契合，才能把它从虚空里唤醒，激活，翩翩而来。

她这么一说，我忽然想起了那只翩翩而去的鹮。

我妈妈看到老太太，赶紧站了起来："欧阳老师。"

通常，都是别人紧着我妈，毕恭毕敬地站起来喊"邝老师"。

欧阳老师当得起我妈站起来的——她是这个国家里现存于世的，最后的古典音乐泰斗。

"西洋音乐很好，"她打量着我说，"你的乐感、音准都很好。可是你的眼睛，出卖了你的灵魂，你不属于它们，你有一颗古典主义的灵魂。"

她一句话就把我催眠了。

那天从我妈办公室出来，我就跟欧阳老师走了。古典主义的灵魂……灵魂……我九岁了，马上要读初一。第一次，有一个人很严肃地和我谈灵魂。

– 4 –

如果妈妈知道，这个浪漫的邂逅与决定，会在未来的某一天，成为夺去她唯一女儿的起因，她一定会后悔到恨不得把自己的每一样乐器全部砸毁，每一根指头都砍掉。

幸而她不知道。幸而欧阳老师也不知道，她已经在一切发生之前，远离了这个尘世。

那一天，所有的人都在追问为什么，这一切是怎么发生的？为什么？

人们做了无数种设想。很多设想接近了真相，片刻之后，却又远离了真相。

只有我知道，真正的原因。

而我，已经不能开口说话。

我在欧阳老师门下学习了六年的音乐。如果不是她骤然去世，我可能会被更大的力量推动着，从此以音乐为专业。在我高考开始前两个月，欧阳老师脑卒中骤然离世。头一天晚上她还在和我一起弹奏《春江花月夜》，我古琴，她中阮。

第二天一早，保姆端着牛奶去敲房门，她仍在被窝里——这很罕见——通常这个时间点，她已经起床，并且在弹琴。

保姆近前一唤，人已经仙去。

“也好，她一辈子都是个干净得不得了的人，这样一下子就走了，不用躺在床上，屎啊尿啊，拖累人，干干净净一走，一了百了，也是大福报。”我妈如是说。

这个意外也改变了我的决定，欧阳老师在的时候，她满满的美意对我是一种无形的束缚。如果我不像她一样把终生献给音乐，尤其是古典音乐——并且在这个大地上复苏它们，简直就是一种大大的亵渎。老师忽然走了，我灵魂里另外一种力量在复活。她走了，我的紧箍咒没了。

考大学时，我做了个决定，去读生物系。

这个决定让一半的老师亲友大跌眼镜，却又让另一半的老师亲友大大舒了口气。

"这么好的苗子不去学音乐太可惜了！"

"学什么音乐啊，音乐只能做业余爱好好不好？这么好的科研苗子，应该去做科研啊！"

父亲和母亲的血脉在我身上打架，到底哪个会成为我未来的专业，在我考大学的问题上会一锤定音？最终，我选择了父亲的路。

谁说命运没有预兆？

当妈妈感慕欧阳老师的清净无碍时并不知道，499 天后，我已经成了一个最大的"挂碍"。

人类如果能从未来回望过去，会怎么样？悔恨，珍惜，迷茫？

悔恨自己那么愚痴吧，很多时候，真相就在眼前，预警也就在眼前，而我们却智慧搁浅，任凭凶兆在眼前跳着脚尖叫，我们却视而不见地，嬉笑而过。

– 5 –

那年夏末，我正式入读父亲的母校。

这是我第一次离开家住进一个陌生的房子。虽然还是在同一个城市，可是，总归是离开家了。离家前，我收拾东西，摸摸这个，又摸摸那个，充满了小动物头一次离开家的兴奋。

妈妈无情地打破我把整个卧室搬走的幻想：“得了吧啊，一个宿舍就八平方米，四个人，一个人两平方米，一米宽的床，放上古琴你睡哪啊你！”

我噘嘴，横了妈妈一眼。想想古琴是欧阳老师的遗赠，丝毫不可缺损，在家都是加湿器和空调恒温保存的，带去宿舍完全不可能，于是我只带了一个埙，抱了一个琵琶，还有陪着我的维尼熊。

我最晚到，四张床里，剩下的那张就是我的了。

靠门，而且迎门。

室友三人，琴、颜、松。见我进来，正在聊天的她们都愣了一愣。过了几秒，才齐刷刷对我展颜一笑。

骤然想起林妹妹进贾府的那个桥段，我便扑哧一声笑了。

颜站了起来，她是三个人中唯一站起来的，爽朗地朝我挥挥手：“你这一进来，太阳都被你遮掉了一大半！”

我乐了：“可不是，天生一个傻大个，吃饭费米，穿衣费料！”

颜走过来，郑重地和我握手。她明明比我矮了一头，却作出了压我一头的气势，这搞得我有点儿无措。不过我还是和她握了手。她又挥挥手，这次是朝我的床：“条件是次了点，不过，上大学嘛，就是来体验不同生活的，对不？”

琴和松都是外地学子。就是那种非常努力的孩子，在一个县城最好的高中里，艰苦地读了三年，以本县某科状元的成绩，考取了这所学校。来到这里之前，她们没有坐过火车，没有见过地铁，甚至没有见过十层以上的高楼。

她们充满仰慕地看着颜走过来和我握手的风度。

没过几天，她们的口音里，也带上了颜那种略带夸张的儿音，说话的神情也在模仿那种懒洋洋的、不屑的、大大咧咧的含混。

我把琵琶从箱子里拿出来，挂在床里的墙上，颜眼睛一亮："你会弹琵琶？"

松也来了兴趣："这个就是'欲饮琵琶马上催'的那个琵琶吗？"

我说是。

她们都饶有兴趣地凑过来，颜不由分说，一屁股在我床上坐下，从墙上摘下琵琶，抱在手里摆弄。

她显然也是学过的。她马上央求地问我："你有指甲吗？"

我不作声地从箱子里拿出指甲。

她兴高采烈地戴上，抱着我的琵琶——手没洗没擦，也没有用松香擦弦，就开始弹拨。

松和琴顿时发出惊呼。

"姐们儿，你太牛了！你真是个全才，什么都会啊你！"

"我服了，颜，你是吃什么长大的？琵琶你也会弹！"

颜快速地在弦间滑动手指，顾盼道："琵琶算什么？我会弹的乐器多了，你们见都没见过的！"

姿势是对的。可是她一开始弹我就看出来，她是学过，只是没下功夫。

琵琶叮咚，惊动了一层楼的新生，围观的人里外三层，连辅导员都来了，高兴地说："民乐队这下可遇到宝了！"

– 6 –

我本来并没有兴趣加入民乐队。

某天入睡前，颜叫我："萧鹮，我给你约了民乐队的面试！就是明天下午！"

呃……我还来不及推辞，她果决地说："很不容易争取的机会哦，队长亲自面试！只要你能弹得过去，流畅地弹完一首曲子，哪怕只是入门的曲子，基本上就能进民乐队了！"

我顽皮地反问："要是我一首也弹不完，怎么办？"

"你可不能给我丢人！"颜说，她话锋一转，"不过，那谁，李一峰，他敢不给我面子！你就算弹成一坨屎，他也得把你收下！哈哈哈哈哈！"

我扶额。

忽然觉得，颜也蛮可爱的。

见到李一峰，我小小地震惊了一下，也旋即明白了颜为什么最近三句话不离李一峰了。他个子不高，可是颜值高啊，一张脸如中秋月，眉毛漆黑如画，眼睛极亮，唇线如描，在几个民乐队的姐姐妹妹包围下，谈笑风生地评点着各人的演奏，端的是一个多情的宝哥哥呀。我悄悄看了颜一眼，她虽然端着脸站在那儿，但眼神里是充满不快的。

李一峰回头看到了我们，先是一顿，迅速又敛了那种错愕，从一堆迷妹中走出来，迎上我们："颜，这就是你推荐的舍友吗？"

他上下打量我，当然是摆出学长和领导的架势："啊呀，这么高的个子，可怎么排阵形啊。我们乐队里大家站一起，本来是水平线的，你来了马上成五线谱了！"

我不甘示弱地接了一句："你在低音区，我在高音区？"

他微微一愣。

我点中他痛脚，他站起来，还没我高呢——话又说回来，我 176 厘米，班上的一半男生都没我高呀……

颜脸上闪过一丝不悦，我暗暗叫糟。忽略了只是损损这个男生，却也捎带上了颜，她一直以来最大的恨事就是自己个子矮小啊！

她若无其事地和李一峰交换了一下眼神，大声说："来都来了，李师兄，听听我们大美妞的演奏，评评分，看看够格不？”

看这架势，我想打退堂鼓：“我……忘记拿我的琵琶了。”

颜抿嘴一笑，走到乐器架那里，拿下来一把琵琶，递给我：“这有！”

琴一入手，木质的手感就是一坠，再一看，相当有年代，琴身包浆完美，至少100年的历史——而且——它不是琵琶，而是中阮。

一种看起来和琵琶很像的古乐器。琵琶是椭圆的音箱，中阮是圆形的。始创于汉武帝时期，“中虚外实，天地象也；盘圆柄直，阴阳叙也；柱十有二，配律吕也；四弦”。

中阮不是一种常见的乐器，有年头品质又这么好的，更不多。我看了颜一眼，如果没猜错，这可能就是她自备的。

“弹啊。”颜笑吟吟地看着我，李一峰宠爱地看了她一眼：“小丫头片子，你又逗别人了。”

我叹了口气。

当时在欧阳老师那里，我用了一年时间，感受阮和琵琶的区别。大阮、中阮、小阮（已经极其罕见）因其音质的不同，在音乐中所能表现的情绪也不同……那一年的夜晚，多少次，欧阳老师领着我感受与体悟。

我坐下来，问：“有弹片吗？”

弹哪一曲呢？

《春江花月夜》，《阳关三叠》，《汉宫秋月》，《渔舟唱晚》？

我瞥了一眼颜和李一峰那郎情妾意的样子，心里又是偷偷一笑。

《凤求凰》吧！

弹完，李一峰站在我面前，目瞪口呆地望着我。他是懂行的，以至于不知道说什么了，颜站在他身边，拖了拖他的袖子：“好听吧？我就和你说过，我这把阮，巧夺天工，不是一般凡物……”她口沫横飞地指点着我，“那个，萧鹮，你抱阮的姿势，也太别扭了……你看你这手……”她拨拉着我的手，我眉头一皱，手指一拂，重新弹奏，甩开了她的手。

这次就弹……《十面埋伏》吧。

弹着弹着，一抬头，我前面齐刷刷地站了三四个老头儿。说老头儿夸张了，就是人到中年的大叔罢了。民乐队的指导老师们全给《十面埋伏》召唤出来了。

“你你你你，民乐队的吗？”一个大叔说，“我怎么从来没见过你？”

我赶紧站起来说：“我不是民乐队的，我……我是来串门的。”放下阮我就要走，一看他们的眼神，恍若欧阳老师再现……我只想赶紧溜走。

“小姑娘别跑！”领头的老师秃头长发，仙风道骨，长得生怕人家不知道他是个艺术家——对，我没说错，他是秃头，也是长发。头顶牛山濯濯，宛如光明顶，山腰中部却留着稀疏毛发，一如江南之春，大有莺飞草长、杂花生树之势。身上的文化衫上印着一幅漫画：一只煮得通红的虾子，背上牵着一根绳子，绳子那头拴着一颗与他脑袋颇类似的巨蛋……

“弹得不错啊！学多久了？”

眼见在包围圈里，我老老实实地说：“一年。”

“一年你弹成这样？！”他们互相交换了一下眼神，“吹牛吧！”

我真没吹牛啊！

颜站了出来为我做证：“老师，她确实不怎么弹中阮，她以前学琵琶的。”说着，她拿起那把阮抱在怀里，“我是学中阮的，”还补了一句，“我从八岁开始学，学了十年啦。”

“去去去，”“虾扯蛋”老师竟然毫不客气地把她拨拉到一边去了，绕到我面前，“你还会弹琵琶？啊，还会弹什么？”

我瞥了颜一眼，淡淡地说：“全都会。”

“啊？牛吹大了你啊，小姑娘！”

我没吹牛啊，演奏得好不好，那是另一回事，像颜那样糊弄两下，我也可以算是全会呀。

“虾扯蛋”老师从架子上拿过来一把二胡：“拉一个？”

看了一眼颜和李一峰，我接过了二胡。

我可以选择不接的。我可以轻巧地离开，但不知道为什么，也许，当着一个英俊的男子，我也有争强好胜之心。也许，这一两个月来，颜的强势让我备觉压抑，所有的不快都在心里酝酿已久。在这一刻，我要让她知道什么叫不知天高地厚。

我接过二胡，拉了《二泉映月》。又走到一边，在一张古筝前坐下，弹了《高山流水》。

“虾扯蛋”老师就是民乐队的社长。从我弹《十面埋伏》那一刻起，他已经决定了，不仅要把我抓进民乐队，而且，还要我在来年的汇报演出中，压轴出演。

– 7 –

被一群刚刚认识的陌生人簇拥了一下午，虽然累，还是有满足感的。谁不喜欢成为舞台的中心？音乐是走不了关系的，音乐也是要不了权势的，你爹是国王也好，你爹是贝多芬也好，都不能替代你上台演奏。

休息时，颜抱着阮走到“虾”老师跟前，异常谦卑地问：“老师，请您也指导我一下好吗？”

谁也没想到，正在眯着眼睛想事儿的“虾”老师忽然火了，蓬发一甩，牛眼一瞪：“听了萧鹂的，你觉得你弹的还能听吗？还能听吗？嗯？”

我吓了一跳。

李一峰赶紧站起来。

颜的脸色唰地白了。她猛然做了一个动作——举起了那把阮朝下一甩，幸亏李一峰扑上去一把将她连人带阮抱住。

“虾”老师一愣，似乎也意识到自己太冲了，太粗暴了。

但说什么也没意义了。

颜在李一峰怀里静静地窝了几秒，慢慢地挣脱出来，她眼里闪着泪花。

真的不是她的错，也不是“虾”老师的错，也不是我的错。

她看了我一眼……如果我足够聪明，应该从她凛然的眼神里看到不祥之兆。但是看出来又怎么样？

她讨厌我很快成了公开的事。

不仅在寝室公开，在全系都是公开的。

今天想来，这样的敌对关系，是必然的吧。她矮小，我高大。她微胖，我苗条。她黑黄，我白皙。如果没有我，她的劣势不会如此明显。可她大方、干练、热情、人缘好。颜讨厌我，全班的女生逐渐都开始“讨厌”我。

毕竟，我沉默寡言，也不和任何人来往，更不会召集全班吃吃喝喝，开派对聚会。

渐渐地，男生们也“讨厌”我了。

即使本着两性的天性，他们挺欣赏我——可我始终木讷，不接任何人抛来的暗示，更不和任何人搭话，一味地独来独往，谁有必要为这样一个寡淡的人，去得罪叱咤风云的班长颜呢？

民乐队成了我最经常去的地方。

都是玩音乐的，因乐而来，因乐而聚。有这样一个爱好，支撑大家在一起。

李一峰一直和我客客气气的。偶尔一个转身，余光扫到他的眼神，是灼热的，亮得可怕。但他已经是颜的男友，公开地一起打饭，小树林散步，图书馆一起复习，女生宿舍楼下拥抱……不知道为什么，他却始终没有退出民乐队。

汇报演出的日子近了，民乐队每天都在训练。

我们排演的开场曲目是合奏《将军令》。全员上阵，几乎所有的民族乐器都用上了，“虾”老师指挥。

最后是我的古琴独奏。

到底弹哪个曲目，我和“虾”老师争执了许久。他觉得这样一个迎接新年的日子，应该弹一首喜庆的曲目，可我却觉得除了《广陵止息》(《广陵散》)，没有什么曲子能彰显古琴演奏的最高境界。

最后我们俩折中了一下，弹《潇湘水云》。

这首曲子我弹得不多，演出临近，我几乎每天下了晚自习都要去琴室单独练习。

我没想到的是，李一峰也在。

他在《将军令》里弹古筝，练习也是应该的。

好几个夜晚，我们默然对坐。

我弹一曲，他听。

他弹一曲，我听。

他极善言，可不知为何，并不说话。

我素来是不说话的，他也不问。

我们只是偶尔说一两句，哦，这个音准好像不对，不对吗？这个是不是应该更轻柔地拨弦？这样挑弦，微微地颤抖，是不是更有水波连天的韵致？

弹完琴我回宿舍去。

已经接近凌晨，我轻手轻脚地打开虚掩的宿舍门，忽然，头顶上稀里哗啦掉下来黑乎乎的一件东西，哐当砸在我的头上，又弹到了地上。

一盆凉水，把我浇了个透。

我气得直打哆嗦，按亮了手机上的手电筒："谁干的？"

颜睡在最里面一张床，她傲然抬头："我！"

"你！"

她爽快承认，我一时竟不知说什么好。

我不能冲上去打她，虽然论个头力气，我一个人可以把她摔三个跟头。我也不能骂她，长这么大，我没骂过人。

"你！你！岂有此理！太过分了！"

我全身颤抖，用尽肺腑之力，才骂出这一句。

睡在靠门的松忽然开口道："这么晚了，吵什么？还让不让人睡了？！"

我一怔："我被浇了一身水——"

琴也一掀被子，抢白我："你为什么不想想你自己都干了什么呢？每天这么晚回宿舍，我们刚睡着，就被你吵醒了，你好意思吗你？人贵自觉，这样打扰大家，你没感觉吗你？！"

"你把宿舍当什么地方了？"

"你自己家吗？！"

"浇点水，开个玩笑，提醒你注意自己的行为！"

我晕头转向地拿起自己的面盆、牙杯和毛巾，逃进了洗手间。

从这个晚上开始，宿舍里三个人，都和我绝了交。就算住在同一个房间里，她们一致视我为透明，仿佛我不存在。

我尽可能地不回宿舍，如果没课，我就在家待着。

有课，我就在乐队练琴到深夜。

渐渐地，她们不仅当我是透明，即使我默然坐在那里，也会被骂："咦，这个傻瓜今天怎么在宿舍里呀？"

"我说怎么臭烘烘的，多了一个人呀？"

“她怎么这么不要脸，我们都这样骂了，还赖在我们宿舍不走！”

她们越是这样，我越觉得可笑。这样小孩一样的恶意，能怎么样呢？

– 8 –

还有一周就要演出了。

乐队定制的服装到位，我的服装有两套，一套是朱红色，紧身的古代劲装。在《将军令》的合奏中，我是那个击鼓的鼓手，要英姿飒爽地在两米高的巨鼓前，抡开扎着红绸的鼓槌，敲出千军万马的奔腾——敲出杀伐决断的气势——将军有令！

另一套是乳白色，广袖宫装，轻纱曳地，白色勒口上嵌着一枚宝珠扶额。

试妆的那天，我换上长裙——这不是我第一次穿演出服，却是我在大学里第一次穿演出服。我当然知道自己的美，也满意自己的美，虽然没有镜子，但李一峰掠过我的眼神，已经说明了一切。

“虾”老师激动地围绕着我走来走去，喃喃自语：“你不去学音乐，不去登台表演，简直就是犯罪啊，犯罪！犯罪！”

我好笑地说：“老师，我不学音乐、不登台表演是我自己的事，怎么就犯罪了！”

“美，应该属于全世界！你无权藏起来，藏起来就是犯罪！”他舞着手，比画着我，“上帝创造你的时候，一定是刚刚听完了一曲《欢乐颂》吧……萧鹂！”

李一峰忽然也插嘴了，这是他和我唯一一次谈音乐之外的话：“老师说得对，上天太不公平了，它把最美好的祝福全给了你——所以你没权利隐藏，这样的美，真的不属于任何人，应该属于全世界……”

他一本正经的样子，把我逗乐了。一回头，颜不知道什么时候来了，站在门口，幽幽地看着我们。

她似笑非笑地走过来，手绕住了她男朋友的胳膊，娇嗔地拧了一把：“李一峰，我还真不知道你这么会夸人啊！”她的目光飞回到我身上，顿了顿：“萧鹮，祝你演出成功。”

那天，我第一次跟着乐队全体去校门外吃了烧烤，还喝了一点啤酒。

第二天，我开始头疼。

头疼越来越剧烈，伴随着呕吐。我以为我是着凉了又吃坏了肚子。妈妈赶来学校，把我送去医院，可也没检查出什么问题。在医院观察了一天，呕吐渐渐停止，体温也正常了，我出院回家静养。妈妈让我在家多休息几天。

要期末考试，演出又只剩三天，我还是回到了学校。

回到学校，不适感又袭来。我几乎都怀疑自己是患有什么心因性疾病了。我再次呕吐，吐到几乎不能站立。

早晨起床，我拿起梳子在头上才刷了一下，大把的头发粘着梳子掉了下来。

这是得了绝症的前奏吗？我在心里偷偷地对自己说。万一是，那元旦的演出，我更不能错过了！

演出开始了。

我的每一根骨头都在疼痛。一周前还非常合身的紧身劲装，骤然间空落了一大块。

拿起鼓槌，指头的每一个细小的骨节，都因疼痛在颤抖。

真的——好疼啊——

但是，“虾”老师的指挥棒点向我，我闭上眼，眉毛挑起，深吸一口气，双臂如鹤展翼。此即古战场，我即战神浴血复苏，伤痕彻骨，血浸衣袍，满目悲怆，而将军有令！军令如山，鼓舞杀伐！

汗从后脑的细发里，密密地渗出，汇聚成细流，滑入我的后背。

不是体力消耗，而是疼痛。

这疼痛甚至渗入了鼓阵。

一曲终了，士气冲天、斗志昂扬的《将军令》止，台下掌声如雷，而“虾”老师，竟然泪目。

后台休息，他走过来，问我：“鹞鹞，你还行吗？”

我瞪了他一眼：“救场如救火，你说这会儿能说不行吗？”

梦幻一样的夜晚，时光如水流逝。每一个曲目都很精彩，我披着军大衣坐在后台，为乐队的每一个成员鼓掌，心里也在默默数着时间。最后一个，我是最后一个节目，太疼了。演出结束，我就要回家，我要去医院了。太疼了。

有什么东西在我的身体里，像异形一样奔突撕咬，像亿万只蚂蚁在啃咬我的骨头，像千百只小蛇在吸取我的骨髓……

终于，轮到我了。

报幕员报出的是《潇湘水云》，我走出来，追光跟着我，不用看，我也知道我如白莲在舞台中间徐徐绽放。我走向自己的座位，那里有一把设在一座莲台上的古琴。那是真正的古琴。我师欧阳的遗物。

坐下，吸气，俯瞰台下。

《潇湘水云》在我心中慢慢退去。不，此刻，我只有一个愿望，一个。我仿佛等待这一刻已有千年，仿佛所有琴师的精魂都在这一刻复活。

《广陵止息》。

没有什么理由。我就是想弹它。而且，有生以来，我第一次后悔，我没有遵从欧阳老师的意见，去进修音乐。在手抚上琴弦的那一刻，我听到了所有已经长眠的历代琴师，在我身后复活，在我耳边窃窃私语，在我身侧漂浮。我应该是和他们，站在一起的。

《聂政刺韩傀曲》——是它的前身。

嵇康最后一次弹奏此曲时，39 岁。

“纷披灿烂，戈矛纵横。”

这是中国琴师的安魂曲吧？

乐成。

我静坐数秒，台下竟然一片死寂。我轻轻颔首，起立，抱琴而退。

下台时我已经异常虚弱，李一峰是第一个瞧出我不对劲的人，他想上来扶我，我深深地看了他一眼，他在一步之外，停住，住了手。

当天夜里，我再次被送进了医院。

医生这次判断出，我可能是某种化学药剂中毒了。可是，他们没见过这样的毒。在他们的眼皮底下，我堕入烈火地狱。这样的毒剂是直接作用于神经的，太疼太疼了！把一个人所有的细胞、骨髓、神经，都放在烈火里满满地灼烧，而且永无休止。

我已经不能说话，虽然我知道身边有医生在忙碌，在我身上扎进各种各样的管子，我父母的哭声从遥远的地方传来。

而我唯一的乞求是，请你们拿开那些管子，放我走，让我死。

终于，一切都停止了。一切的疼痛、呼号、眼泪都消失了。

我静悄悄地漂浮了起来，俯瞰着一切。

我忽然间获得了全能全知的视角……时光在我的面前像万花筒一样旋转。任意的角度，任意的时间。

所有的一切，被我忽略的、我不曾看见的、隐秘的、黑暗的，我都看见了。

我看见了李一峰和颜的争吵，他恼怒地打了她一嘴巴，她捂住了脸，他又冲上去紧紧地抱住了她。我看见我在弹奏颜的中阮，而颜站在我的身后，眼里是满满的憎恶。我看见颜从“虾”老师面前退去，嘴角浮现的抽搐。

接着我看见，她们三人，颜、松，还有琴，在我的茶杯里，投入了生物课上取得的毒剂。

我看到她们在笑。她们在笑。在笑。

后来她们又哭了。

在那些穿着制服的人面前。啊，是警察。她们在哭。

“我们只是想让她毁容，掉头发，不要继续在我们面前神气活现的。”

“我只是想让她从我们宿舍里消失。我讨厌看到她。”

“凭什么她长那么漂亮还会弹琴还拿奖学金？凭什么所有的好处都是她的？什么都是给她的？”

并没有人因为这样的谋杀而被判处死刑。

因为我……活了下来。

在 41 天的抢救之后，我活了下来。如果她们及早承认并说出毒剂，我或许还有机会康复，但是警察在一周后才破案，那时候，生物毒剂已经腐蚀了我绝大多数的脑细胞。现代医学足够维持我的躯壳活下来——甚至还能逐渐恢复一些身体的行动能力，但这躯壳上所有的美貌和智慧都被毁灭了。

父亲扶着我，坐在窗下。

我漠然地望着明亮的天空，任由光照进眼瞳。

只有我自己知道，我已经死了。

像那只翩翩而去的朱鹮，羽冠摇曳，没入绿影。

我的父亲不知道。

或者说，他不肯接受这件事。

他只有我这一个孩子——哪怕是留着躯壳，也是好的。

我一直看着这个世界，时时隔着玻璃一样的屏障，在另一个世界，默默地望着你们。我想唤醒我的父亲，让他放弃，不要再扛着我那早已衰退的旧躯，一遍遍地做着毫无意义的康复。他和妈妈应该自由，像很多失独的老人一样，去旅行，去看世界，一点点修复伤口。也许他们还可以领养一个孩子，领养一个在这个世界上孤苦无依的孩子。

但他听不到。

他听不到。

父亲，你听到了吗？放我自由，也释放你。有一天，我们再见，你会知道，我有多么想你，多么爱你。

“谢室友不杀之恩”一度是校园流行语。同宿舍一起居住的人，可以是“睡在我上铺的兄弟”，也可能是在饮水机里投毒的凶手（黄洋案），或是在柜子里藏石锤的人（马加爵案），或是向导师、同学开枪的恶魔（卢刚案）。

一群来自五湖四海的学生，已经成为天之骄子，是未来的社会精英，可能因为这样或那样的动机对自己的同学做出伤害。

嫉妒，是霸凌行为最常见的动因。

小小的嫉妒，可以小到什么程度呢？小到你的裙子比我多，你的皮肤比我白，大家都夸你比我好看。大的嫉妒可以是什么呢？我男朋友喜欢上了你，你拿了我本来想争取的奖学金，你得到了我想得到的工作机会，甚至你打游戏时技术比我好、装备比我好、把我的人物杀了，都可能成为一个人伤害另一个人的理由。

宗教书中记载的第一个谋杀案——该隐的故事，就充满了这样的隐喻。

仅仅因为自己奉献的祭物不如弟弟馨香，妒火中烧的该隐就打杀了自己的弟弟。初读这样的故事，我觉得很荒诞——真的会有人这么做吗？人类不仅会这么做，甚至会比这个做得更可怕。

定睛在校园里看去，实际上，有人会为比这更小的理由，对自己的室友进行霸凌，甚至动了杀机。

为什么?

因为不能忍受别人比自己强。自己一点点地被比下去，足以导致其内心世界的崩塌，这是成功学教育的恶果——你绝对不能比我强，你比我强，就意味着我被淘汰，而淘汰就意味着毁灭，我死不如你死，你去死好了。

心理学把这样的行为推到最深处，可以见到，一个人全能自恋感越强，越无法忍受生活中的挫折——哪怕最小的挫折，可能都要用一种崩溃的、极端的方式去处理。这样的全能自恋的形成，往往又来自他们内心在童年形成的生存模式：我必须很强——我必须非常优秀——我必须比任何人都优秀——我才配得到父母的爱。而一个孩子在青春期里，往往是全能自恋感达到顶峰的一个时期。此时，他们内心里充满了狂妄傲慢，充满了“弑父弑母否定一切、打倒权威”的冲动，以期急切确立自我，孩子们必须度过这个充满挣扎、内心纠结的时期，完成洗礼和自我蜕变。比较而言，童年安全感较强的孩子，比较容易度过这个阶段；而童年安全感不足、父母的爱永远是有条件的、你必须很优秀才能争取到“爱”的孩子，则会格外艰难。这就是为什么在精英大学生、重点高中里，嫉妒是霸凌的主因，甚至出现故事中这种极端霸凌事件的原因。

高中至大学是一个青少年社会化的阶段，他们要解决自大的狂想（误以为自己无所不能，是世界中心），逐渐承认自己的有限。要克服嫉妒在内心中的侵蚀，渐渐明白协作才是社会的本质，并学会与人协作。完成了这个过程，也就完成了真正成年的过程。

解决这个障碍，需要社会、家庭和校园的协力，追求成功，更要学习失败。

疯人院奇缘

孩子——未成年人——甚至大学生，个体面对整个世界时是极其脆弱幼稚的，新生生命可能超级坚强，也可能超级无助，保存他们心灵的完好、人格的健康，是监护人、教师和学校共同的责任。

– 1 –

2000 年初夏，我还是一个刚毕业的小医生，一心一意想当作家，却被分在一家精神病防治所，郊区镇上的居民很亲切地管我们那儿叫“疯人院”。当地有句俗话：“青山路门没关好，跑出来的。”——指的就是我们。因为我们院在青山路，青山路在当地就成了疯人院的代名词。

防治所给了我一间狭小的办公室。无所事事时，我总要写点什么，四处投投稿，但都是被退稿或杳无音信。而且从退稿信的内容来看，编辑与其说是对我这个文学青年加以怜悯和鼓励，不如说是看了我的故事瘆得慌，消化不了硌硬，必须写信喷回来。

那天我会记得一辈子，我就是在那一天与我妻子开始恋爱的。

对了，那天还收到一封退稿信，那也是我最后一次投稿。退稿信系手写，足见其认真：“作品总体格调阴暗，充斥着不健康的细节描写……建议单位对作者加强思想教育，多感受社会的美好……”

字迹非常端正，见字如面，你会一下子想到一个头发短短的中年女子，中学政治课老师那种的，颧骨上有星星样的黄褐斑，一双圆滚滚的眼睛，张着焦灼的嘴巴，嘴唇浮现着许多疲惫的苍白死皮，眼光一若那些起翘的死皮，毛糙扎人。

这也不能怪编辑。

我写的那些人，就没几个正常人——话说，我也不认识多少正常人啊，除了写写病人的故事，稍微正面一点的人物就是病院里的护士和护工们了。

等一下你就会在这篇文稿里看到他们。

– 2 –

窗外一棵大玉兰树，有100多年了，胸径超过了一尺。深绿的卵形树叶，一小片一小片地嵌在窗户玻璃上，我总觉得它们是一些巨大精灵窥探人类的眼睛。而这个精神病院，我这个小窗口，就是它们看电视的屏幕。

精神病院并不像电影里或者外面想象的那样吵闹。

它，更像默剧。黑白片时期的默剧。

病人会发狂？当然会发狂。

没有关系。我们有老张。老张穿着白大褂，忽闪忽闪地，像一面白板，横亘在病床前。随便多疯狂的病人，一个背摔，锁喉，背缚，搞定。束缚带、紧身衣一上，病人就变成了一块砧板上的肉，只剩下眼睛还在疯狂地咕噜噜转动。

不过最好用的还是针剂。

一针巴比妥。病人圆睁的眼睛顿时松弛，眼皮耷拉下来，嘴巴里还是窸窸窣窣地咕哝着什么。但，整个身体都空了，一个倒空的口袋，护工要手疾眼快，一把托住这个栽倒的口袋。

也有没托住的。

我见过一个，老张大概是故意的，因为这病人胡抓乱挠时挠到他脸上了。

打完针剂，老张像一个刀客熟练地抹喉之后踢开一具尸体一样，就势把他朝床上一推，病人一头栽在床上。面门咚地砸在床栏杆上，牙豁了口，嘴唇破了皮，鲜血流下来，护工扯下一块卫生纸，给他贴住。

病人家属来探望。

医生轻描淡写地说，昨天他发病时，自己磕的。

并没有人觉得有什么不对。如果你在这样一个环境里上班，生活在一群很可能前一秒还友善地傻笑，后一秒就抄起餐刀要割断你喉咙的野兽当中，你的善良水准也会变成冬天河流的水位，不断下降，直到河底的臭鱼烂虾全部搁浅现形。

那天，我正在我的 586 电脑上打字呢，屏幕上鬼鬼祟祟地倒映出一个白色的影子，举着两个爪子，蹑手蹑脚地朝我靠近……

我头也不回地说："你累不累呀？"

白影凑近了我，屏幕里倒映出她笑成了一个甜面包的圆脸："你怎么每次都知道？"

我把文本最小化，转过身瞪着这个小胖妞："你那吨位，大地母亲的每一分晃悠都在诉说你的到来好不好？"

从我一进这家医院，护士阿雅，就认定了我是她今生的"非你莫属"。递水果、丢鲜花、帮我清理办公室、洗衣服（包括我藏起来的脏袜子、臭裤头）等一系列攻势之后，我对她告白了："我是迟早要离开这里的，而且，我喜欢体重低于 100 斤的女孩。"

阿雅其实挺好，在很多男人眼里，她是一个健康活泼的女孩，一笑起来脸颊上两团圆圆的红晕。在很多大妈眼里，她也是那种屁股大、腰肢圆、乳房高、挺好生养的儿媳妇。有一天我要是过了 30 岁想结婚抱娃，也会喜欢她。

但我现在才 25 岁。

阿雅摔了一个杯子，啐了我一口，哭了两次，说："那，我们做好哥们儿吧。"

"今天又什么事？哥们儿？"我说。

她朝门外一指："我给你找了个好素材！"

"来了个特别好看的病人！太好看了！太好看了！我就没见过这么好看的！"她重重地说，"女的！"

我正写得抓耳挠腮呢，美女！我感激地冲她竖了竖大拇指。

"真兄弟也——人呢？"

阿雅一竖大拇指："新人，洗澡呢。"

– 3 –

隔着玻璃，我看新来的美女病人洗澡。

所有的精神病人都在一个大浴室里洗澡。

分男女，不同批次进去。

浴室是封闭的，但却有一面墙是透明的，方便医生观察病人的行为。

护工给病人洗澡。病情较轻的、可以自理的病人自己洗，但也是在护工的监督下。在精神病院里没有隐私可言。

浴室里是一个个早就没有了莲蓬头的水喉，另外还有橡皮软管。

心情恶劣的护工把扒光衣服的病人像吆喝牛羊一样轰进浴室——我们没有足够多的女护工。正经女护工谁愿意来这？更别说有医学专业背景的女护士了。阿雅可是我们的医院之花。

单向玻璃，她看不见我们。

她惊惶地扭头看着背后的老张，没忘记手护着胸口。她乳房并不大，“豆蔻含香，夭桃初发”大概就是这种形态吧。指缝里漏出润红如粉的颜色，如彤草上顶着一朵落樱。

老张拿着水管对着她，恶作剧似的对着她的重点部位喷射，水柱激荡，打在她屁股上，一头垂落腰际的长发在水流里冲得飞起来，一绺一绺地黏在她细致的腰肢上。她娇小的身躯拧转，如一尊白色大理石女体寸寸开裂。

那真是我见过的最美的裸体。

也是我有生以来，被原始的力比多第一次排山倒海地碾压，它如风暴一样从灵魂的黑海里呼啸而来，席卷一切。

我有生以来所有感知到的事物都不再有意义，比起她眼帘微微的一闪，我的生命还比不上她眼中的一点泪光。

她闭上眼睛。杏仁般的眼帘低垂，投下忧郁的黑影，长得惊人也黑得惊人的睫毛像淋雨的蝴蝶，颤动着栖息。她的面孔，线条分明而倔强，嘴唇宛若我特别喜欢的影星安吉丽娜·朱莉，唇缝里似乎永远噙着一颗浓厚到化不开的糖。她的腿瘦弱，但很直，紧紧地闭合着，因为消瘦，大腿之间留下一指宽的空隙。

那个瞬间我爆发出许多互相矛盾的念头，曾经阅读过的佳句美词都在腹部翻腾起来，而各种猥琐阴暗亵渎的念头也一起冲出闸门，我想跪下去吻她每一根毛发，又想把她碾压在水里，碾压成一块饼干。

哗啦啦的一阵水声，另一个穿着高帮靴子的男护工踩着水，噼里啪啦地从她身边冲过，撅着屁股，把一个钻到洗涤池底下的病人拽了出来。

老张用水龙头冲着她，同时快活地和那个护工叽叽嘎嘎地说着什么。两人大笑起来。

她埋头站在那里，全身绷成一块石头，还是双手护胸。

老张粗暴地吆喝着什么，大概是让她转身或者分开腿，但她依然一动不动。

老张拧大了水流，水管剧烈地喷出白色水花，如一杆枪，突突地发射着子弹。他把枪口朝她腿缝里伸去。

我怒吼一声，一脚踹开了浴室的门，冲过更衣区，冲进水花四溅的浴室。

老张惊愕地转过身来，他忘记了手里的水管，水柱也对着我冲来，哗啦一下把我淋了个落汤鸡。

老张吓了一跳，挪开了水龙头。

我喝道："谁允许你这样对待病人的？"

她张皇地转过身来。

老张嘴巴张着，又慢慢地闭上了，瞟了女病人一眼，又瞟了瞟我，慢腾腾地一笑："难怪看不上小雅，原来你喜欢这种弱鸡儿啊。不过这个有啥好啊，这么瘦，一点肉头都没有，你看，奶子都还没长出来呢——"说着，他忽然掉转水龙头，水柱猛地冲向她胸口。

我冲了过去，脚下一滑，身体飞出去，我的拳头带着身体重量重重地砸在老张脸上。

我们俩人在光滑的地面上滚作一团，没有人管的水龙头在地上跳动着，像一条蛇，冰冷的水浇了我们一头一脸一身。

滚到她的脚下。

水花中我瞥见她的脚，苍白如石膏，趾甲上半点血色也无。大脚趾紧张地抠着瓷砖缝隙，再往上，是那双腿，象牙色，石膏像一样僵硬笔直。

噼里啪啦的混战里，阿雅踩着水冲了进来，和另外一个男护工一起把我们拉开。

老张摸了一把脸上的水，看看手下一抹血，边擦边笑：“好，好，杜医生，我还以为你荤素不吃油盐不进呢。”

阿雅瞪着老张，站在我前面，叉着腰吼：“你瞎说啥？啊？你还有理了你？院里不是有规定，症状较轻的女病人由女护工来做清洁？”

她是护工们的头儿，奖金考勤啥的都在她手上，她一吼，老张马上就收敛起来了，讨好地说：“我这不是来帮忙嘛。”

“医生，求求你们救救我。”站在一边的病人忽然小声说。

浴室的白瓷砖散发着刺目的光。她站在晃动着微微波纹的水洼里，眼睛倒映着涟漪。她看向我，目光凄楚而恳切。她手捂着胸口，对我说：“我不是精神病，是班主任在公报私仇。”

– 4 –

竟然，我相信她。

更多还是专业的直觉。我见过许多病人，他们可以比正常人还正常，和他们聊半个小时你觉得完全没问题，没碰上他们抓狂的点之前，都觉得挺好的，甚至会觉得他智商还挺高、表达挺流利。但是，你会从他眼睛里察觉到一些格外明亮的东西，那是精神力不正常地燃烧着的明亮，是灵魂里有分裂着的碎片在反光。

她的眼睛充满失落和怨恨。但是，那依然是一个正常的眼神。

我说服自己。我单独把她带到我的办公室，与我刹那间的疯狂冲动无关。我带她来，只是为了询问病史，写病历，安排治疗。

但实际上我最想做的事，是让她站起来，慢慢地把衣服解开，就像在浴室里那样脱得一丝不挂，站在我的面前。

此刻我握有这样的绝对权力。

医生之于病人，老师之于学生，父母之于儿童，都是握有特殊权力的。

我想，如果不是还有阿雅在场，恐怕我真的就这么干了。阿雅站在她身后，圆滚滚的胳膊交叉抱在胸前，像是她的女保镖。

我心平气和地问："刚才，你说，谁陷害你？"

阿雅递给我她的病历。她的名字叫穆光。

她来自一个西南的边陲小城。在考上本城这所赫赫有名的大学之前，她都没有离开过那个小县城。难怪她眉眼里有那么纯净的色泽，就像《边城》里的翠翠。

"我们班主任。"她快速地说，声音低微，却是一字一字咬出来的，衔着恨。她有一双极美的眼睛，长睫宛若春草，覆盖着一双幽静泉眼，她有一种空谷幽兰、幽篁鸣琴的美。

我面无表情地看着她，心里却在寻找一个恰当的比喻……窗外夕阳照进，一角光落在桌上，我骤然间默念出一句俳句："一抹落日照在深院青苔上，微小细幼的茸。"

我拿笔在纸上画着，记下这句我异常满意的诗，但看着她的表情依然专业而冷静。我重复了一遍她的话："班主任陷害你？为什么要陷害你呢？"

她彷徨地看着我，又看看阿雅："我要是讲出来，你们一定会把我当成疯子。"

"说说看。"我和阿雅交换了一下眼色。我们也不是第一次碰到这种事，有爸爸为了霸占家产把女儿送进来说精神病的，也有老婆为了离婚，把老公送进来说精神病的，还有家长不满孩子自由恋爱，送进来关几天的。在精神病院待着，你会看到许多最精彩的小说家也写不出来的奇葩故事，也能听到最牛的肖邦也弹不出来的忧伤。

阿雅鼓励地说："我们啥没见过啊？说吧说吧。"

我总觉得阿雅的笑容里有点儿不怀好意——鼓励一个精神病人——你可劲儿疯吧啊你——我都接着。

我和阿雅起初是带着笑在听。

渐渐地，就像喝空了的杯子里的茶叶，被搁了三天，我们所有的表情都干巴卷曲了。

"我是 615 分考进大学的。"穆光的自述从对自己的肯定开始。

第一句话通常是一个人对自己人生的高度总结。615 分确实非常骄人。

阿雅努努嘴，她就是个学渣，高考大概考了 450 分，去读了大专护校。

就连我在穆光这样的成绩面前也不得不敬畏，满分才 640 分！好吧，她一定就是因为读书太用功了，脑子才会脱线。

"当然，我体育也很好，一进大学就被选进田径队。我是布依族的，我们从小就翻山越岭。"她放下杯子，忽然站起来伸展了一下她的胳膊和腿，她的臂展真的惊人，腿长的比例足以让 T 台上的模特们羞惭。我这才明白为什么我仅仅看了一眼她的裸体就迷得神魂颠倒，这是来自雄性动物的天性，在我的理性作出判断之前，我的本能已经在 0.1 秒里测量过了她的比例、她的对称性、她的健康指数、她繁衍后代的品质……然后替我的大脑作出了最佳判断。

下面，穆光的讲述让我和阿雅无暇思考。

– 5 –

我在田径队，第一学期就打破了我们学校的 1500 米长跑纪录。这个可能是因为，我都是跑着去学校的。我喜欢体育。我们少数民族嘛，没有那么多拘束，我有点儿像男孩子，爸爸妈妈也只有我这一个孩子，我这头头发，都是进了大学以后才留长的。一般的女孩子都是和自己宿舍的室友亲近，我不是，我和田径队的队友，还有班上几个喜欢运动的男生关系特别好，我学会了打篮球，他们经常叫我。打完篮球，我们会坐在田径场的水泥台子上，一起喝饮料。男生们喝啤酒，我喝汽水，腿挂在台子底下，晃晃悠悠，晒着太阳，边喝边说笑。

当然啦，班主任也很喜欢我，她 50 多岁了，也是我们学校毕业的，父母也是高知，所以一毕业就留校做辅导员，一干就是 30 年。她家就住在学校里，她叫我去她家吃饭，说她带了 30 年学生，我是她见过综合评分最高的。她也说，我以后会前途无量。

她的家很安静。

只有她和她儿子。她没提过她老公。我也很自觉地不问。

吃饭的时候，她儿子坐在我对面，一直低着头。盛饭、舀汤、夹菜、咀嚼，都不发出任何声音，是一个特别文雅的男孩。好像他和我们差不多大，听老师说他在另外一个系。

一顿饭，他都没有说一句话，我也拘谨起来，不好意思多说，于是饭桌上只剩下班主任老师的声音。她絮絮叨叨地给我们讲她的往事，在这所学校里度过的青春，见过多少学生，学生里面，后来成为国家栋梁的、出国的、当了大学者的，边说，边神往地看着我，又看着她儿子。

后来她还叫过我几次，每次也都会碰到她儿子。我们寝室女生都挺羡慕她对我好，还有点儿小嫉妒。因为，班主任喜欢你，就意味着有许多良好资源、许多别人渴望的机会，可能会优先轮到我。一个女生开玩笑说："她别是看中你了，希望你做她儿媳妇吧。"

田径队找我，辩论队找我，舞蹈队也找我，听说我是少数民族的，民乐队也来拉我入队。我什么都好奇，中学时光学习了，现在可以敞开了玩儿了，我越来越忙，到了大二，就很少去班主任家了。

事情是从大一下学期开始的。

我组织了一场晚会，晚会很成功，大家都玩得很开心，收场的时候我要留下来清理场地，就回去得更晚了，并没有人留下来等我。我归拢了椅子桌子，一抬头，场地里还剩下一个人。很奇怪，他只是站在那里。

我愣了愣才认出来他是谁，是班主任的儿子——小栾。说来好笑，一起吃了也有五六次饭了，我和他从来没说过话，我甚至没有认真看过他的脸。

第一次在班主任家以外的地方遇到他，我主动地招呼："你也来参加我们系的晚会吗？"

他忽然间走近，非常快，快得就像一道影子，闪到我面前。

我这才发现他个子不高，甚至比我还矮半个头。他的脸很苍白，文文静静的脸上却挂着一种莫名其妙的笑——那个笑很怪，像是刀刻在脸上的，顿时我就感觉不舒服，尤其是他猛然贴我那么近，又是那种眼神。

更可怕的是，他直勾勾地看着我，低声说："以后不要穿成这样给别人看了！"

我有点儿蒙，这都什么跟什么啊？我下意识地说："我穿什么样啦？"

他举起手，在我胸口一戳。

我都没反应过来，他的手指就戳在我的胸口。冰冰凉凉的，像一条蛇，在那里，啄了一口。没错，我是穿了一件低领的裙子，可是——他竟然敢——我甚至都忘记了该发怒或者尖叫或者揍他或者做任何事。

我只是后退了一步，一把抓起自己的书包，急匆匆地朝外跑去。

他在我背后高声叫："以后记住！我女朋友，绝对不允许这样，搔首弄姿！"

我急匆匆地逃走，没和任何人说这个事，我也不知道从何说起。那个周末班主任又叫我去她家，我拒绝了。

结果，晚上，我从教室上完自习出来，又碰到了他。

他还是那一脸阴笑，跟在我后面走："我来接你，惊喜吗？"

我瞪了他一眼，非常反感地说："你为什么要鬼鬼祟祟跟着我？"

他若无其事地说："我是为了给你一个惊喜啊！这么晚了，你一个人回宿舍，不安全的，我特地来保护你，开心吧？"

他和之前我在班主任家见到的人，完全不一样了。那几次见，他从不开口，总是低着头，害羞文静到木讷，此刻变得口齿很伶俐，甚至油腔滑调。不知道为什么，我虽然比他高，比他强壮，可他身上有些东西，让我觉得恐惧。

他看出了我的恐惧，就换了一副口气："穆光，你也知道，我没有朋友的，你是我唯一的朋友，对不对？我都从来没逛过学校外面的夜市，你知道那个夜市吧？有好多好吃的，还有好多彩灯，可是我妈妈说那里不安全，也不卫生。我就住在附近十几年了，却从来没有去过，你陪我去一次好不好？"

我有点儿心软了，但是我补充了一句："好吧，我带你去，不过我可不是你女朋友。"

他笑了笑，把他的自行车推了过来，拍了拍后座，让我坐上去。我说我有自行车，他摇头，又拍了拍车座。

我过去一看我的自行车，发现轮胎没气了。

我只好坐上了他的车，他载着我，高高兴兴地往学校西门骑去。

我跟着他在夜市逛了一圈，他问我是不是爱吃烤羊肉串，我说是。他又问我是不是爱吃烤馒头片，我说是。心里也有点儿奇怪，他似乎什么都知道。

他给我买了羊肉串、馒头片，亲手撒上孜然粉，拿给我。他不是简单拿给我，而是举着肉串，伸到我嘴边，我扭头让开，伸手去接肉串。他不给，执意再把肉串伸到我嘴巴上。

我伸手把羊肉串夺了过去，他又笑了，他的笑容让我毛骨悚然，可能别人看了还觉得这是一对小情侣呢。他那个笑容就是那种，仿佛和我多么要好，多么熟悉，他多么宠溺、纵容我的小脾气，可是，我在这之前根本和他不熟啊！

吃完羊肉串，我郑重地和他说："对不起，我要好好读书考研的，本科期间不可能谈恋爱，而且我对你也没有那个感觉，以后不要来找我了好吗？"

他没有回答，还是那种笑容，看着我，拍了拍自行车后座，说："我送你回寝室吧。"

到了宿舍楼下，我又重复和他说了一遍："以后请不要再来找我了……你这样，怪吓人的。"说完，我就跑进了宿舍楼。

我觉得这件事就该结束了。

没想到的是，第二天，晚自习我一出教学楼，竟然又看到他，佝偻着脖子，靠着他的山地车站着，微笑着看着我。

我浑身汗毛全奓了——为了避免再碰到他，我换了一个从来没去过的地方自习，是校园里比较偏的一个教室了。而且我是在食堂吃完了饭，挤在人堆里，绕了一圈才走到这里来的。这样他都能准确找到我，只意味着一件事，就是今天至少是从食堂开始，他就在跟踪我！

他又朝我走来，再次伸出手，作出要拥抱我的姿势，好像已经拥抱我几百次一样熟练。一种前所未有的寒冷席卷了我，我又看了一眼我停在楼外的自行车，没错，白天我修好了的、打足了气的车胎，又瘪了。

我尖叫一声，撒腿就跑。

他跟在我后面追。他骑车，我跑，即使我是长跑冠军，跑了一会儿，他还是渐渐追了上来。我听到他车轮子吱溜吱溜的声音，扭头一看，他伸着手从后面要抓住我，那手，在夜色里，看起来就像恐怖片里伸出来抓人的鬼爪。

忽然前面一个男同学停了下来，转头看向我们这边，喊了起来：“干吗呢你们？”

我一看，谢天谢地，是我们班的体育委员，我们一起打过好几次篮球，也一起主持过好几个活动。

小栾正好从背后抓住了我的头发，我正在狂奔中，只觉得头皮都快被拽下来了，哎哟一声，差点摔倒，不过我的惯性更大，把他从自行车上拽摔下来。

我也被带得蹲到地上，才稳住自己。

只见他躺在地上，手指抓缠着几缕头发——从我头上拔下来的——得意扬扬地躺在那里，似乎并没有感觉到摔疼了。他又露出那种变态的神秘莫测的笑，举起手，把头发凑到鼻子上：“好香啊……”

体育委员冲过来就踹了他一脚：“耍流氓？”

体育委员并不知道他是班主任的儿子，但是看着他活生生从我头上拽下了一把头发，仅仅是出于怜香惜玉，也非常愤怒，踹了一脚，又准备上去踹。小栾也不反抗，躺在地上，眼睛直勾勾地盯着我。

我拉住了体育委员，说：“算了，算了，我也没啥事。”

体育委员护送我回宿舍，路上，我把大概经过说了一下，体育委员拍拍胸脯说：“这种小流氓，揍一顿就老实了，这段时间估计他还会再骚扰你，要是他再来，你就叫我。”

小栾消失了。

我渐渐放下了悬着的心。

夏意越来越浓郁，一个傍晚，我洗完澡，换上自己最喜欢的淡蓝色长裙，背上书包去上晚自习。

猛然间看到他又幽灵般地出现在教学楼门口。

老远地我一看到他，掉头就走。他又在后面追。我就一直跑，跑到男生宿舍楼下，叫体育委员的名字。

体育委员马上就下来了，他个子比小栾高出至少 20 厘米，上去一脚就把他踢翻了。

两人扭打起来，小栾是打不过他的，却死缠着揪着他不放，任凭体育委员的拳头雨点般地落在他身上。我害怕了，赶紧上去分开他们。

我刚刚把他们拉开，小栾擦了擦鼻血，站定了身体，扭身掏书包，他——掏出了一把——菜刀！

刀身是黑的，刀口却是雪亮的。

我们根本没反应过来，他已经一刀砍在了体育委员的肩膀上。

体育委员一声惨叫。

又一刀，又一刀，我都能听到刀锋砍在骨骼上，骨骼碎裂的声音。

我根本没有来得及作出任何思考，猛然伸手，一把抓住那把刀——就好像——那不是一把刀，而是一根树枝。

我另一只手抓住了疯狂的小栾的手，对体育委员喊：“快跑！”

体育委员已经满身是血，就着这一空隙，他后退，撒腿就跑，血像蚯蚓一样沿着他的脚爬下来。

看到他跑进宿舍楼，我使劲推了疯子一把，自己也撒腿就跑，这时候我才感受到手心的剧痛，热乎乎的液体沿着手往下流。

我才跑了一步就被他从背后推倒了，一个狗啃屎趴倒在地，他提着刀站在我身边，一滴血滑落，滴在我的脸上，还是热的，我想我是要死了，闭上了眼睛。

过了一秒，也许一分钟，他挥舞着刀，斩落。

我以为我必死无疑。闭着眼，僵硬成一块木头。当的一声，剁在我的头边，刀钉在砖地上。

我的一侧头发，全部被斩断在地。刀锋上的残血，随着挥舞的风声，散落在我脖子上。不知道过了多久，我只听到他阴恻恻地说：“今天我饶你一命，以后要是你再敢背叛我——”

警察来了，老师们来了，铺天盖地的人来了。

我做梦也想不到的是，小栾一脸真诚而激动，一口咬定，我是他女朋友，体育委员是第三者插足，而且先殴打了他，他是打不过才反抗自卫的。

我永远不会忘记在警务室，警察走进来，开口问话时看我的眼神，轻佻、好奇和厌恶。

“你和栾某某认识多久了？”

认识有一年多了……可是以前我们从来都没有说过话啊！

“他经常来接你下自习对吗？”

并不是我要他来接我的呀！

“你们一起吃饭、逛街，对吗？”

乱了，全乱了。

砰的一声，警务室的门开了，几个老师拉都拉不住，班主任冲了进来，兜头抽了我一嘴巴。

警察站起来，拽住她。

她浑身发抖，脸色惨白，指着我：“你怎么这么无耻？你怎么一丁点道德都没有？我对你这么照顾，带你到我家吃饭，你勾引我儿子，勾引我儿子这么单纯的孩子，就算了，你还搞三角恋，不，多角恋，谁知道你背后脚踩几只船？”

我坐在那里，浑身发抖。

围观的有老师，也有许多学生。

她大声地宣布着我的罪状，一遍一遍，一遍一遍。

我多么不要脸，利用她的信任，勾引她的好儿子，又多么不要脸，同时去向好几个男生示爱，利用这些男生，来给我写作业，骗吃骗喝，弄零花钱。包括每次她邀请的饭，都变成了我骗吃骗喝的真凭实据。

几个小时前，她的儿子，一刀险些劈开我的头，我手上的深及肌腱的伤口刚刚缝合，还在渗血，医生说我手的功能估计会终身受影响。她又举起了另外一把刀，在众人面前，把我活活劈杀。

一切还没结束。

她以道德败坏为由，撤销了我所有的班级职务，取消了我全部的奖学金，并且任命了好几个同学，全天监视我的行动。动不动就把我叫过去，问我和谁来往了，晚上去哪了，有没有做作风不正派的事。

起初是班上的同学全部远离了我，后来风声越传越广，系里同学也开始异样地看着我。

无论上什么课，我坐的位置，无论是多么好的位置，我周围一圈，都没有人坐。

我成了不可接触的人！

班主任用她的言行，公开宣布了——穆光是不可接触的“贱民”。

许多女生本来就不喜欢我，这下，更可以公开表达对我的鄙视和唾弃。

男生们唯恐被老师列为与我有不道德交往的人选，争相公开表示厌憎我，以向老师证明清白。

班主任老师让全班都写了“证明材料”，揭发我生活作风多么败坏，思想品德多么不正派。

几天前，我还是系花、尖子生、未来之星，现在，我变成了一个无耻放荡的、坑害了两个大好青年的、应该被千刀万剐的潘金莲。

最可怕的还不是唾弃。

而是无视。

唾弃的高潮过后，在班主任的刻意引导下，我成了我们这个班级里“不存在的人”。

发书本，没有人发给我，我的那套会被剩下在某个角落。秋游，不会带我。课程变更，没有人通知我。

不，没有人和我争吵，没有人羞辱我，没有……没有，他们甚至不和我说话。

我在食堂一坐下，边上的同学就会端起盘子，唰啦走开。

唯一让我安慰的是，体育委员保住了性命。他被砍了四刀，肩胛骨都砍缺了，也幸亏他比较强壮，送到医院后他输了 8000 毫升的血，学校里也动员起来给他献血，他度过了危险，活了下来。

等到再次见到他，已经是又一学期了。

再次见到他让我非常高兴。

我心里隐隐地期望，他也许可以出面为我做证。我和他是什么关系他很清楚。我有没有勾引过他，玩弄他的感情，他自己最清楚。

开学后我见到了他，他是全校瞩目的见义勇为的英雄了，学校也为他开了表彰大会。他不能再当体育委员了，被任命为班长和系学生会主席，听说以后肯定是要直接读博士的，走到哪里，他身边都围绕着一群人，并且很快交了女朋友。

让我无法理解的是，他根本不跟我说话。

仿佛我是他人生的奇耻大辱。

收作业，他从我身边走过去，我递给他，他没看见一样。我放在他桌子上，他就把它留在那里，似乎那作业上充满了不洁和污秽。

我实在是不服。周围气氛虽然压抑，还不足以让我窒息，但他这样对我，我不服。说到底，疯子拿刀砍向他时，我伸手抓住了刀刃啊，我拿着我的命，拦下了砍向他的刀，倒在地上时，我差一点就死了，为什么现在他连一句主持公道的话都不肯为我说？

如果我还是那个篮球场上的穆光，我可能会面带微笑彬彬有礼地叫他，要他解释。但我已经没有力量了，我的精神、勇气都消耗在这几个月的歧视和隔离中。任何一个人对我稍稍一个轻蔑的眼色，我都惴惴不安、自惭形秽。

后来我托了一个还肯跟我说话的同学去问他，并且恳切地告诉他，我也非常痛苦，抑郁，都快要自杀了。

同学带回来一句话："她就是立即死了，也和我没有任何关系。"

我想不开，为什么？

是因为他经历的恐怖痛苦全部归因于我，还是因为他相信班主任说的，我欺骗了他，我和小栾是恋爱关系？

起初我还哭泣，躺在床上，拉着帘子，一哭一天一夜，眼睛都肿到剩下一条缝隙，一连几天不吃饭。

再后来，我不哭了。

唯有沉默，来对抗孤立，我以沉默对抗包围着我的沉默。就像用死亡，可以杀死死亡。

小栾没有去坐牢。听说他拿到了精神病证明，监外执行，在精神病院关了一年，就放了。

班主任劝我退学，或者休学。我没有。希望我考试挂掉，我没有。对她来说我是一个值得诅咒的存在，我每年依然是第一，虽然拿不到奖学金，我仍然是第一。

我非常瘦了，可是田径比赛，1500 米我还是拿了金牌，破了纪录。

我几乎不再说话，可还是有教授希望我读他的研究生。

……忽然有一天，她找到我，和颜悦色地说，只要我同意签字来疗养院住一阵，有疗养院证明我身体合格，就会给我考研资格。

我签了字。

第二天就来到了，你们这里。

这里是疗养院吗？

－6－

穆光抬起头，捋了捋垂落在面颊边上的散发。举手时，我看到她横贯手掌的疤痕，切断了她的生命线、事业线、爱情线，几乎切掉她半只手。

早已经过了下班时间，黑沉沉的夜垂落在楼外，路灯又把它晕染成了诡异的橘色。

她看着我的表情，又看着阿雅。

她自嘲地笑了笑，说：“现在我是疯子了，对吧？”

我看了阿雅一眼，阿雅也飞速地溜了我一眼。我们彼此看到了眼中的对方：泪流满面。我站了起来，走到了阿雅身边，按住她的肩膀。阿雅震动了一下，像是从一场绵密的噩梦中被唤醒，她反手握住我的手，这是我们第一次肌肤相触，却非常自然，她的手很滑，很软，也很暖。

阿雅咳嗽了一声，回头看了我一眼，我点了点头。

阿雅缓缓地说：“如果这个世界上还有一个人会相信你——那个人，就是我。”

穆光睫毛一跳。

阿雅又说：“如果世界上还有第二个，那就是——他。”她又拍了拍我的手。

我们从未像今天这样心灵相通过。

穆光瞪大眼睛："你们为什么会相信我？"

"这个嘛，"阿雅抬手擦了擦眼角，把泪痕揩掉，吸了吸鼻子，"因为，你说的那个小栾，在我们重病区，住了一年，"她翘翘大拇指，"他就是他的主治医生。"

换一个人，可能都不会完全相信整个离奇的故事。她就真的全然无辜吗？

她真的和小栾没有勾勾搭搭吗？没有勾勾搭搭，他怎么会做出那么冲动的事？

我和小栾的母亲——栾老师，在一年前就讨论过这个问题。

"Stalker"——跟踪狂，是在国内还很少被人关注的一种精神失调问题。对跟踪狂的界定非常困难，他们通常都非常聪明，甚至和高智商犯罪分子相比差不了多少。他们所设置的局，真假难分。

跟踪狂极度热衷于自己的想法，多数是控制狂。他们会锁定一个目标，并坚信，这个目标也是爱着他的。目标的每一个眼神、每一个动作、每一句话，都是在对他发送清楚的邀约。

别说是普通人，他们对着医生或警察时，真诚的眼睛，也能骗过绝大多数人。我们自己精神病院的医生，也只是在某些资料里看到过这样的案例，我呢，恰好是因为喜欢看各种悬疑小说，尤其是和精神疾病有关的，就研究了这个病症。

穆光将信将疑地看着我们两人。她在这里已经待得太久了，远远超出了我应该和她谈话的时间。我看了看手表，抓紧和她交代："你自己要表现很正常，哭闹没有任何作用，你必须非常配合指令，尽可能证明你是一个正常人，直到医生作出判断。你是学校保卫处签字送进来的，班主任、保卫处，都签字证明你有抑郁症、躁狂症、暴力攻击性……最糟糕的是，你自己也签字同意入院治疗。"

“你现在唯一的希望是联系上你父母，他们是你的合法监护人，只要他们签字，就可以把你接出去。”

穆光不安地看着我们：“留在这里会怎么样？我会错过考研？”

我拿笔敲着病历本：“如果你是一个精神病人，就会每天被注射镇定剂，还会服药，以控制你的病情。但是如果你是一个正常人，这样的药物会对你的大脑有很大的伤害。”我有点儿不忍心说下去了。

– 7 –

穆光真的是非常聪明、有定力的女孩。

病房里除了她，都是真正的精神病，而且是重症。她默默地坐着，手里拿着我给她的两本杂志。虽然精神病院不允许病人有私人物品，但经过医生批准，报纸杂志是可以给的。

到了吃饭时间，她就乖乖吃，让出去做操，锻炼身体，她也高高兴兴地做操，连节拍都不错一个。

阿雅偷偷地给她的父母打了电话，让他们迅速赶来。

在我们预计穆光父母就要到达的日子，我们没等来她的爸爸妈妈，却等来了一个我很熟悉的人。

栾老师，一来就气势汹汹地直奔院长室。

几分钟后，老张过来敲我办公室的门，他眼角的瘀青已经化为了紫斑，看起来颇为滑稽，他像是抓到我什么把柄似的，敲了一声就推开门，大声吼道：“院长请你去！”

我整了整白大褂，抓起穆光的病历，走进院长办公室。

栾老师。

一身洗得发了白的蓝西服，齐耳短发，一张紧绷的脸。她儿子和她长得一点儿也不像，除了眼睛。

院长见我进来，在老板椅上摆正身体，公事公办地扬起下颌，严正地查询我："栾老师那边送来的学生，为什么没有正常进行治疗？"

"在治疗啊，"我轻松地说，"她的躁狂症状很轻，几乎可以说没有——"

栾老师睁圆了眼睛，厉声说："她明明就是精神病！病得不轻！"

我看了她一眼，继续说下去："从这几天的观察来看，她没有做出任何威胁别人或自己的举动，甚至连一丝企图也没有，我们也给她做了测试，抑郁症量表，她的数据都很正常——"

栾老师急眼了："你胡说！"

我怒目瞪向她："你是医生还是我是医生？"

院长马上站了起来，提高了声音："你是院长还是我是院长？"

我也提高了声音："153号的家属已经联系了我们，他们不同意给他们的女儿进行精神病治疗，就这两天，他们会赶到，如果我们硬是用药，她的家长赶来了，找我们麻烦，恐怕也不好交代吧？"

栾老师猛地站起来，停了一秒，忽然笑了，笑得释然轻松。她笑起来的样子，倒和她儿子很像。

我被她笑得一阵发毛。

她笑着看着我："我说您怎么这么有底气呢？"她笑容里的嘲讽之意越来越明确，"昨天穆光的家长来学校了，不过，他们相信我，也相信学校，也写了授权给学校，希望孩子在这里得到治疗，这样的治疗机会也是很不容易的哦，全公费的呢……"

她从兜里掏出一份协议，扔在院长办公桌上，看着我。她的笑声很轻，却咯咯地没完，笑了将近一分钟，笑到我灰头土脸地从院长办公室走出去。

经过重病号区，我不敢朝病区看。

穆光的眼睛肯定在墙后面看着我。她接下来的命运已经注定——未来，天知道会是多长时间，住在一个全部是重症精神病的地方，服药。

– 8 –

我还能做什么？放火烧了这个疯人院吗？

一个那么美、那么无辜又勇敢的精灵，要在我的面前毁灭，而且是用这个世界上最残忍的方式。她这样的女孩，一旦精神被剥夺，变成了痴呆，变成一尊绝美却没有思想和自由意志的行尸走肉最终流落于人间，我真不敢想象结局。

走廊尽头是一扇圆拱形的窗，我毫不怀疑，一旦确切知道无法离开此地，而且我不再是她的主治医生，穆光会从这里跳下去。

阿雅在背后叫住我。

她匆匆跑上来，从护士服的兜里掏出一个本子，塞在我手里。

“这是以前我从小栾的床底下找到的。私人物品，被我没收了，差点都忘记了。”她轻松地说。我这才注意到，她嘴角和腮帮交接的地方，有一粒小小的酒窝，她推了我一把：“你快看看吧，我觉得可能有用。”

与其说这是一个日记本，不如说这是写在学生练习册上的呓语。

看了几行，我情不自禁就放下了穆光的事。对一个精神病医生来说，这记录太宝贵了，这个是我研究的第一个（搞不好这辈子也是唯一一个）真实的跟踪狂的心理独白。不是入院后写的，而是他平时生活中自己记录的随笔。

我用了半小时，慢慢地把它看完，终于找到了小栾精神出现混乱的最直接动因。不忍直视的、可怕的经历，在他情绪虽然不稳定，但叙事十分严密的文字里，精确地得到呈现。

小栾的父亲在他六岁时，搞外遇离开了他和他妈妈。他妈妈没有再婚。没有再婚的原因是因为他，日复一日，妈妈一直搂着他睡觉，陪伴他长大，直到他青春期都没有改变。

小栾的人格最后分裂成了两个，他给自己虚构了两个身份，一个是妈妈的情人，也是这个家的父亲。一个是风一样自由的少年，是这个家的儿子。他甚至给自己起了两个不同的名字，合英和小逸。小逸坚信，穆光是他命中注定的爱侣，他热烈而痴情地暗恋着穆光。而穆光从进入他家第一分钟起，就爱上了合英，并且在引诱合英，想要把合英从这个家里撬走。

– 9 –

之后的事就没那么简单了。

我给栾老师看了那个小练习册。

她一眼就认出了自己儿子的字迹。只看了一页，她就暴躁地跳了起来，不知道是想把本子撕碎，还是想拿起最近的一个笔筒砸烂我的头。我只好提醒她，这只是一个复印件。

我重复了三遍，她才慢慢地坐了回去。

她恨恨地看着我："凭什么我儿子在这里关了一年！一年！她却逍遥自在！还想读研究生？"

在精神病院待久了，我有一个很好的职业习惯。我从不说多余的话，因为你的病人可能根本听不见，他们会选择性过滤掉一切他们不想听到的话语。

我回到医院，步履轻松。

我见到了穆光的父母，如实地回答了他们关于病情的咨询，而学校方面，也出具了一个可以解除穆光的精神病治疗的意见书。

现在，我又一次握有了决定一个人一生命运的机会。我经过浴室时，一群病人正在那里洗澡，当中没有穆光，但我却情不自禁地想起那尊神祇一样的肉体。

如果我愿意，现在我就可以把她叫进我的办公室。我相信，在面对留在精神病院的可怕命运，得知我是她唯一的救星，也是真正善待她的人时，她会愿意做任何事，只要能取悦于我。

在病房里我看到了阿雅。

她投来询问的一瞥，我微微朝她点了点头。穆光双手紧紧地抓着床栏杆，如一个祷告的信徒，渴求地仰头看着我。

她的体形还是出卖了她，入院之后，她掉了至少两公斤，已经瘦到形销骨立。原本就松松垮垮的病号服，此刻布片一样挂在她身上。清晰的下颌骨形状越发锐利，仿佛要扎出皮肤。

我庄严地看着她，轻声说："153 号，你今天就可以出院了，你爸爸妈妈已经来接你了，他们就在外面。"

她愕然张大嘴巴，大到我几乎可以看到她喉咙里粉红色的扁桃体。

眼泪簌簌地沿着她眼角冒了出来，又快又多。

我轻轻地朝她、朝阿雅点了一点头："请帮助她办理手续。"然后，我把手放进白大褂的兜里，走了出去。

– 10 –

对了，我忘记和你们说了，我刚刚回到办公室，门就敲响了。一个女人冲了进来，她疯狂地一把抱住我，我也疯狂地回抱着她，恶狼一样狠狠地吻着她圆润温暖的小嘴。我吻得如此用力，以至于把她的唇都撕扯出了血迹。

我踢开帘子，抱起她，把她放在我午休的单人床上。

她咻咻喘息着，张开的身体像一个诡异的旋涡，我如一只疯狗撕咬上去。

“杜医生，我好爱你。我好爱你。”她混乱地晃动着头，呲呲地说。

我正忙不过来呢，哪顾得上回答？但考虑到一生幸福大计，我可不想一辈子都被太太指责我们的初夜太不温柔，太没有爱。于是我一边狼吞虎咽，一边呼哧呼哧地响应：“阿雅，我也爱你。”

生活比推理小说还推理。

在第一次看到倾诉者的大段文本时，我震惊得无法呼吸——心口被一块大石压住，那种隔着屏幕传递过来的绝望，是固体的，有质量的。消化这样的一个真实事件，要花费巨大的体能。反复咀嚼后，我对当事人充满了敬意。

不是每个心灵都能在那样的绝望里还能保持完整的。

事实上，这个故事的主人公后来不仅读了研究生，还出国留学，在名校读了博士。事业成功，人生也美满。她一直想寻找当年帮助过她的精神病院医生，他没有草率地相信学校方面的结论，而是认真地判断她的精神状态，确诊她没有疾病后，帮助她离开。医生的负责和仁慈，保存了她的心智，也保住了她的未来。

当然，医生的部分是另外做的设定，是从其他自述者的故事里吸取的细节。

孩子——未成年人——甚至大学生，面对这个世界时是极其脆弱幼稚的。新生生命可能超级坚强，也可能超级无助，保存他们心灵的完好、人格的健康，是监护人、教师和学校的责任。

这个故事还揭示了一件事，就是隐秘伤害的吊诡之处，往往超出我们正常在生活里能看到的表象，一切不合常理的事实底下，可能有我们未知的真相。

因为对霸凌不了解，对心理成因不了解，教师、家长往往将孩子的异常行为简单归类。孩子有攻击行为，往往被简单归为品行不好、脾气不好，粗暴地甚至用恶意的行动来惩罚，起因都没捋顺，结果自然背道而驰。

在我们身边，生活着为数并不稀少的心理异常者，甚至是有反社会型人格的人。他们制造麻烦时往往手段特殊，心理轨迹特殊，行动无法预知。9 ~ 18 岁，是一个高危阶段。如果校园的管理者、监护人仅从常理去度量这样的霸凌事件，而没有专业心理背景的辅导老师来介入，处置难免失当。

尚未结束

投胎是个技术活

霸凌者和被霸凌者，最重要的成因之一就是原生家庭。在这篇文章里，我们看到一个孩子，在他童年被“谋杀”了无数次，现在活在我们跟前的，只是一个U盘的残片，为了指控环境曾经对他犯下的不可饶恕的罪恶，而开口说话——家长们，合上本书，请想想，你对孩子的成长，特别是心理的成长，都做过哪些。

– 1 –

出生，是我这辈子最大的过错。

我因此罪大恶极，必须用无休止的苦行，来洗涤赎罪。

这是我活到50岁时的总结，也是我母亲从我出生那天，不，甚至更早，在我尚且在她腹中成胎，就反复告诫我的箴言。

我降生于10月，北方的天气已经苦寒。我母亲用一块油布把我包起来。对，就是那种刷着桐油的、深黄色的油布，坚硬、粗糙，抖一下簌簌作响。

我赤裸的小身体落在冰凉的油布上，顿时发出凄厉的哭叫。它和我刚刚离开的那个地方，温暖的母腹、柔软的子宫相差如此巨大。寒冷像一把刀子，新生儿的肌肤比薄纸还要娇嫩，她甚至连一块棉布都不给我，就这样把我粗暴地放在油布上，包了起来。

这么做的原因是，油布便于清理，她不必清洗任何污染了的褥子、小衣或尿布。

我凄惨地在油布里哭泣着，周身有如刀割。但我母亲并没有意识到她的新生儿如堕阿鼻地狱，她烦躁地瞪着我，心里滚动的念头化作一句句恶毒的诅咒喷射出来："孽种，你们伍家专门出这种磨人的坏种！没有良心、作大损的牲口！"

护士好心地说："都没穿件衣服，孩子会冷的吧……"

她不耐烦地说："冷什么冷？小孩子屁股上三把火，他冷什么冷！"

她的愤怒与怨毒让一个产室的产妇和家属都避之不及，也有年长的妇人劝慰她："孩子是你生的，孩子又没啥错……"

她脖子一梗——脖子一梗是我妈妈终身的习惯，如今七八十岁了，她还是有这个动作习惯，下巴再朝上一扬，嘴巴一撇，眼睛也横过来时，就是准备犯浑了。

她说："他就不该来到这个世上！"

她说的是真话。她和我的父亲正在闹离婚，却发现已经怀孕三个多月。我奶奶就说："生吧生吧，孩子多了就没空打架闹离婚了！我已经帮你们带了大娃，不能再帮你们带二娃了，这个，你自己带吧！"

妈妈梗着脖子说："自己带就自己带！"

"为了你，我才没有和你爸爸离婚！"这句话，从我能听懂人话，就一直响在我耳边，"为了你，我才在这里受你爸爸的作践！"

当然，事实上即使没有我，她也不会离婚。

生活给我母亲预设的道路很窄，只有糟糕和更糟糕两个选项。

我妈妈和爸爸从认识到结婚一共才三个月，这场婚姻是交易的结果，更是她逃避原生家庭的结果。

她算是聪慧努力的，拼了命地考了中专，分配到我爸爸所在的县城，却落在一个小山沟里当老师。有人给她介绍，嫁给县上的一个秘书，就能从山沟里调出来到城里。她想回到县城——就算她不那么急迫，她父亲的频繁来信，也让这件事变得急迫。她是家里的长女，她工作的这一年，她的母亲刚刚生下幺儿。

她的同事精明地评价："你回去作甚？回去一大堆尿褥子、屎盆子等着你！不到你出嫁，你的工资本都到不了你手里！"

她在家里作为长女，就是我外公外婆的小奴隶，养鸡喂兔，烧火煮饭，洗刷带娃，农忙耕地，插秧栽菜，几乎承担了大半的家务。这一切被视为理所当然。谁家的孩子不帮父母供养弟妹啊？何况还是个女孩子，让你读书已经够对得起你了。考上中专让她短暂地摆脱了家庭对她的剥削，她的本能是抗拒回到家里继续当无薪保姆的，但又别无出路——这个时候命运递给她的唯一的橄榄枝，看起来还是鲜嫩诱人的。

她很快嫁给了我父亲。

"一见卿卿误终身——"他们的结合有没有爱慕之情已经无从知道。我降临人间时，正值我母亲深陷父亲家庭纠结错综的关系，并正在融入其中，成为新的互相撕扯的一部分。

她坐在产床上，满心仇恨。

她生了孩子，而且是这个家族中稀有的男丁，可她住院整整十天，没人来探望她，一个都没有。

我爸爸还好说，胳膊骨折住院了。

我爷爷奶奶的家，就距离她生产的医院不到 1000 米，却没有一个人来送饭送水，没有一个人来看看新生儿。

这迄今是一个不解之谜。也许是因为我爷爷奶奶要拿一拿这个不那么俯首帖耳的儿媳妇，也许是因为这个家族从根子上就冷漠无情，情商极低，连起码的人情世故都不遵守。她把我扔在床上，有时候半天才想起来喂奶，一边喂，一边烦躁不安地痛骂："吃，你就知道吃，你是饿死鬼投胎吗？你咋怎么也吃不饱呢？"

母乳来自她的母性，而怨毒，则来自她对吞噬了自己半生的这个男方家庭的仇恨。

事实上，十天后，她委委屈屈地抱着孩子踏进家门，公婆也不过是撩了撩眼皮，瞅了她和怀里的孩子一眼，淡淡地说："哎呀，一个小黑皮。"

她原本的期待、为伍家诞下男丁的骄傲、渴望得到的肯定，此刻全部转化为被怠慢的羞辱。

在爷爷奶奶精于控制的算计里，早就看透了她想凭借我的出生，争取家庭更重要的位置的企图，甚至想争取一点点经济独立的意愿。于是，他们轻描淡写地"晾"着她，就兵不血刃地解决了这个产妇的挣扎。

"你自己生的，咋的？"

"这个孩子又不是我从娘家带来的！"

"那又咋的？"爷爷说。

"谁家女人不生娃？"奶奶说。

大家比赛犯浑呗。妈妈确实是比不过爷爷奶奶的——当然，最后，她的愤怒和仇恨，都只有一个出口，就是我这个老伍家的新生儿。

– 2 –

“这个孩子怎么这么能吃！”

吃，在我身上，也是一个罪恶。

妈妈的仇恨有多重原因，深层的已经说了，浅层的直接来自她对家庭经济情况的无力。家里已经两个孩子，但是两个大人两个孩子，口粮全靠她一个人的工资。

我父亲是家里的长子，从参加工作的第一天起，全部工资都交给我的爷爷支配，月复一月。他身上只有交党费和剃头的 5 毛钱，再之外一个钢镚儿都别想留下。他这样贫窘，自然也不可能有什么漏下的物质去养他的新妇幼儿。

我出生后不久，妈妈和爸爸终于争取到了分家。分家的代价是净身出户。

他们弄到了一个不到十平方米的原来做仓库的小房子，搬离了爷爷奶奶家。一分钱、一个碗、一床被褥，都没能拿走。

“这个家是我的，哪有你的份？我还没死呢！”爷爷恶狠狠地说。这个家族，是他的王国，他就是国王，所有的子女都是他的臣仆，至于外来的儿媳，是臣仆的仆人，地位更加低贱。这些臣仆所有的资源都要用来供养他这个王，现在居然有一个仆人（其实也是最后一个仆人了）竟然敢造反要求分家，这还了得吗？

我父亲怀着不孝的歉疚离开旧家，又自得于一个新王国的诞生，他怀着自我加冕的得意，搬进了小仓房。

原来的时候，爸爸再懒惰，在爷爷的威压下也会做一些分内的事。搬进新家后，妈妈独立自主的喜悦转瞬即逝，经常为爸爸任事不干、只当甩手掌柜而和他干起仗来。

爸爸不仅不干任何活儿了，还各种做作，拿腔拿调，要妈妈和孩子们侍奉着他，让他享足当国王的滋味。

他父亲怎么对待他，他就怎么全部加在我们的身上，并且自行发挥，变本加厉。

普通家务完全推给妈妈干，连和泥铺院、上墙修瓦、扛砖挑水这样的力气活，他也完全不干，不仅不干，还为这些活的安排，和妈妈跳着脚骂得口沫横飞。

“男人哪是干这些脏活的？”他扬扬得意地喷溅着吐沫星子说。

妈妈那时候又怀孕了，腆着肚子爬在院墙上，想叫他递砖上来，他也不干，还嬉笑着说：“劳心者治人，劳力者治于人。”

妈妈急红了眼，从墙上爬下来：“今天谁也别干了！”

他的嘲笑变成了暴怒，拿起边上喝水的海碗就砸向妈妈，没砸到，碗在地上四分五裂，一大块碗碴飞溅出去，割在了妈妈的脚上，不偏不倚，割破了脚腕上的动脉。

鲜血像一支箭飙了出来。

围观的邻居有跑来用手按的，有用卫生纸压的，后来别人还找来了纱布，没用。血迅速地滋出来，地上很快积起了一摊暗红色的小水潭，阳光下，很快凝固成一坨血豆腐。

“要糟了，怕是割到动脉了！”一个懂点儿医的邻居说。

大家七手八脚地找来了自行车，驮着我妈妈，送去附近的医院。

即使是送到了最近的医院，等找到了外科医生，我妈妈的脸也已经完全煞白，意识渐渐昏迷。

用医生的话说，能抢救回来，完全是运气。

妈妈出院了，孩子还侥幸保住没有流产，肚子越来越大，妈妈是做不了什么家务了，姐姐又生了病，所有的家务就压在我这个三岁大点的孩子身上。

妈妈和爸爸打过很多仗，虽然爸爸干家务是拿一根灯芯草都喊累的，但是真打起来，妈妈远不是他对手，每每都被他按在地上打得死去活来。

“打倒的媳妇揉倒的面。”——爸爸打起来之所以下死手，是因为秉承了我爷爷的教导，每一次打架，都必须把媳妇打服了，才能老老实实地做家奴。妈妈最后是无可奈何地接受了做家奴的命运，也认可了爸爸安排的座次。爸爸允许她把我当成更低一级的家奴，也允许她把我当作出气筒和垃圾筐。

每每他们厮打之后，只要有任何一个人起个头，把祸水引向我，他们就会恢复和平，转而一起来揍我出气：“都是你不好，看把你妈妈 / 爸爸给气的！”

– 3 –

“起来！”暴怒的喝声。

不是因为我做错了什么事，而是早晨了，天亮了。

每天早晨六点，爸爸会准时一把掀开我的小被子，冰冷的空气加一声暴喝把我从梦里惊醒。北方的冬天实在是太冷了，而且我是被安排睡在炕尾最冷、半点儿撩不着火星的地方。小被子本来就很薄，我每夜都必须战战兢兢地焐上半个多小时，才能暖出一点儿热气，蒙蒙眬眬地睡去。而早晨，是我睡得最暖最放松的时候，爸爸明明可以轻轻叫醒我，他却一定要用这种最恐怖的方式。

我连滚带爬地站到地上，飞速地穿上衣服，因为太冷了。因为惊吓而醒来，心脏怦怦地狂跳，头一阵阵抽痛。这样的抽痛后来持续了我的整个人生。

恐怖不仅来源于他的怒吼，更来源于他没来由的、没有先兆的殴打。

我要起来生火、拉风箱、煮玉米碴子粥、倒污水（污水桶太重，而且结冰，我必须一点点拖出去）、洗碗、洗弟弟的尿布。而其中只要有任何一件事当中的任何一个动作，或者根本不需要任何地方触怒爸爸，仅仅是他自己心情不好，一记拳头就抡在我的后脑勺上——“打你个回旋！”“打你个七窍升天！”

煮好了粥，每个人都有滋有味地啜着，我干了一早晨的活，已经饿得前心贴后背。桌上如果有馒头，那是我远远不敢指望的，仅有的两个馒头是爸爸的。爸爸心情好时会掰一块给姐姐。但粥，也不叫我喝饱，甚至我伸筷子去夹咸菜，也会被妈妈啪的一声用筷子挡住：“你怎么就这么能吃！你怎么就这么能吃！”

我瘪着半饥不饱的肚子去上学，庆幸着天没有下雪。

如果下雪，我就没有鞋子了。妈妈会拿出夏天的塑料凉鞋丢给我。我唯一的一双单布鞋是不允许在雨雪天里去败坏的，我也不配有一双胶鞋，我要穿上不怕水的凉鞋去上学。

刻骨的寒冷立即透过地面闯进脚底，猫爪挠皮似的疼。我冻得疼啊！街面上有最便宜的毛窝窝卖，是农民用草绳编制的鞋，里面塞上棉花，最次一点的塞满芦花，也比凉鞋暖脚，才一毛钱一双。但在妈妈眼里，这我也是不配穿的。

比寒冷更恐怖的是路人和同学的眼光。

他们惊异地看着，铅灰色的街道上，天空里飘着雪，而对面这个傻子，却光脚穿着一双凉鞋！

一个认识的同学走近来好奇地看着我：“你不冷吗？”

我眼里顿时噙满了泪：“不……冷。”

老师也是怪怪地看我一眼，也不说什么，就让我进教室了。

教室里要暖和一些，我把脚蜷起来，放在自己的腿弯子里，小小心心地焐着。

我的服装也很怪异，上身是一件姐姐穿旧了的棉袄，妈妈连一件罩衣都懒得给我做，底下是一条爸爸的剪短了的绒布裤子，裤腰太肥了，用一根绳子绑着，一不小心，衣襟底下就露出有花纹的绳结。

调皮的同学时不时蹿过来拽一把绳结，夸张地叫喊着："蛇啊！蛇啊！"

我屈辱地低着头，尽量捂住裤腰，匆匆地从他们边上走过。

有一次，实在是太冷了。我的脚趾蜷缩在塑料凉鞋里打着抖，冻得像石头疙瘩。冻着冻着，忽然间，一股暖流，从脚底升了起来。真的，是一股暖流。真真切切的感觉，暖意直冲后脑。

我惊了，不冷了！不冷了！我马上想去告诉我妈，我不冷了。我以后不怕冷了，她就不会因为我索要衣服、棉鞋而暴怒打骂我了。

操场上有好多水洼，我跑到水洼那里，兴奋地在水里踩来踩去。本应是冰冷彻骨的水，我踩进去，感觉是暖的！

这一发现让我更加高兴，有生以来，我第一次大声招呼我的同学："快来啊，快来，暖的，这个水真的是热的！"

路过的同学惊惶地看了我一眼，没人停留，都纷纷地跑远了。

可是我脚底发热的感觉是真的……真的……

当然，直到我长大，学了心理学，去做了心理治疗，回忆起这一刻，我才明白，那是一个孩子在寒冷和心理折磨的极度痛苦下，发展出了幻觉，来保护自己——也就是说，那一刻，我疯了。

－4－

我还疯过一次。

也是在冬天，下雪。放学路上，一群同学围观一个丢在垃圾堆上的死孩子。我也凑了上去。不知道为什么，一眼看到那个死去的婴儿，我就发癫了。我一把操起另一个同学带着的冰铲，号叫着朝地上那个死婴冲过去，鬼哭狼嚎一样地喊着:“快把他的头砍下来，砍下来啊！不然他要活过来的！不然他要活过来的！”

我比同学都瘦弱矮小，那天，三四个同学都拽不住我。

空旷的垃圾堆上回荡着我凄厉而恐惧的号叫:“砍下来啊！砍下来啊，不然他要活过来的！”

没有什么可以解释我那个瞬间的疯狂，直到被拉走，送回家，我还是用凄惨尖厉的声音，唠唠叨叨地向每个人诉说:“砍掉他的头吧，不然他要活过来的。”

大概，在潜意识里，他就是我，也是我强烈的要消灭我自己的倾向。

回顾我经历的被彻底毁灭的童年和随之而来的千疮百孔的一生，如果我的母亲在我出生的那一刻就杀掉我，对我也许是最大的慈悲。

我六七岁时，爸爸妈妈大概已经看到了他们造就的“成果”。有一次我听到我爸爸说:“孩子也不能总打，打多了，你看他见到谁都跟见了爹似的。”妈妈也附和地说:“嗯，再打就打傻了。你看他已经傻得像狍子了，见谁都夹着尾巴。”

这是我的童年中他们对我说过的最恩慈的话语。虽然说过之后，还是会打。

我的大多数能力都已经被摧毁，除了像一只老鼠阴暗地溜过教室、溜过院子、溜过一切我必须经过的地方，就只能缩在家里，即使做完了家务，我也不敢出去玩。

院子里的小孩没有人会和我做朋友。

我在他们眼里是一个怪胎、精神病，还打着奴隶的烙印。早晨起来抬水，整个大院里只有一个自来水龙头，排着很长的队伍，全部是大人，只有我一个小孩，有时候还有我姐姐，两个小孩，排在队伍里。

大家都用怜悯的目光看着我。啧啧啧啧，口里嘘嘘有声。当着我的面，他们并不避讳地数落着我的父母："老伍家两口子，真是作了大损啊，这么小的孩子挑水……"

我低着头，用尽全身力气，把水桶担起来，虽然是小号的水桶，但对我来说也是要吐血才能担起来的重量。每走一步，我的腰椎都像要断掉，我的肩膀像剥开一层皮一样火辣辣地疼。都说多劳动就能适应劳动，可是我实在太年幼了，这远远超出我年龄的负重，是无论多做多少次，也无法适应的！

比起这样的肉体折磨，最痛苦的是大院里大人孩子们的眼神。大人怜悯，小孩们则看我就像看一个牲口。我吃力地担着水往家走，他们会忽然蹿出来挡在我前面，跺脚像吓唬一只溜到他们家里的野狗一样吆喝："滚！不许走！这是我家的过道！"

也有忽然蹿出来，推我一把的，冬天地滑，一脚踩在冰上，就滑倒了。

我和两只水桶一起滚在青砖的过道里。

刺骨寒冷的水泼了一身，我却不敢哭，只能低头赶紧爬起来，回去再排队担水。

衣服是不敢回去换的，也没的换。

站在寒风里，衣服上被水浸湿的地方渐渐地都结冰了，可是，不等到这担水，我绝对不能回家。

几乎没有大人出来主持公道。

“他爸爸是个精神病，他也是个小精神病。”他们这样说。

我爸爸在单位和同事吵，在大院和每个邻居吵，他就是有这样的本领，能让哪怕是一个陌生人，在短短的几分钟交谈里，讨厌他。他的大话不断，句句都是自我吹嘘。我妈则是每句话都喷溅着毒气和仇恨，把老伍家对她的亏欠、我爸爸的不堪、卑鄙、自私狠毒、家里藏掖的隐私全部兜个底朝天，只要有人问她，她能说上一整天。

– 5 –

鸡群里会有这样的小鸡，虽然是一同孵化出来的，可是胆小怯弱，吃食时总挤不上前，慢慢地就越来越弱。其他的鸡似乎也发现了它弱小可欺，它一上去就挨啄，它就更吃不上了。等待它的出路就是死亡。

它的身上，似乎一早就打上了烙印——被流放的烙印、被遗弃者的气质、替罪羊的符号——一种从出生就被诅咒的记号。

我的人际交往能力几乎为零，衣着邋遢，就是到我成年，也没学会打理自己，因为我从来没有过穿整洁衣服、妥妥当当收拾自己的意识。或者，在我爸爸的统治下，我别说穿得整洁一点这样的奢求了，连偶尔露出笑容，心情愉快一点，在我爸爸眼里都是不得了的罪恶：“你笑什么笑？你快活个什么劲？”

在同学们当中，我也自觉地靠边站，从未敢奢望过被接纳。我对人际交往的起点是“不要伤害我——或少一点伤害”。

可越是这样，大家越是拿我取乐。大概都知道，糟践我是最安全的，家长不会管，回家不敢说，老师也不待见，也完全没有任何可能反抗。

“就他那个㞞样，打死都不敢叫唤一声的。”他们说。

“就是，没见过比他更尿包的人。”

初中时，我在学校食堂吃饭。

班长不知怎么盯上了我，其实我也知道是为什么，他家曾经和我家住过一个大院，我家的屋子靠着院墙，他们家的人出了门就在我家墙根下小便，我爸爸出门就骂，双方大吵过。他家吵赢了，他家的孩子是我的班长，我的日子可想而知。

班长有在食堂里查纠不正之风的权力，红袖套一戴，他可以查纠浪费饭菜、不主动清理饭桌、浪费水的同学。

老师并没有授权他可以罚没我的饭菜，可是他自动发明了这个权力。

“你掉饭粒了！”

“你怎么剩下菜了？”——尽管剩下的是我完全啃不动的骨头。

或者，索性随口捏造一个借口：“你昨天刷碗浪费水了！”

我结结巴巴地蹦出一句话来替自己辩护：“我没有、没浪费水！”

班长就像童话里要吃掉喝水的小羊的狼一样，露出不屑的狞笑：“我说你浪费你就浪费了！”

一个饭桌上的同学频频点头：“就是，我们都看见了！”

他大剌剌地走过来，从我手里夺走饭盘，有油水的荤菜倒给别的同学分，白饭没人要的，他就倒进垃圾桶。

没错，他嘲弄地盯着我：“倒给猪去吃也不给你吃。”

“想吃吗？去泔水桶里捞啊。”他笑嘻嘻地指着不远处的桶。

我木木地坐着，像一个无知无觉的木头人。

舌头发苦，似乎所有的饥饿的胃液都涌进了口腔。

大家吧唧吧唧开吃，故意馋我似的，吃得吧嗒吧嗒响。班长夹起一块肉，基本是肥肉，他们都不爱吃的，可是我爱吃啊，我缺油水啊。班长笑着用筷子把肥肉递到离我半尺的地方，晃了晃：“学一声狗叫，给你。”

我吞了口口水。馋虫在肚腹里搅动。虽然那块肉上，明显还可以看到肉皮上的毛，可是，那是肉啊，喷香流油的肉！

没你们想象得那么多挣扎，我顺从地叫了一声：“汪！”

一桌人都笑了。

班长把肉高高抛了起来，戏谑地吆喝：“乖汪，跳！”

我当然跳不起来，只是扬起脸，张开嘴，肉是肯定叼不到的，但是如果我不这么做，肉掉在地上，他们一脚踩烂了也不给我吃。

我必须充分地像一只狗，逗笑了他们，在他们笑的间隙，赶紧捡起落在桌上的肉，吃下去。

肉比米饭顶饿啊。

哪怕只是一块肉。

初中，整整三个学年，我总挨饿。

只要班长想玩他的罚饭游戏，我就要挨饿。

别的孩子也许可能从家里用零食或其他饭食填饱肚子，但我是不可能的，家里的饭菜本身就不给我吃饱，妈妈像是有强迫症一样，就算食物足够多，她也会对我去夹菜或添饭的行为怒目而视。

“看把你馋的！看把你馋的！”

我也不敢像其他孩子那样，在学校周边的菜园里偷西红柿摘黄瓜。他们偷吃是为了好玩，可是，我饿死也不敢去偷吃。

对于未知的恐惧，比饿死还要可怕。父母暴风骤雨的打击，剥夺了我大多数应该发展出来的能力，甚至压倒了我作为一个生命的本能。饥饿、口渴、酷寒这些足以威胁一个孩子生命的痛苦，都被恐惧的本能压倒了。

我不敢对任何伤害我的人说半个不字。

我只会护着头、垂着眼，惴惴不安地等待伤害我的人哪一刻忽然心情大好，赏赐一点残羹冷炙，我就如蒙大赦，也会跟着心情好很久。

我每天都饿得发疯，眼巴巴地看着泔水桶，我被倒掉的饭就在里面。如果不是怕有人告诉老师——其实告诉老师又能怎么样呢？老师会发现他们对我的虐待和霸凌，可是我就是不敢。我不是嫌脏，而是不敢，连泔水桶的东西我也不敢去吃。

偶尔在水池边上，我会磨蹭到最后，趁着没人了，把水槽下水口里堵塞的米粒捞几把，塞到嘴里。

– 6 –

在我后来的经历中，只要处在一个集体里，最坏的东西必然是给我的。发福利，烂了的水果必然是分给我的，评奖评优，必然是轮不到我的，而最坏的事，必然会推在我的头上。

这样的阴影如尾巴一样一直拖在我身后。

甚至我都活到 40 岁了，当了 20 年教师了，也还是这样。

有一年，上面有政策，达到了一定教龄的教师一律涨工资，涨 30 块钱。我早就达到了。结果，那个月的工资发下来，所有达到教龄的教师，都涨了 30 块钱，我才涨了 10 块。

——又来了，我又莫名其妙地被拽出来搁在一边。

我去找出纳，出纳说：“这不归我管，是会计说的。”

我又去找会计，会计说：“这个不是我的事，出纳没给你发。”

她们俩像踢皮球一样，把我踢来踢去，踢了三个月，还是没给我发。

渐渐地学校里的老师都知道了这个事，也没有人替我说话，大家都在看笑话。20 块钱不多，大家都笑着看我有没有本事要到这 20 块钱。

又到了发工资的那天，我站在财务室不走了。

“不管是你们谁的问题，今天总要把这个钱发给我吧？”

两个人互相看了一眼，忽然不吵嘴了，异口同声地说：“你去找校长吧！”

我一跺脚，真的去找校长了。

校长坐在椅子上，晃悠着二郎腿，听我说完，慢条斯理地点上了一根烟，嘬了一口，喷出来，看着烟雾散尽了，才回答：“你这个啊，情形比较复杂。加工资的名单，都是要县长批的，你要这个钱啊，怕是要去找县长啦。”

我就算是个憨子，也知道他在戏耍我。可是我并没有得罪他，我是谨小慎微，走路怕踩死蚂蚁的。但是，就像上初中时，我并没有得罪任何人，他们一样要找借口倒我的饭，戏弄我扮狗。这 20 块钱对他们、对我都微不足道，只是，捉弄我，会让他们愉快？可是他们为什么会觉得这样愉快啊？

我不知道。就像我爸爸在我小时候，会用最粗暴的办法把我从炕上拎起来，增加我的痛苦并不能让他有任何得益，可他却就要这样做。

我站在那里，直戳戳地问：“好，找哪个县长？”

他惊讶地看了我一眼，又慢吞吞地抽了一口烟，烟头嗞嗞地燃着，燃下去半根，他才笑着说：“哪个县长都可以。”

他还真把我当憨子了。我转身真的去县长那里了，我找了主管科教文卫的县长。县长倒是很客气，耐心听我说完了来意，平静地问：“谁让你来找我的？”

我实话实说：“我们校长。”

他瞅了我一眼，笑了笑。那笑里有怜悯，也有无奈。我心里忽然一热，热潮滚滚地一直涌到了眼睛里头。

哪怕是这样带着可怜的友善眼光，对我这样一个人，也是比黄金还稀缺宝贵的。他看了我这一眼，我就恨不得双膝一软，跪下去抱着他的腿，叫一声青天。以后唯他马首是瞻，哪怕赴汤蹈火，我也乐意。

他并没有多说什么。当着我的面，就拿起了电话，打到了我们校长办公室。

他对着电话那边说："加工资的事，你们怎么能推到我这里来？人家一个老实人，憨是憨一点，但是是老实人，你们不可以这样耍人家。"

他挂了电话，惊讶地看到，我泪流满面地戳在那里。我知道，他多半又把我看成精神病了。我并不是。

县长客客气气地把我送出了办公室。

我的工资也确实解决了。

一路上，我抹着眼泪，没法抑制。小时候我爸爸妈妈把我往死里打，打到昏死过去，我都没有哭，不是坚强，而是已经吓得木讷了。恐惧到极度之后，就是麻木。

我变得麻木，只是一个孩子为了活下去而发展出来的保护自己的生存本能，我妈妈却恨恨地下死劲掐我："你就和你爸爸一样，情商太低，跟个木头疙瘩一样！"

"你这个样子，走到社会上，哪个待见你？！"

同事们和我友善一点的，也说得很直接："你是个窝囊人，不耍你耍谁呢？"

是啊，我是个窝囊人。

窝囊半辈子了，也被人欺凌了半辈子。看样子，是要窝囊到死的。但我有什么办法？从我出生的那一天起，我的生命就被诅咒了，甚至，在我还没有出生之前，我父亲的DNA和我母亲的DNA就已经被他们的家族诅咒了。

他们不被自己的父母所爱，从而也没有爱的能力，却急吼吼地结合繁殖，生出小孩子来，不是为了爱他们，不是为了养育出独立强大的人，而是为了增添一个又一个奴隶，去继续构建他们的家族金字塔。只要有生育能力，只要能弄到一个可以合作下崽的女人，不管他多么地不配、多么地不健全，他都有机会爬上金字塔尖，充当一群子嗣的主宰、国王和上帝。

在他的王国里，他为所欲为。

我在出生以前，已经被谋杀，活着的，只是被薅夺了一切活力的傀儡，烙印着奴隶本能的行尸走肉。

上帝之手也无法重新塑造一个我。在经历了童年所经历的一切之后，悲惨的童年所塑造出的人格，比水泥更加坚硬地附着在我的身体里，渗透在我的灵魂里，潜藏在我的大脑潜意识的最深处。

那些刚刚出生或将要出生的孩子，那些刚做父母，或将要做父母的人啊，求求你们听到我的声音，看看我的故事，悲剧仍然在重演。

这是我用一生的苦难所丈量出的终极答案。

这个故事脱胎于一位粉丝邮寄给我的书，他自己的童年自传《童殇启示》。很明显他对这本自传有着一种超常的执着，而恰恰他邮寄给我书时，我正在埋头写作《我们为什么被霸凌？》一书。

我收到书以后，在本书的写作期间，断断续续地翻阅。之所以不能一口气读完，缘于两个原因：一个原因是他文笔虽然平实，但书中有太多的碎片记忆，没有系统成篇，时间点破碎凌乱；另一个原因是，这些破碎的记忆碎片凝结了极其深重的黑暗，每一个字上都有幼童无法瞑目的呐喊。

他的创伤如此深刻，扭曲之痕即使在与我短暂的网络沟通中也可以感觉到。他沟通中有障碍，明显地一厢情愿而且执拗，对别人已经比较明确的拒绝视而不见。他迫切地希望我为他这本书作出一个文字的回应，而当时我正在一个个黑暗的霸凌自述故事中跋涉，艰难地按照既定的时间表在推进。他一再催促我行文评价他的书，我终于不快，回复说：“既然您自己也学习了心理学的知识，就应该明白，不要强烈地把您的意愿投射在我身上，并用弱势的姿态，逼迫我来实现。我有我的时间表，我会以我的方式回应您的书——顺便说一下，我向您致敬。”

是啊，致敬。

这个故事我放在全书的最后来写。

这个故事来到我的面前，宛如宿命，揭示了一盘谜局最后的关键，拼图完整了。

霸凌的核心成因。

霸凌者和被霸凌者的成因，是他们的家庭。可是，从未有这样清晰完整的样本，不仅有记录，还有反思。一颗心灵历经了地狱，从童年的奥斯维辛活着出来，毛骨悚然的伤痕开口说话。

“一个孩子，在他童年被‘谋杀’了无数次，现在活在我们跟前的，只是一个U盘的残片，为了指控环境曾经对他犯下的不可饶恕的罪恶，而开口说话。”——这就是我的感受。

我不得不分成很多次，一点点接触这本“日记”中存放的黑暗记忆，并由衷地向这样一个不屈坚忍的灵魂致敬。

他是一个幸存者。在童年遭受了非人虐待后，生命幸存、人格也较大程度幸存的人，并且对自己的受害源头——父母，做了详细而客观的溯源、反思，他渴望以这样的记录，唤醒更多的人，保护更多的孩子免受伤害。这样了不起的生命力量，我唯有向他致敬。

我在全书的最后一篇，用完全脱胎于真实经历的小说，概括了他的半生。

文稿初成的那天，我在网络上问了他一个问题：“你的孩子还好吗？”

他说：“好。我的儿子27岁了。”

我又问：“你打过他吗？”

他说：“从来不。”

“他快乐吗？”

“快乐。”

代际创伤的轮回，可以在一个生命的觉知和智慧里，被终止。

别人的问题是一个无法拒绝的抛向我们的球，但如何处理这个球，不同的智慧、不同的觉知，会带来不同的结局。

祝福每一个孩子，祝福每一个正在决定、塑造、影响孩子命运的家庭。

FONGHONG
凤凰联动出品